本研究获国家自然科学基金青年项目

"多元角色冲突视角下共享经济创业者退出意愿的差异化形成机制：

基于旅游休闲产业的研究"（批准号：72004195）资助

◎ "美好生活新服务"系列研究成果·理论专著

乡村旅游小企业的成长演化

模式、影响因素及效应

The Evolution of
Small Tourism Businesses in Rural China:

Patterns, Precedents and Outcomes

叶　顺　应天煜　肖洪根　周玲强◎著

ZHEJIANG UNIVERSITY PRESS
浙江大学出版社

图书在版编目(CIP)数据

乡村旅游小企业的成长演化:模式、影响因素及效
应/叶顺等著.—杭州:浙江大学出版社,2020.12
　ISBN 978-7-308-20522-1

　Ⅰ.①乡…　Ⅱ.①叶…　Ⅲ.①乡村—旅游企业—企业
成长—研究—教材　Ⅳ.①F592.6

中国版本图书馆 CIP 数据核字(2020)第 272393 号

乡村旅游小企业的成长演化:模式、影响因素及效应

叶　顺　应天煜　肖洪根　周玲强　著

责任编辑	朱　玲　樊晓燕
责任校对	杨利军　汪　潇
封面设计	雷建军
出版发行	浙江大学出版社
	(杭州市天目山路 148 号　邮政编码 310007)
	(网址:http://www.zjupress.com)
排　　版	浙江时代出版服务有限公司
印　　刷	杭州良诸印刷有限公司
开　　本	710mm×1000mm　1/16
印　　张	20
字　　数	328 千
版 印 次	2020 年 12 月第 1 版　2020 年 12 月第 1 次印刷
书　　号	ISBN 978-7-308-20522-1
定　　价	69.00 元

目　录

第1章 绪 论

本研究的目的在于探究中国乡村旅游小企业(small tourism business，STB)成长的内在机制、影响因素及结果，旨在回答三个问题：(1)旅游小企业如何成长？(2)社会资本及人力资本如何影响旅游小企业的成长？(3)旅游小企业成长如何影响顾客体验？本章系统介绍了本研究的研究背景、研究问题及意义、研究目的及内容、研究情境、研究方法和主要创新点。

1.1 研究背景与问题提出

1.1.1 研究背景

现代资本主义经济体由包含不同规模的企业的不同产业部门构成(Maggina，1992)，其中小企业在经济发展中扮演重要的角色。在 2006 年的美国，小企业数量的比重占据了 78%(Williams & Ou，2008)。在 2001 年的新西兰，小企业的比重达到 84.9%(Hall & Rusher，2013)。而在英国，研究发现 95% 的企业雇佣的员工数少于 50 人，而 75% 的企业则雇佣少于 10 个员工(Clegg & Essex，2000；Coles & Shaw，2006；Lashley & Rowson，2007)。越来越多的学者开始意识到，一个健康的小企业对于经济发展有重要的意义(Carter & Jones-Evans，2006；Storey，1994；Dicken，1998；Scase，2000)，因此，小企业也吸引了越来越多研究者的兴趣。Thomas、Shaw 和 Page(2011)提出小企业的研究应该要具体问题具体分析(on a case by case basis)，尤其是要注意产业间的差异性。

无论是在发达国家还是在发展中国家，小企业的普遍性是旅游与接待行业的一个显著特征(Wanhill，1997；Morrison & Teixeira，2004；

Morrison，Carlsen，& Weber，2010)。可以说,旅游小企业在整体上代表了目的地所能提供的旅游产品与服务(Sharpley，2000)。旅游者在旅途中不可避免地需要与个体出租汽车经营者、旅游商店、旅游餐馆或家庭旅馆打交道,因此,游客体验在很大程度上受到与这些小企业的"服务接触"(service encounter)的影响。考虑到旅游体验评价的整体性,这些旅游小企业的表现在很大程度上会影响整个旅游目的地的竞争力(McKercher & Robbins，1998;Johns & Mattson,2005)。

旅游与接待行业是高度异质和分散的(Lundberg，Krishnamoorthy，& Stavenga，1995),由提供不同的产品、服务和体验的一系列部门构成(Cohen，1979；Uriely，1997)。其中,住宿企业、旅行社和景区景点是三个最重要的子部门,忽略这些子部门的不同特征以及表现模式很可能会导致片面的理解。因此,正如 Reichel 和 Haber(2005)所提倡的,旅游小企业的研究应该采用更加多元化的视角,承认这些小企业的特征在空间上和部门间存在的差异。

住宿接待(accommodation)是旅游经济中最大也是最普遍存在的部门(Tinsley & Lynch，2008),一般占到整体旅游消费的三分之一(Cooper，1998)。Getz 和 Carlsen(2000)发现,在澳大利亚,超过75%的旅游小企业提供食宿接待产品,包括农庄体验(farm-stay)、露营地(campground)和"住宿+早餐"(B&B)。Goulding(2009)也发现,在苏格兰,B&B、家庭旅馆和自助公寓(self-catering properties)是旅游小企业的最主要形式。这类小企业可以被称为"旅游小企业"(small accommodation business，SAB)。

旅游小企业提供了大部分旅游目的地的接待能力(Shaw & Williams，1994)。其在实际运营中往往采用不同的形式,因此通常被冠以不同的"俗称",包括"小旅馆"(small hotel)、"乡村旅馆"(village inn)、"住宿+早餐"、"家庭寄宿"(home-stay)、"家庭旅馆"(guesthouse)等。Moscardo (2009)在北昆士兰(North Queensland)的研究发现,B&B 和 farm-stay 占该地区接待容量的44%。在澳大利亚,这类小企业占接待容量的90%左右(Lee-Ross，1998)。在英国,大约85%的酒店企业处于小规模的水平(Sheldon，1994)。

大部分旅游小企业位于乡村地区,是乡村旅游发展和竞争力的核心(Komppula，2014)。根据 Buick(2003)对苏格兰的调查研究,67%的小旅馆位于乡村地区。在西班牙,乡村住宿企业也一直是现存地区最重要、最活跃的企业类型(Peña，Jamilena，Molina，et al.，2015)。同样的情况也存在于亚洲国家。马来西亚的"家庭寄宿项目"(Homestay Programme)吸引了全国范围内 3150 个乡村社区的加入(Abu,2009),其 2009 年就已接待了 29782 名国内游客和 11729 名国外游客,创造了超过 300 万林吉特的旅游收入。在中国,乡村民宿、农家乐往往被视同乡村旅游,以"吃农家饭,干农家活,享农家乐"为特色。

Leimgruber(2010)认为,旅游小企业"相对于大企业更具有创新性和灵活性",能够有效应对乡村旅游目的地存在的季节性波动问题。同时其具备的低经济漏损(economic leakage)、低进入门槛、高协作网络的特征,使其在联动乡村经济与社会发展(Ateljevic,2007)、促进偏远乡村地区振兴方面有天然的优势,能够更多地将旅游发展成果保留在区域内部,由当地人共享,同时减少对环境和文化的破坏(Gladstone & Morris,2000;Rogerson,2004)。Hampton(2003)进一步指出,在发展中国家,旅游小企业"可以被视作一种扶贫旅游的形式,能够为贫困社区提供地方经济发展战略的重要支撑"。其重要意义包括创造就业(Wanhill,1997)、提升目的地竞争力(Haven-Tang & Jones,2012;Novelli,Schmitz,& Spencer,2006)、目的地发展(Tinsley & Lynch,2001;Johns & Mattsson,2005)、可持续旅游(Fuller,Buultjens,& Cummings,2005;Shaw & Williams,2004)、特定生活方式的延续(Ateljevic & Doorne,2000;Shaw & Williams,2004)以及社会效益的创造(Kokkranikal & Morrison,2002)。

需要注意的是,乡村旅游小企业并不是一个整齐划一的群体,而是有着不同的规模,在地区与地区间、国家与国家间都存在较大的差异。例如,2006 年日本的 B&B 平均客房数量是 9.2 间,但在英国,平均客房数量少于 6 间,在法国则少于 5 间。相对应的,中国的类似企业拥有更大的客房量,一般在 20 间以上。在美国,包含 home-stay 和 B&B 在内的旅游小企业往往拥有 20 到 25 间客房(Buchanan & Espeseth,1988)。在澳大利亚,大多数 home-stay 的客房量为 1 到 2 间(Lynch,1998)。即使在同一个国家,不同地区之间也会有所差别。根据 Lashley 和 Rowson(2010)在英国 Blackpool 的调查,当地的旅游小企业客房量大多在 15 间以下。与此形成鲜明对比的是,Ferguson 和 Gregory(1999)在伦敦地区的调研则发现大多数 B&B 的客房量平均在 2 间左右。

除了这些横向变异,旅游小企业也呈现纵向的成长变化趋势。在过去几十年里,对于类似 B&B 的接待产品的需求一直在不断扩大。最近一项研究显示,79% 的休闲旅游者倾向于在出行时选择入住 B&B(Turner,2011)。迅速壮大的市场极大地推动经营者增加投资,扩大接待规模。根据

Komppula（2004）在芬兰乡村地区的调研，65％的旅游小企业在接待量、顾客逗留时间、营业额和利润上都有所增长。同样的成长趋势也存在于南非（Rogerson，2004）和西班牙（Barke，2004）。Cassel 和 Pettersson（2015）、Ferguson 和 Olofsson（2011）的调研发现，瑞典 farm-stay 的经营者为了扩大规模，会改造原有住宅，甚至购买新的建筑。Carter（1998）也注意到，一些农场会逐渐引入休闲活动，慢慢演化成为 farm-stay。在发展中国家，如泰国、马来西亚、印度尼西亚、罗马尼亚，旅游小企业的数量及其旅游收入也在不断增长（Iorio & Corsale，2010）。在马来西亚，2011 年 home-stay 项目的经营利润增长了 26.8％（Ministry of Tourism Malaysia，2012）。到 2013 年为止，该项目有来自 159 个社区的超过 3424 个家庭登记参加，成为该国旅游产品的重要一部分（Ministry of Tourism Malaysia，2012）。

学者们已经注意到，旅游小企业成长的存在有其必然性。一方面，旅游小企业是将传统住宅、农居或当地住宅转变为乡村旅馆的结果。在这个转变过程中，创业行为（entrepreneurship）是必需的，而相应的投资也必须得到保障，以能够提供相应的设施设备（Peña，et al.，2012）。另一方面，旅游市场的高度动态性和竞争性要求这些设施设备能够适应不断增长的市场需求和不断变化的游客需要。为适应在竞争中不断提高的行业服务水平（Peña，et al.，2012），实现更高的顾客满意度和更难忘的住宿体验，旅游小企业不得不持续投资（Loureiro，2010）。

1.1.2　问题的提出

鉴于其在旅游产业和偏远地区发展中所承担的重要角色，旅游与接待行业的小企业已经不仅仅是地方乃至国家政策的干预对象，同时也是世界范围内学术研究的主要关注点之一（Nilsson，Petersen，& Wanhill，2005；Thomas，2000）。学者们主要关注其创业、绩效表现、产权的复杂性，以及其经营者的动机、经验、感知和培训（Lashley，2009）。然而，旅游小企业研究作为一个独立的研究领域还远未成熟（Page，Forer，& Lawton，1999；Getz & Carlsen，2005），相关的研究仍然散落在其他的主题之下，如探险旅游、乡村旅游等。

具体到旅游小企业研究则更为滞后。直到 20 世纪 90 年代，旅游企业类型的复杂性才被学者们注意到（Dewhurst & Horobin，1998；Ateljevic & Doorne，2000）。在此后很长一段时间里，绝大多数相关研究都从管理和营销的角度切入,将"接待"视作一系列组织功能或者服务交易(Lashley,Lynch,& Morrison,2007),并且主要关注大型的、商业化的酒店。

　　在近几年关于接待的研究中,越来越多的研究开始关注其社会意义与商业意义的交织性(Gibson & Molz,2012;Lashley & Morrison,2000;Lugosi,2008),试图将关注点从狭窄的管理问题(如服务质量、运营效率等)拓展到顾客体验的社会文化维度和情感维度。这些新兴的研究开始关注旅游小企业的独特性,并且试图描述和解释其特点。总的来说,这些研究可以划分为三个研究视角,即小企业视角、家族企业视角和创业视角。

　　小企业研究视角主要遵循小企业研究的传统,更多地将企业规模作为旅游小企业的区分特征(Ateljevic,2007;Thomas,1998),并基于此描述和解释其他相关的特点。这类研究主要关注旅游小企业的经营规模及由此带来的独特属性,而不是简单地将它们看成缩小版的大企业,从而用大企业理论来理解和解释其行为。家族企业研究视角则将家庭所有(family ownership)和家庭涉入(family involvement)作为旅游小企业主要的区分特征(Getz & Carlsen,2000;Getz,Carlsen,& Morrison,2004)。该研究流派主要关注家庭及其目标、生命周期和内在关系对企业经营的影响。创业视角则主要研究旅游小企业的初创问题,重点关注创业动机,尤其是"生活方式动机"(lifestyle motivation)(Ateljevic & Doorne,2000;Di Domenico,2003;Morrison,Carlsen,& Weber,2010)。

　　尽管大量的实证观察已经表明,旅游小企业成长的现象在现实中确实存在,并且已经被证明是具有实际意义、值得研究的,但描述和解释旅游小企业成长现象的研究却较为少见。已有研究大多将旅游小企业视作区别于大型酒店或度假村的一些同质的、静态的经营实体(Mottiar & Laurincikova,2009),忽视了旅游小企业实际上包含了一系列不同规模、不同成长野心、不同绩效表现的差异化个体,并一直处在创立、成长和消亡的动态变化中。Page 和 Getz(1997)在研究旅游小企业的时候就注意到了这一点,因而强调有必要对这类企业的差异性和动态性进行更深入的描述和解释。然而,旅游小企业的成长仍然是一个很少被触碰的领域,只有少数理论性、描述性研究与此相关,在理论发展上还有很大的空间。

　　基于此,本研究以中国乡村地区为研究情境,基于企业成长理论,从成长视角(growth perspective)来理解和解释乡村旅游小企业的成长,针对以下三个问题开展具体的研究:

　　第一,旅游小企业如何成长?

第二，哪些因素影响旅游小企业的成长？

第三，旅游小企业成长会对顾客体验产生何种效应？

1.2 选题意义

1.2.1 理论意义

本研究认为，关注旅游小企业的成长现象，探究其成长模式、影响因素和结果，具有如下理论意义。

第一，为旅游小企业成长提供系统的解释框架。已有的研究对旅游小企业成长现象虽然有所涉及，但大多停留在概念模型的层次，主要描述其成长的机制，而对成长的影响因素及可能的结果则较少涉及。同时，相关的研究也缺少实证数据的检验。本研究通过构建和实证检验成长模型、影响因素模型和结果模型，能够系统全面地为旅游小企业成长提供描述和解释。

第二，为旅游企业研究，特别是旅游小企业研究提供一个新的视角。已有研究大多强调旅游小企业所具有的共同特征，并直接或间接地将其作为静态的个体进行研究，而忽略了其内在的差异性和个体的动态性。本研究所提出的"成长视角"能够在一定程度上突破旅游小企业的已有研究局限，在时间和空间维度上拓宽研究视野，获取更全面、更丰富的旅游小企业研究成果。

第三，让旅游小企业研究重新回归企业层面的分析。尽管旅游小企业研究在近20年获得了极大的发展，但大部分已有研究都逐渐落到经营者的分析层面，主要关注经营者的动机、经验、感知和培训（Lashley，2009），而组织层面的属性和特点往往被忽略。本研究以企业为分析单位，对企业的成长行为、成长特点以及相应的影响进行了系统的解释，拓宽了旅游小企业的研究范围。

1.2.2 现实意义

旅游小企业的成长之所以值得研究，主要有几方面的现实原因。

首先，成长导向的旅游小企业对于促进目的地发展和旅游产品创新有很强的推动作用。根据发达国家经济发展的经验，那些主动追求盈利和成长机会的创业小企业被认为更有利于引进新产品和新技术,参与技术创新(Pavitt,1987;Acs & Audretsch,1990)。一些学者(如 Santarelli & Vivarelli,2007)甚至声称,那些未能给停滞的市场带来创新和变革的创业者不能被称为真正的创业者。

其次,成长导向的旅游小企业对就业有很强的促进作用。根据过去几十年有关小企业促进项目的经验,大多数新的就业机会往往来自少数小企业(Burns & Dewhurst,1996;Glancey,1998;Stanworth & Curran,1976),而很多新进入的企业在生产效率和就业提供上往往不如已有企业。因此,与鼓励更多的创业企业,从而增加小企业的数量相比,更有效的方法可能是充分开发现有企业的潜力。这也是近期越来越多的学者关注那些具有成长性的小企业的原因(Morrison,et al.,2003)。

再次,成长是旅游小企业实现永续经营的关键前提。Sta 和 Garnsey(2007)认为,那些未能实现成长的小企业往往更容易被市场淘汰,因为相对较小的经营规模使它们在与大企业竞争时往往处于不利的地位。既然扩大规模能够获取规模效益,从而减弱成本劣势,它们是否能成活往往就取决于是否能快速扩张。Phillips 和 Kirchhoff(1989)发现,成长导向的小企业相比之下成活率要高一倍。因此,企业成长可以说是与企业总体的成活与成功息息相关的(Phillips & Kirchhoff,1989;Johannisson,et al.,1993)。

最后,旅游小企业成长研究对于当前中国乡村旅游的转型发展有很强的现实意义。在过去的 20 年里,中国乡村地区的旅游小企业无论是在数量上还是规模上都呈现快速增长的态势。根据 Li 等(2014)的调研,经营旅游小企业的收入平均能够占到农村家庭总收入的 90% 以上。例如,浙江省北部的顾渚村旅游小企业 2013 年的平均接待收入达到 30 万元人民币。快速的增长可以部分归因于我国高速增长的 GDP 以及由此带来的乡村旅游市场的扩大。然而,快速的增长也带来了一些问题,例如产品的同质化、创新的缺乏、真实性的丧失以及对乡村文化、乡村环境的破坏。值得注意的是,旅游小企业的扩张往往是简单粗放的,缺少精细的规划设计。乡村旅游发展中产品开发程度低、层次浅、模式单一等问题迫切需要在未来一段时间内予以解决。作为乡村旅游产品的主要供给者,旅游小企业的成长和转型不仅关系到企业自身的存续,还关系到乡村旅游目的地的可持续发展。深入了解旅游小企业成长的规律、影响因素和可能造成的结果,在转型升级过程中对于当地政府的政策制定和企业本身的战略决策都有显著的指导意义。

1.3 研究目的及研究内容

本研究将乡村旅游小企业定义为客房量在 50 间以下、带有浓厚的家庭生产模式特征、为乡村游客提供接待服务的企业。研究从企业层面着眼,重点探究不同乡村旅游小企业的成长及相互之间存在的异质性。具体研究目的在于获取对旅游小企业成长现象的全面理解,包括其成长的内在机制、影响因素及结果。为此,先后开展四个子研究。

1.3.1 子研究 1:旅游小企业成长的内在机制

子研究 1 的目的在于构建和验证旅游小企业的成长模型。大多数实证观察都表明,旅游小企业相互之间存在显著差异,而其个体规模和特征会随着时间推移而变化。然而,很少有研究揭示它们的变异和变化的内在机制。

企业成长理论(business growth theory)认为,成长过程可以分为"量"的成长和"质"的成长两个方面,其中"量"的成长是指企业规模的扩大,而"质"的成长则指企业特质的变化。然而,企业规模并不是单一的概念,它可以从不同角度,用不同指标来衡量。这些指标的增长并不是均衡的,不同指标主导的增长会形成规模增长路径的差异。在企业特质方面,其内在结构更加复杂,涵盖市场、运营、管理、决策等。对于这两个方面的内容如何取舍,以构建一个简约的成长模型,企业成长研究领域尚无统一定论。此外,大多数企业成长模型还停留在定性描述的层面,对于量与质两个方面之间存在的关系缺少规范的统计检验。

本研究认为,企业规模的衡量应当考虑不同的视角和不同的增长路径,而企业特质的内涵应能描述企业的一些本质特征。为此,本研究引入家庭生产模式理论(family mode of production),将旅游小企业的"原型"视为一种家庭生产模式,而将其"质"的成长视为从家庭生产模式到资本主义生产模式的转变。基于此,子研究 1 构建和检验了旅游小企业的成长模型,具体回答了以下两个研究问题。

子研究 1 问题 a:旅游小企业作为家庭生产模式的本质特征是什么?

子研究 1 问题 b:当旅游小企业规模增长时,这些特征会发生何种变化?

1.3.2 子研究 2:社会资本、人力资本对旅游小企业成长的影响

子研究 2 的目的在于探究中国乡村地区旅游小企业成长的影响因素。如上所述,企业的规模包含了不同的指标,而指标之间增长的不均衡会带来成长方式的差异。因此,子研究 2 所要解决的问题可以进一步细分为:

第一,为什么一些旅游小企业能比其他企业成长到更大的规模?

第二,为什么不同的旅游小企业采用不同的成长方式?

已有研究显示,企业成长的影响因素是复杂的,目前尚无统一的定论。不同的视角(客观或主观)和分析层面(区域层面、产业层面、企业层面或个人层面)都可能形成不同的理论解释框架。一方面,企业成长的影响因素可以分为客观因素和主观因素(Davidsson,1991)。客观因素是指实际的机遇或挑战,而主观因素则是经营者自己感知到的机遇或挑战。另一方面,不同的分析层面也会形成不同结论,如地理区位和人口密集度(Barron,1999)、产业环境(Gilbert,McDougall,& Audretsch,2006)、企业资源行为和战略(Batt,2002),以及个体特征与动机(Baum,Locke,& Smith,2001)。

在旅游与接待研究领域,很少有研究揭示旅游小企业成长的影响因素。考虑到旅游企业成长研究的匮乏,这种情况并不奇怪。但是,从旅游创业研究的角度还是能找到部分有关影响因素的结论。这些影响因素模型主要聚焦在个体创业者层面。影响创业决策及成败的因素被划分为创业者个人特质和个人能力两方面(Di Domenico & Miller,2012;Loureiro & Jervell-Moxnes,2004),前者包括风险承受能力和态度(Altinaya,Madanoglub,Daniele,& Lashley,2012),而后者则包括知识、技能、教育、企业经营经验等(Phelan & Sharpley,2010;Seuneke,Lans,& Wiskerke,2013)。

然而,在中国乡村情境下,这些解释可能是不完整的。Wang 和 Yang(2009)以及 Meng(2008)的研究发现,大多数乡村地区农家乐的经营者往往只有很低的受教育水平、有限的经营经验、较弱的风险承受能力,并且缺少培训。

因此,除了个体创业者特质以外,社会和文化环境特征,尤其是社会资本和社会网络(Baniasadi,Sadegh,& Ahmad,2013)、社会角色(Tucker,2010)、文化背景(Gurel,Altinay,& Daniele,2010)也被认为对乡村旅游创业有影响。在这个方面,Zhao(2010)的研究就系统地解释了农家乐创业者的社会资本及其与创业决策之间的关系。

总体来说,需要将环境因素和个人因素结合考虑,才能得到全面的影响

因素模型。创业的成败主要取决于创业者的个人能力、关系和社会网络(Lin，1999；Watson，2007)。这些隐形的资源在最近几年吸引了研究者的关注(Barney，Wright，& Ketchen，2001)。Zhao(2009)在对中国乡村旅游小企业创业的研究中同时引入人力资本理论和社会资本理论，借以解释旅游创业行为。

遵循 Zhao(2009)的思路，子研究 2 从个体创业者入手，引入社会资本理论和人力资本理论，致力于探究旅游小企业成长的影响因素。考虑到强连带(strong ties)对小企业成长的重要性以及中国乡村社会人际关系的"差序格局"的特征，本研究在社会资本方面仅关注家族关系网络和亲缘社会资本(family social capital)。通过构建和验证理论模型，本研究将回答以下两个研究问题。

子研究 2 问题 a：个体创业者所拥有的亲缘社会资本和人力资本如何影响旅游小企业的规模？

子研究 2 问题 b：个体创业者所拥有的亲缘社会资本和人力资本如何影响旅游小企业的成长路径选择？

1.3.3　子研究 3 和子研究 4：旅游小企业成长对顾客体验的影响

在以激烈竞争和"体验经济"为特色的现代商业世界里，企业经营者最关注的就是企业在属性上的变化是否会影响顾客体验。这关系到经营者所做出的重大调整决策的成败。考虑到旅游与接待行业的体验导向的性质，为游客创造满意的、难忘的体验对于其后续行为意愿，如重访意愿、推荐意愿等非常关键(Cronin & Taylor，1992)，关系到企业是否能获得商业成功(King，2002；Oh，Fiore，& Jeoung，2007)。

多个实证研究已经表明，企业规模增长不仅会改变企业自身的特性，还会对环境和顾客带来一系列影响。对制造业来说，企业规模的成长及由此带来的家庭分离对于顾客体验的影响可能并不那么显著。这是因为制造企业与顾客的接触主要是通过有形产品进行间接接触，企业的生产员工、生产经营基地并不直接对顾客开放，也不与其产生直接的互动。

在接待行业，情况则完全不同。顾客与企业的经营场所、员工甚至经营管理者自身会有直接的接触。企业在这些方面的属性的变化可能会重塑"体验场景"(experiencescape)，从而会进一步影响顾客的体验。例如，乡村旅游小企业与家庭在三个要素上的重合可能会令游客产生家的体验

(homelike experience)。主人家在其私人居所对顾客进行接待（通常会提供餐食），可以期待到主客之间必然会产生高强度的互动（Lynch，1998），从而形成一种"家庭氛围"（homely atmosphere）（Stringer，1981）。虽然一些传统的酒店也会人为地塑造一种"家外之家"（home away from home）的顾客体验（Guerrier & Adi，2000），但它们仅仅是模仿家庭情境，提供的是一种"不真实的体验"（inauthentic experience）。

既然乡村旅游小企业与家庭的重合可以为顾客带来一些别样的体验，那么由其不同的规模所带来的不同的家庭分离度也应当会对顾客体验造成影响，而这正是旅游小企业经营者们最关心的。因此，有必要探究旅游小企业成长是否会影响以及如何影响顾客体验。

然而，顾客体验是一个复杂的构念，包含不同的维度。在体验经济的背景下，顾客体验的管理与衡量应该是全方位的，既要关注功能性的体验（如服务质量），也要关注情感性的体验（如娱乐或享乐）和符号性体验（真实性）。因此，本研究认为，顾客体验管理要坚持"全面的顾客体验观"。

基于上述考虑，首先开展第三个子研究。其目的在于探索乡村旅游小企业顾客体验的构成维度，并基于此开发测量工具。基于体验理论和真实性理论，子研究 3 具体回答以下问题。

子研究 3 问题：乡村旅游小企业的顾客体验包含哪些维度？

子研究 4 则是在子研究 3 的基础上进行的，其目的在于构建和验证乡村旅游小企业成长对顾客体验的影响模型。基于体验理论和体验场景（experiencescape），子研究 4 具体回答以下研究问题。

子研究 4 问题：乡村旅游小企业成长如何影响各个维度的顾客体验？

各个子研究的研究目的、研究问题和理论基础见表 1-1。

表 1-1　各个子研究的研究目的、研究问题与相关理论基础

研究目的与研究问题	理论基础
子研究 1：STB 成长的内在机制	
RQ：STB 如何成长？ RQ1a：STB 原型及其本质特征是什么？ RQ1b：当 STB 规模增长时，这些本质特征会如何变化？	家庭生产模式； 企业成长理论
子研究 2：STB 成长的影响因素	
RQ2：为什么不同的 STB 有不同的规模，采取不同的成长路径？ RQ2a：创业者的亲缘社会资本、人力资本如何影响 STB 的规模？ RQ2b：创业者的亲缘社会资本、人力资本如何影响 STB 的成长路径选择？	社会资本理论； 人力资本理论

续表

研究目的与研究问题	理论基础
子研究 3：乡村 STB 顾客体验的内在维度 RQ3：乡村 STB 的顾客体验包含哪些维度？	体验理论 真实性理论
子研究 4：STB 成长对顾客体验的影响 RQ4：STB 成长如何影响各个维度的顾客体验？	体验理论 真实性理论

需要注意的是，本研究的 4 个子研究是层层递进的关系，构成乡村旅游小企业成长的研究框架。子研究 1 对成长模式的探索提供了乡村旅游小企业成长的研究的基础，构成了整个研究体系的初始部分。在此基础上，子研究 2 进一步探讨了成长的影响因素，而子研究 3 和子研究 4 则对成长的效应进行深入研究。4 个子研究之间的关系见图 1-1。

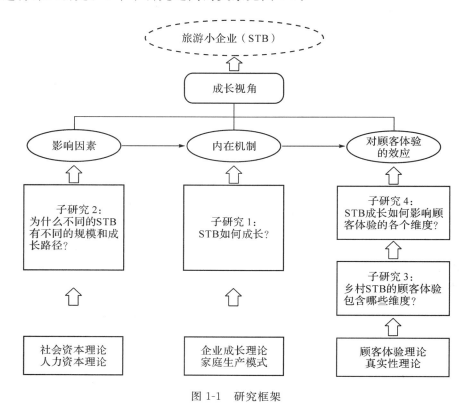

图 1-1　研究框架

1.4　研究情境：中国乡村地区

自从 1978 年改革开放政策实施以来，中国的 GDP 和国民收入连续 40 多年保持高速增长。中国目前已经是世界第二大经济体。然而，在享受高速发展带来的福利的同时，中国也与其他发展中国家一样面临日益扩大的贫富差距的问题。2017 年，中国的基尼系数达到 0.467，超过了 0.4 的国际警戒线（国家统计局，2018）。其中，城乡贫富差距尤其严重，2017 年城市居民人均收入为 36396 元人民币，而农村居民人均收入则只有 13432 元人民币（国家统计局，2018）。城乡差距的拉大往往被归因于中国的户籍制度以及在过去 40 多年快速发展过程中资源分配的不均衡。

中国的乡村地区占国土总面积的 90%以上，农村户籍人口占到人口总数的 87.4%。乡村振兴对于中国的整体发展意义重大。为了应对日益扩大的城乡贫富差距，中国政府自 2005 年以来开始推行名为"社会主义新农村建设"的乡村振兴计划，旨在促进乡村经济发展，提升农村家庭的生活水平。作为计划的一部分，乡村旅游在 2006 年被当时的国家旅游局（现为文化和旅游部）定为年度主题。各个地方政府开始鼓励当地农民利用空闲住宅开展旅游接待。这些努力促成了全国范围内农家乐和民宿的蓬勃发展，尤其是在毗邻中心城市或重要旅游景点的周边地区。

民宿或农家乐是中国乡村地区典型的旅游小企业类型，其以"有机食品，绿色蔬菜，传统乡村生活，农事参与，农产品采购"为特色（Zou，2005）。根据 Shao（2007）的统计，以民宿/农家乐为主要产品的乡村旅游目的地每年吸引超过 300 万名游客，创造收益超过 400 亿元人民币。

以民宿和农家乐为代表的中国乡村旅游小企业的发展有三大背景，即乡村地区传统的小农生产单位、小企业的发展以及乡村旅游的兴起。

小农家庭是历史上最古老的生产单位之一。在中国乡村地区，以农业和家庭副业为主要经济生产活动的小农家庭几千年来都承担着主要的经济生产职能。这种情况一直到 20 世纪 50 年代农业集体化运动以后才有所改变。自那时起，"集体"开始成为主要农业生产单元。到 20 世纪 80 年代，随着家庭联产承包责任制的确定，农业生产要素开始在各个农村家庭之间重新分配，自此乡村家庭又重新成为基本的独立经济单位（Huang，2011）。与此同时，对外开放的政策开始吸引了大量的外资进入中国，推动中国开始快速城市化。乡村劳动力大量涌入城市寻找工作机会，从而启动了经济学家们所谓的"去农业化进程"（de-agriculturization）。小农家庭开始摆脱农业生产。随着乡村地区商品经济的继续发展，很多小农家庭开始进入市场导向的生产活动。以前所谓的"家庭副业"，如手工业等开始替代农业生产作为主要的收入来源。这些小农家庭开始变成"创业者"（Huang，2012）。根据统计数据，截至 2008 年，中国乡村地区共有 2200 万名类似的创业者（国家统计局，2009）。

上述小农创业者的出现和蓬勃发展只是整个背景的一部分。事实上，在这段时间里，中国的小企业数量呈现几何级的增长。小企业的发展主要经历了三个阶段（Hussain，Millman，& Matlay，2006）。第一阶段从 1978 年开始到 1992 年，以改革开放政策影响下的大规模增长为特点。第二阶段从 1992 年开始到 2002 年，以国有企业的改革和私营企业发展为特点。第三阶段从 2002 年开始至今，在此期间，政府大规模鼓励和支持中小企业发展。到目前为止，中国的企业根据其所有制特点可以划分为三类，即国家所有、集体所有和私人所有。小企业通常被称为个体企业，往往从属于私人所有制企业的类别（Zhang & Morrison，2007）。

旅游小企业是中国数量庞大的小企业队伍中的一小部分，其在中国的迅速发展直接受到现代乡村旅游发展的推动。最开始的时候，旅游小企业的出现只是小农家庭创业者对涌入乡村地区的休闲游客的自发反应。最早的农家乐可以追溯到 1987 年，其时四川省第一届桃花节在成都市成功举办。自此以后，旅游小企业就成为乡村旅游产品的主要供应者。根据 Li（2008）和 Meng（2008）的调查，60% 到 80% 的旅游小企业都提供住宿接待服务。到 2006 年年底为止，北京郊区共有 7119 家农家乐，年接待游客量达到 1500 万人次。同年，四川省共有 18000 户农家经营旅游小企业，年接待游客量超过 8200 万人次（Su，2011）。这种乡村家庭旅馆近几年在数量上呈现快速增长，到 2019 年，其总量已超过 2000 万家。乡村旅游小企业在中国的快速增长在很大程度上得益于当地村民获利的愿景，以及政府的大力支持（Wang，2013）。其通常被政府和很多学者认为是促进区域经济发展、弥合发展程度不均衡的手段（Yang，2012）。因此，旅游小企业得到政府在政策和资金上的全力支持。

通过回顾其发展历程，可以发现国内旅游小企业有几个重要特征。

第一，与多数西方国家相同，大多数旅游小企业位于乡村地区。在地理上，旅游小企业往往在毗邻大城市或者知名景区的乡村地区更容易获得成功,因为这样的地理环境能够满足游客欣赏美丽乡村风景、参与户外活动的需要(Walford,2001)。

第二,中国的旅游小企业是基于小农生产单位而发展起来的,其本质上是典型的"小农经济"的一部分。与西方国家不同,中国的农业并不以大规模的资本主义农场为主,而是以小规模的小农家庭和小农经济为特色。中国乡村地区的土地产权是分散、零碎的。实际上,这种小农经济在很多亚洲国家都很普遍,原因可能是庞大的人口数量和相对稀少的土地资源。在西方国家,大多数农场拥有超过 10 公顷的土地。例如,挪威农场的平均土地面积达到 20.2 公顷(Haugen & Vik,2008),这种情况在亚洲国家是很少见的。以中国的浙江省为例,2015 年户均土地所有面积为 0.035 公顷。在很多西方国家,家庭大多作为日常居住和生活场所,一般被认为是与工作场所相区别的单一目的和单一功能(即生活)的实体。然而,在中国的小农家庭,情况很不一样。乡村地区的旅游小企业在某种程度上可以被看作小农家庭作为经济组织形式所承担的额外的"生意"(Deere & de Janvry,1979;Ellis,1993)。他们可以被看作户内生产模式(domestic mode of production,Sahlins,1972)或者家庭生产模式(family mode of production,Lipton,1980)。这种模式在前资本主义社会非常普遍。

第三,中国乡村旅游小企业的发展在很大程度上依赖于村民对金钱利益的追求。对于很多经营者来说,利润和生计是主要目的。而政府也往往将其作为促进乡村经济发展的工具。这与很多研究者在发达经济体中的研究发现是很不一样的。与那些以一些非营利性目标(如生活方式)为特点的旅游小企业相比,中国的旅游小企业无疑是利润和增长导向的。Meng(2008)在广西、Wang 和 Chen(2013)在浙江的调研结果都证明了这个结论。

第四,大多数中国乡村旅游小企业是当地家庭所有和经营的。典型的农家乐往往由一个核心家庭所创立、拥有和经营,其中女性成员由于其在餐饮接待方面的天赋和技能,往往会成为主要的经营者。同时,因为乡村地区的社会信任往往遵循所谓的"差序格局"(费孝通,1992),扩展的家庭(extended family)成员之间更容易相互信任,从而更愿意在内部,而不是向非家庭成员寻求帮助。考虑到乡村地区较为薄弱的合约保障、产权保护及信息不对称,这种倾向进一步被加强(Krug & Hendrischke,2002)。因此,乡村经济研究者们发现,中国乡村地区创业往往更加依赖亲戚血缘关系,其中核心家庭是主体。

当地所有和当地经营的特点主要是因为土地的集体所有制和户口系统。这两者在很大程度上将外来者排除在经营主体之外。相比之下，西方国家的旅游小企业大多数是由城市移民所创办和经营的，其中以都市退休者为主。在英国的 Blackpool，大多数家庭旅馆的物业是通过购买流转得到的（Lashley & Rowson，2007）。对于这些接待企业而言，管理过程，包括服务质量管理、财务成本管理、市场营销、人力资源管理往往是非正式的，在很多情况下甚至是缺位的（Lashley & Rowson，2006）。所以，这类小企业往往具有很高的失败率。Lashley 和 Rowson（2005）更早一些的研究则预测，Blackpool 地区每年易主的旅游小企业占到 20%～30%。如此高的流转率在中国乡村地区是极少见的。

第五，旅游小企业在中国乡村地区是作为乡村旅游主要吸引物存在的。与此形成对比的是，在西方国家，旅游小企业在乡村目的地接待体系中被视为补充（supplementary）的角色。西方很多研究者也将它们看作接待企业的边缘部门。然而在中国，大量存在的企业和经营者、庞大的接待量和来自政府的坚定支持和鼓励让我们很难说它们是"边缘"的接待部门。

考虑到旅游小企业在中国乡村地区的发展态势及特殊性，相应的研究是必要的。作为最大的发展中国家，中国在文化、农业和乡村旅游发展上都具有特殊性。对中国情境的研究很可能对其他亚洲国家的旅游小企业也有理论和实践上的借鉴意义。虽然近年来国际上对中国情境下的旅游研究越来越多，但大多数都集中于游客行为和游客体验方面，只有少数研究关注旅游企业问题，而这些研究往往集中在大型接待企业，如酒店、旅行社。旅游企业，尤其是旅游小企业得到的关注非常有限。

1.5　研究创新点

本研究的主要创新点如下。

第一，基于企业成长理论，本研究提出了旅游小企业研究的"成长视角"，并具体阐述其内涵。成长视角可能改变我们观察和理解旅游小企业的途径。它具有如下几个方面的特征：（1）旅游小企业被看作在"量"和"质"上都具有异质性的一个群体，而非整齐划一的；（2）不同规模的旅游小企业被看作处于企业生命周期谱上早期的不同阶段；（3）单个旅游小企业被假设具有成长为大型接待企业的潜力，其成长会沿着既定的企业生命周期，并在特定阶段会面临相同的挑战;(4)旅游小企业在横向上的异质性被看作不同企业纵向成长不均衡的结果。

第二,本研究将旅游小企业视为有别于一般企业的"家庭生产模式",强调其带有不同程度的"家庭小生意"色彩,并在此基础上系统地研究了其"量"的特征和"质"的特征。无论是小企业视角、家族企业视角,还是创业视角的研究都将旅游小企业视为普通的商业企业,并用一般企业管理理论、家族企业理论和创业理论对其进行分析和研究。但小型家庭企业与现代意义上的资本主义企业有较大的差别,其生产和服务提供高度依赖于家庭。用传统企业研究理论和研究视角来解释旅游小企业的行为可能是不合适的。由此,本研究突破了以往研究所普遍采用的"企业范式",对旅游小企业的本质进行了重新审视,能够提供更为贴近实际的理论框架。

第三,本研究基于"全面体验范式",对旅游小企业顾客体验的内部结构进行了重新挖掘与建构,不仅考虑了传统市场营销所关注的服务质量和体验营销思维所关注的体验要素,还将真实性元素纳入模型,形成了包含认知层面、情绪层面和符号层面的层次体验结构,并进一步开发了测量工具,对于接待业顾客体验的研究和管理有一定的参考意义。

第四,本研究将社会资本理论、人力资本理论引入旅游小企业研究领域,拓宽了这两个理论在旅游研究领域的应用。以往社会资本理论、人力资本理论多用在旅游创业、旅游企业绩效等研究中,在旅游企业成长领域的应用尚属首次。同时,将社会资本和人力资本结合,实际上同时考虑了个人层面的资源和人际关系层面的资源,能够更完整地解释旅游小企业的成长。

第五,本研究将关注点从经营者层面上升到企业层面,从成长的"动机""意愿"转移到实际成长"行为"上,而这两者正是当前旅游小企业研究领域中被广泛忽略的。大多数现有研究把关注点放在个人层面(即经营者),而不是企业本身。在少数关注企业成长的研究中,更多关注的是成长的意愿(growth intention),而不是实际的成长行为(actual growth behavior)。跳出"成长意愿""成长动机"的局限,将带来很多新的研究可能性。在这个意义上,很多之前忽略的问题,如"哪些因素会影响旅游小企业的成长?""旅游小企业的成长会带来哪些变化?"可以出现在备选研究课题上。

第 2 章　已有研究回顾与述评

本章批判性地回顾现有关于旅游小企业的研究,并识别其研究的不足。

2.1　旅游小企业的相关术语与定义

旅游小企业(STB)的定义需要在不同的情境下考虑。Leiper(1991)指出,一个术语及其定义可能有三种不同的应用情境:第一种是日常的、普通的情境,基于大多数人的主观意见、感知和意识;第二种是技术性情境,这种技术性定义往往服务于特定目的,如测量与统计数据收集;第三种是学术情境,包含所有正式的、形式化的概念。

在日常情境下,旅游小企业的描述包含了不同的术语和不同的定义。尽管它们在规模和产品上存在某些共性,但在具体表现形式上仍然有所差异。游客、旅游经营者以及目的地管理机构往往使用很多不同的日常术语或行业术语来描述这类企业,如"小旅馆"(small hotels)、"乡村旅舍"(village inn)、"住宿＋早餐"(B&B)、"家庭寄宿"(home-stay)、"家庭旅馆"(guesthouse)、"农场体验"(farm-stay)、"接待农场"(accommodation-based farm)等。这些"俗称"(mundane term)则经常被旅游研究者们直接用作旅游小企业的默认类别,强调它们的不同特征。例如,"农场体验"突出以农场为接待场所,并且配备相关的农事活动(Carmichael & McClinchey,2009)。"家庭旅馆"和"住宿＋早餐"则侧重以家庭居所为接待场所,通过主客互动体验主人家的生活方式和当地的文化(Amirruding,2009)。较之 B&B,乡村旅舍则往往拥有更多客房和更多的便利设施(Carmichael & McClinchey,2009)。然而,日常的、行业使用情境下的术语及其定义存在一个普遍的问题,即概念之间边界的模糊和内涵的重合。例如,"小旅馆"的范围通常包含了普通旅馆、家庭旅馆、汽车旅馆和"住宿＋早餐"(Morrison & Corway,

2007）。"农场体验"则包含了 B&B、采摘、农业节事活动、农场亲子游或者田野骑行（hay ride）（Clarke，1996）。在很多情况下，这些概念之间是可以相互替代的，如"家庭旅馆""住宿＋早餐""家庭寄宿"。同时，因为这些术语往往引自行业的使用习惯，因此其定义和内涵在地区与地区之间、国家与国家之间也会存在显著的差别。

技术性情境下的定义则往往从小企业研究的视角出发，侧重于大规模统计时的技术性应用。这些定义往往都是从企业规模入手，划定小企业的规模区间。然而，这类定义也存在很多争议，主要集中在：小企业应该多"小"？根据 Atkins 和 Lowe（1997）的文献回顾，已有研究中关于中小企业规模的定义多达 40 种，可谓莫衷一是。

学术情境下的术语和定义则侧重于更加严格、更加包容的形式化概念，强调日常情境和技术性情境下各类定义的共同性，从而在更大的范围内将有不同表现形式的旅游小企业作为一个总体来进行观察研究。类似的工作并不鲜见，很多研究者试图找到一些合适的术语来形容旅游小企业，以准确概括和描述这类企业的区别性本质（Lynch，2005）。

典型的学术定义是将旅游小企业放在"传统的"主流接待设施（如酒店、汽车旅馆、度假村等）的对立面进行理解和研究。这些传统的接待企业往往有中等以上的规模（通常客房量在 50 间以上，具有较大规模的投资），其服务往往面对一系列不同的细分市场（同时有休闲游客和商务游客）（Morrison，et al.，1996）。与此相反，旅游小企业由一些原子化的小微企业构成，针对本地市场和休闲游客。它们的人力资源、财务资源、技术资源往往较为匮乏，因此产品和服务的创新投资能力很有限（Morrison & Corway，2007）。

基于此，学者们提出了一系列学术术语，以反映旅游小企业的这类特征，包括"类酒店企业"（para-hotel business，Schwaniger，1989）、"补充接待设施"（supplementary accommodation，Seekings，1993）、"精品接待设施"（boutique accommodation，Morrison，et al.，1996）、"专门接待设施"（specialist accommodation，Pearce & Moscardo，1992）、"准酒店"（quasi-hotels，Slattery，2002）和"商业化家庭"（commercial home，Lynch，2005）。不同的术语反映了旅游小企业的不同特点。例如"专门接待设施"强调这类企业能够提供独特的住宿体验，更加侧重于服务度假游客（Morrison，et al，1996），而"补充接待设施"强调其作为目的地接待产品供给的补充者角色。因此，这些概念术语实际上代表了不同的观察角度，反映了旅游小企业的部分特征。

2.2 旅游小企业的主要研究视角

总体而言，对旅游小企业的已有研究视角可以分为三大类，即小企业视角、家族企业视角和创业视角(Lynch，McIntosh，& Tucker，2009)。需要注意的是，这三个研究视角并不是相互排斥的，而是各自提供一个观察研究的角度，描绘了旅游小企业的不同特征，相互补充形成对旅游小企业的全面理解。

2.2.1 小企业视角

在 20 世纪 80 年代以前，小企业仅被理解为市场供方的一个原子，研究重点集中在解释其存在的原因及其与其他市场主体的关系，尚未涉及其内部的结构和特征。Penrose(1959)指出，小企业的存在有以下几个原因：(1)某些市场并不适合大企业经营，尤其是那些需要对市场变化做出快速反应、对细节需要更个人化关注的行业，以及那些依赖小生产单元，但对其监督缺乏经济性的行业；(2)大企业出于公共关系维护的需要不得不在统一的行业价格保护伞之下允许和保护小企业的存在；(3)一些行业进入门槛低，每年有不同的创业者进出该行业，从而形成大量的小企业存量；(4)在一些大企业还没来得及进入的行业，小企业能够得到暂时的生存。到 20 世纪 80 年代，一些理论工作开始提供研究小企业的新思路(如 Williams，Greenwood，& Shaw，1989)。到 20 世纪 90 年代，Morrison(1998)，Page、Forer 和 Lawton(1999)意识到了小企业经营的非财务性动机和管理的非正式性。2000 年以后，小企业研究开始关注其内部结构特点及关键角色，而不仅仅将其看待为一个经济单位(Di Dominico，2008；Sweeney & Lynch，2009)。可以说在过去几十年里，对小企业的理解角度和研究方法经历了一个从"量"到"质"的变迁。

小企业研究视角延续小企业研究的传统，将规模作为旅游小企业的主要区分性特征(Ateljevic，2007；Carr，2007；Thomas，1998)，并据此探究其他特点。在旅游与接待研究领域，旅游小企业长期被当作简化版的大企业来对待(Blackburn & Kovalainen，2009；Morrison & Teixeira，2004)。其经营行为、发展演化和面临的挑战也被认为会遵循大型组织的模式(Friel，

1999),因此适用于一般旅游企业的理论框架。在这个意义上,单独对小企业进行研究就显得没有必要。与此相反,小企业研究视角则鼓励对经营规模及由此带来的特殊性质保持敏感,而非简单地将小规模企业作为大企业的一个缩小版。

旅游小企业规模的临界点(critical point of size),即"小企业应该有多小",是小企业视角研究的基础。实际上,对于所有小企业研究来说,这都是一个难题。一般来说,一个接待单元的规模可以定义为客房/床位数量、全职员工数量或者总投资(或资产价值)。前两个指标往往用得更加普遍。然而,规模指标的使用和具体的规模临界点在学者与学者之间、国家与国家之间都有所不同(见表 2-1)。

表 2-1　部分旅游小企业规模的定义

相关研究	客房量/间	员工数量/人
Moutinho(1990),Wong(1991),Buhalis(1995)	50 以下	10 以下
Ingram,Jamieson,Lynch 和 Bent(2000)	50 以下	—
Wong(1999)	—	9 以下
Medlik 和 Ingram(2000)	30 以下	—
WTO(2000)	50 以下	10 以下
Kontogeorgopoulos(1998)	14 以下	—
Andriotis (2002)	40 以下	—

不过,大多数学者还是同意以 50 间客房作为小型接待单元的规模临界点。尽管这有点武断,很多实证研究发现还是支持了这个论断。2006 年日本 B&B 的平均客房量为 9.2 间,同期英国和法国 B&B 的客房量分别少于 6 间和 9 间。在中国,民宿/农家乐的平均客房量要超过 20 间。在美国,旅游小企业包含了 home-stay 和商业化运营的小旅馆,通常拥有 20～25 间客房(Buchanan & Espeseth,1988)。根据 Lashley 和 Rowson(2010)在英国 Blackpool 地区的调研,其客房量一般都在 15 间以下。Star UK(2004)的统计数据则显示,英格兰的 farm-stay、B&B,苏格兰的 B&B 平均客房量都在 3 间左右。Kim、Chan 和 Quab(2011)也发现,超过 70% 的旅游小企业客房量少于 25 间,雇佣少于 10 个员工。Lynch (1998)发现,大多数 home-stay 只会将其中的 1～2 间客房用于接待。Huang(2008)的调研发现 88.9% 的 B&B 客房数量在 5 间以下。

Burns(2001)注意到,小的接待规模可能会决定旅游小企业的一般属性,包括企业的创业动机和经营导向、管理与产权、服务性质与顾客期待以及运营和营销(Morrison & Conway, 2007)。

在创业方面,旅游小企业的创立通常被认为是出于生活方式的动机,这在乡村地区、偏远地区尤为明显(Lockyer & Morrison, 1999; Buicket, al., 2000; Getz & Carlsen, 2000; Komppula, 2004)。相对于量化的经济收入,其创业者可能更看重非量化的社会性的回馈(Peltonen, et al., 2004)。除了生活方式动机之外,旅游小企业创业的典型特征还包括:企业初创时缺少正式的规划(Bensemann & Hall, 2010)、依赖家庭物业、进入门槛低、资金要求低(Beaver & Lashley, 1998; Shaw & Williams, 1988)等。

在所有权形式和管理方面,旅游小企业通常由其所有者直接经营管理(Ateljevic, Pritchard, & Morgan, 2007; Carr, 2007; Thomas, 1998)。具体来说,它们往往是被家庭成员(通常是家庭的女性成员)直接所有和经营的,也因此被 Morison(1998)称为"家庭经营的微型企业"(family-run micro-enterprise)。这种所有者与经营者合而为一的经营形式占据 85% 的比重(MSI, 1996),是旅游与接待行业小企业的最根本特征(Thomas, 2000)。由此,企业的管理过程在很大程度上受经营者个人偏好、偏见和态度的影响(Jennings & Beaver, 1997; Beaver & Lashley, 1998),并且往往是基于简单的、非层级制的、灵活的组织结构,以高效的信息流、相对快速的决策和与顾客市场的紧密联系为特点(You, 1995)。

在服务性质与顾客期待方面,家庭的介入很可能会带来服务和体验的独特性。例如,home-stay 通常会在住宿和饮食之外给游客带来一种"家"的体验,同时使其能够深度接触和了解当地的文化与环境。此外,较小的经营规模也使得为顾客提供高度个性化的服务和个人化的关注成为可能,顾客的个人需求可以得到更好的满足。

在运营与营销方面,大企业更擅长服务庞大的、标准化的市场,而小企业则更善于满足细分市场和特殊产品的需求。因此,它们往往依托主要市场的"夹缝",活跃在不足以支撑大企业的二级市场中(Penrose, 1959)。在这个意义上,旅游小企业通常被政策制定者和研究者称为"补充接待部门"(supplementary accommodation)。Rodenburg(1980)在巴厘岛的研究发现,相比于大的旅游企业,小企业更倾向于直接将其服务销售给消费者,而不是零售商。很多旅游小企业主要依靠低廉的价格吸引游客,从而占据低端消费市场(Moutinho, 1990; Wong, 1991; Main, 1994; Buhalis, 1995;

WTO，2000）。它们在市场波动和市场竞争面前很脆弱，因此对行业协会提供的保护需求很大。这也是为什么很多发展中国家的政府支持项目都建立在社区和行业协会的基础上。

除了上述发现以外，旅游小企业的特征还包括在政府增值税缴纳的标准之下、客房数量未达到法定限制从而未进行官方注册、经营的季节性、对官方审查和监督的积极逃避，以及在统计方式上的不一致性（Morrison，1998）。

总的来说，小企业视角从规模角度来定义旅游小企业，关注小规模带来的独特特征。这些研究实际上为旅游小企业研究的必要性提供了支持，从而为进一步的研究界定了研究对象。然而，这个视角研究的问题在于对"小规模"的定义及使用的指标众说纷纭，不同的行业、部门、学者对此有不同的看法，没有形成共识（Morrison，1998；Morrison & Conway，2007；Peascock，1993；Thomas，1998）。

2.2.2　家族企业视角

家族企业视角的研究延续了一般家族企业的研究传统，将家族所有（family ownership）和家族涉入（family involvement）作为旅游小企业的区分性特征（Getz & Carlsen，2000；Getz，Carlsen，& Morrison，2004）。这个视角的研究最关心的是家族及其目标、生命周期，以及家族关系如何影响企业运营，或者说家族动态与企业运营之间的相互关系。这些互动关系体现在目标、性别角色、家族问题处理、所有权、家族涉入以及家族生命周期和企业演化等方面。

旅游和接待行业的小企业的经营大多是基于家庭的，其所有者与经营者往往合而为一（Getz & Carlsen，1999）。Thomas（1998）则更直接地指出小企业是"家庭所有，家庭经营"。根据 Komppula（2014）在芬兰的调研，82％的旅游小企业只有家族成员。Wanhill（1997）和 Andriotis（2002）也发现这类企业经常会有很高比例的家族成员。因此，旅游小企业会受到所有者家庭的深刻影响，从而带来一系列区别于非家庭企业的运营特征。例如，它们通常被认为是风险规避的，原因是相较于潜在的成长与盈利，家庭与家庭生活的稳定是第一位的（Getz & Petersen，2005）。

需要注意的是，一般家族企业理论描述的对象往往是大型的家族企业。尽管家族企业视角的研究关注到了"家庭"与旅游小企业之间的关系，但仍将家庭和企业视为两个独立但相关的实体。

但这个描述可能并不准确。旅游小企业与所有者家庭在现实中往往被发现是无法分割的。企业的劳动力通常就是家庭成员,而经营场所往往就是家庭的日常起居环境(Di Domenico & Lynch,2007)。基于亲缘关系的家庭单位承担了经营组织的角色,这点与常见的基于合约关系的企业经营组织完全不同。此外,旅游小企业的所有经营收入都流向所有者的家庭。因此,对于旅游小企业来说,家庭与企业的分界线是模糊的。

因此,"家"(home)可以说是旅游小企业的一个内在元素,形成了其区别于传统接待企业的重要特征(Lynch,2005)。在传统酒店里,接待者的私人家庭并不在经营场所内,公共空间(向员工和顾客开放)与私人空间(仅向员工开放)之间的分界线相对清晰。但旅游小企业更像是商业化的家庭(commercial home),其中主人私人的"家"、私人空间与向顾客开放的公共空间的界限并非泾渭分明。

这个特征会为顾客带来"家"的体验。接待主人在其家庭空间里提供服务,而主人与客人之间或主人的家人与客人之间会有较高程度的互动(Lynch,1998),由此创造出一种"家"的氛围(homely atmosphere)(Stringer,1981)。尽管一些传统酒店也可以模拟出"家外之家"的氛围并以此作为卖点(Guerrier & Adi,2000),但这仅是模仿,只能提供一种不真实的体验。按照后福特主义(post-Fordist)的观点,游客需要个性化的度假产品和体验(Urry,1990),并希望这种体验是真实的(authentic)。

Wood(1994)认为,这种真实感、家庭感的住宿体验有广泛的市场需求,是旅游的重要动机,构成游客的"极致体验"(peak experience,Quan & Wang,2004),而不是简单的廉价住宿。在美国、加拿大、南非、澳大利亚和新西兰,研究发现一些提供真实家庭体验的住宿产品的价格甚至比标准化酒店产品还要高,其被视为一种特殊体验(specialist experience)(Pearce,1990;Kaufman, et al.,1996;Lubetkin,1999;Lanier,2000;McGehee & Kim,2004;Sakach,2010)。

2.2.3 创业视角

创业视角的研究关注旅游小企业的创业者和创业过程。其中创业动机相关的研究最为普遍和深入(Ateljevic & Doorne,2000;Peters, Frehse, & Buhalis,2009)。长期以来,学者们一直在尝试从"创业者"(entrepreneur)研究着手,构建旅游学科与创业学科的联系,完善旅游创业领域的研究。过去的几十年间,很多学者都在关注与旅游创业者有关的研究课题,包括其态度、动机和目标(Getz & Petersen, 2005; Barbieri & Mahoney, 2009; Lashley & Rowson, 2010; Ahmad, Jabeen, & Khan, 2014)、人格特质(Beeka & Rimmington, 2011; Jaafar, Abdul-Aziz, Maideen, & Mohd, 2011; Kensbock, & Jennings, 2011)、个人能力(Phelan & Sharpley, 2010, 2011; Seuneke, Lans, & Wiskerke, 2013)、创业决策(Loureiro & Jervell-Moxnes, 2004; Di Domenico & Miller, 2012; Wang, 2013)。特殊的创业者群体,如女性创业者(Noguera, Alvarez, Ribeiro, & Urbano, 2013)和移民创业者(Getz & Carlsen, 2000; Williams, Shaw, & Greenwood, 1989)也都得到了一定的关注。

这些研究识别出了旅游创业的一些独特性,其中最为重要的是"生活方式创业动机"(lifestyle motivation)(Shaw & Williams, 2004; Peters, Frehse & Buhalis, 2009; Marchant & Mottiar, 2011)。

很多实证研究表明,旅游创业的生活方式动机广泛存在于西方社会,包括欧洲(Lashley & Rowsen, 2010; Thomas, et al., 2000; Reijonen, 2008)、加拿大(Getz & Petersen, 2005)和澳大利亚。生活方式动机是指创业者们创立旅游小企业是为了体验某种生活方式,而非获取利润。它与一般经济学和管理学研究所假定的企业组织性质(即以利润最大化为目标)似乎是相违背的。旅游创业者被描述成"自由生活追寻者"(autonomy seeker),而不是"利润追求者"(profit seeker)。一些非利润的因素,如兴趣爱好(Kousis, 1989; Lynch, 1996; Oppermann, 1997)、生活状态(Bransgrove & King, 1996; McKercher, 1998)、社会效益(Frater, 1983; Pearce, 1990),以及家庭和环境往往是生活方式创业者最关心的。

对于这些生活方式创业者(lifestyle entrepreneurs)来说,相较于企业发展,他们更倾向于维持现状(Smith, 1967; Reijonen, 2008)。Domenico(2003)在对家庭旅馆经营者的定性研究中发现,他们并没有进一步发展的意愿。Getz 和 Petersen(2004)也发现,旅游小企业的经营者倾向于保持不变的规模。Ateljevic 和 Doorne(2000)发现,旅游小企业的创业者甚至会拒绝一些进一步获利和发展的机会。在旅游与接待部门,只有八分之一的企业可能会有进一步发展的目标(Beaver & Lashley, 1998; Lashley & Rowson, 2003, 2007)。

生活方式动机吸引了大量研究者的注意。这可能是因为它突破了常识中对创业者作为利润追求者的刻板印象。然而，非营利性动机并不只在旅游与接待行业的小企业中发现。在美国，只有不到20%的小企业主表达了赚取更多金钱的欲望（Hatten，2012）。尽管很有吸引力，生活方式动机这个概念仍然招致了一些批评。这些批评的声音呼吁对此概念持谨慎的态度，因为创业动机是复杂的，是通过社会互动建构的，而且在很大程度上依赖于个体经济条件，并且是嵌入文化价值观系统内的。

第一，尽管在某些情况下生活方式动机是旅游创业的主要动机，但生活方式动机与营利性动机并不是互斥的。创业动机不是单一的，旅游小企业的创业者可能会有多个创业目标。Getz和Carlsen（2000）在西澳大利亚的调研发现，商业目的对于旅游小企业创业者的重要性紧随生活方式目标之后。对此，Morrison（2002）认为，理想的生活方式也需要令人满意的财务收入做支撑，以维持基本的"生存"（survival）标准，"保证一个令人满意的资金水平，以在选定的生活方式中保持持续的乐趣"。这种收入与乐趣的效用平衡的观点得到了Beaver（2002）的认同。Holmengen和Bredvold（2003）则进一步指出，旅游小企业的生活方式动机是可调节的，会根据企业在经济上的可获取物而变化。在他们看来，生活方式动机和营利性动机的关系可能是相互缠绕、错综复杂的，经营者如果能够提供好的服务，同时享受经营的乐趣，企业的财务表现一般也不会差。Richards和Wilson（2006）意识到，创业目标与生活方式目标的结合是可能也是必要的，他们将结合两种目标的创业者称为"pro-sumers"，意指参与混合了专业生产与消费活动的人。从时间维度上来看，创业者的动机也并不是在整个企业生命周期内都保持不变的。生活方式创业者并不见得会一直为生活方式所驱动。在早期，生活方式动机可能占主要地位，但是随着企业的发展，它的地位可能会被营利性动机所替代。

第二，并不是所有地区的所有旅游小企业都是以生活方式动机为主要创业驱动的。创立接待企业的动机在不同的创业者、不同的地区之间都有所差异。目前关于生活方式创业的实证研究大多数是在发达国家开展的，所识别出的生活方式创业者往往是从城市往乡村地区的移民（退休者或者通勤者）（Tinsley & Lynch，2001）。他们往往衣食无忧，从城市带来了大量资金（Ateljevic & Doorne，2000；Lane，1995）。即使如此，他们也不会在经营中完全放弃财务回报，而是将其视为对自己生活方式的额外支持。对于那些需要为生存而奋斗的经营者来说，利润是更重要的驱动力。澳大利亚的farm-stay的主要经营目的是支持日益衰落的农场生计（Pearce，1990）。

在美国和欧洲,大多数 farm-stay 被认为是以农场为核心的创利行为,以应对农业政策改革(Haugen & Vik,2008)。McGehee 等(2007)也发现,弗吉尼亚州的农业旅游的主要经营动机是获取额外的收入。这种情况发生的大背景是发达国家乡村地区的农业逐渐衰落而无法作为收入和就业的来源,从而需要经济上的替代方案(Jenkins,Hall,& Troughton,1998;Fleischer & Felsenstein,2000;Tchetchik,Fleischer,& Finlkeshtain,2011)。

很多实证研究发现,利润相关的动机是发展中国家旅游小企业的主要创业动机。一些亚洲国家如印度尼西亚、马来西亚都在不遗余力地通过旅游小企业鼓励项目促进乡村社区的振兴,缓解城乡发展不平衡。这些项目的参与者大多是被其潜在的收入和就业提供能力所驱动的。在印度,home-stay 被认为是乡村人口生计的主要补充(Anand,Chandan,& Singh,2012)。在罗马尼亚,调研发现 79% 的旅游创业者的动机是为了获取更高的收入(Gică,Moisescu,& Nemeş,2014)。类似的现象也在肯尼亚(Korir,Kiprutto,& Rop,2013)和阿拉伯联合酋长国(Ahamad,et al.,2014)被发现。在中国,Wang(2013)通过对上海、武汉和成都三个城市郊区的调研,发现这些地区的旅游小企业更关心短期的经济利益,而很少在意长期的目标及自我实现的机会。

第三,生活方式创业者并不一定会拒绝企业发展的机会。考虑到生活方式动机与营利动机的兼容性,这并不难理解。虽然 Thomas(2000)声称大量的旅游小企业并没有成长的野心,但 Buick 等(2000)却在对苏格兰小型酒店的调研中发现了相反的结果。Skokic 和 Morrison(2011)、Getz 和 Carlsen(2000)以及 Buick 等人(2000)都发现,即使是生活方式创业者也会有发展其企业的愿望。

然而,成长与发展对于旅游小企业而言并非易事。资金的缺乏,对潜在负债、工作压力和风险的有意识规避都是企业成长面临的困难(Getz & Petersen,2005)。从经济角度看,保证合理的生活水平,而不是进一步发展,通常成为很多旅游小企业成功的衡量标准。但是,发展决策和发展动机应该与创业决策和动机分开考虑。很多成功的创业者也并不是一开始就有很强的野心的,而是在逐渐的成功中积累信心与愿景的。同时,我们也很难想象所有的创业者会一直保持商业上的雄心。旅游小企业的成长是一个复杂的现象,其决策取决于创业者基于市场机会和可用资源的权衡与判断。生活方式企业也很可能不会停止成长,在成长过程中,企业也可能逐渐将自己定位为职业化的创业者,而不是一个私人家庭的所有者或者"兼职商人"。

他们可能会逐渐把经营企业当作一种生产行为而不是消费。总而言之，创业者对企业经营的动机、看法、思路与态度会随着企业的发展而变化。

2.3 国内对乡村旅游小企业的研究

国内对乡村旅游小企业也有不同的称谓，包括"农家乐""民宿""家庭旅馆""民居客栈""民居旅馆"等，其中以前三者使用最为普遍。这些称谓在定义和内涵上各有侧重，但总体相似，都强调这类小企业的一些共同点，包括：(1)家庭所有、家庭经营；(2)与民宿主人有一定程度的交流；(3)经营规模小；(4)提供多种特色的服务。这些描述与国外的研究发现大体上是一致的。不同称谓在定义与内涵上的相似性促使一些国内学者开始思考将上述不同业态类型纳入统一的概念框架进行整体研究的可能性。例如，保继刚和邱继勤(2006)就将不同种类的乡村旅游小企业统一纳入"旅游小企业"的框架内进行研究。

蒋佳倩和李艳(2014)对1992年到2014年期间的相关研究进行回顾以后发现，有关乡村旅游小企业的研究文献多达559篇。尤其是在2004年到2011年期间，相关研究数量呈现爆炸性增长，从2004年的6篇暴增至2011年的83篇。但在2011年以后，相关研究的数量呈递减趋势。这些研究大多数集中在"农家乐"这个细分领域，对于其他类型的旅游小企业则关注较少。基于这些文献的分析发现，蒋佳倩和李艳(2014)将国内旅游小企业研究分为两个阶段：2006年以前主要关注民宿的概念、开发条件、市场定位、竞争优劣势分析、经营管理模式等描述性、应用型的研究课题；2006年以后则主要关注游客体验、网络、利益相关者等，对旅游小企业的经营策略、营销模式、可持续发展和服务质量等有了更深刻的发现。这些研究大多结合了消费者行为学、心理学、经济学、社会学等学科视角，在研究方法上也开始以定量为主，关注定量与定性相结合。

应该说，国内旅游学界对乡村旅游小企业在宏观层面(行业、区域层面)、中观层面(企业层面)和微观层面(经营者和游客)都进行了为数众多的研究。不同层面的研究存在以下特点。

第一，宏观层面的研究多为对策建议性质的探讨，缺乏深入的理论分析。

早期国内学者对于乡村旅游小企业的研究多停留在"问题—原因—对策"的应用性研究思路上。这些学者基于经验观察和思辨，总结归纳了这类企业发展所存在的一些普遍性问题,并针对性地进行探讨。其中一个最为值得关注的发现是这类企业所普遍存在的"城市化倾向"。周玲强、黄祖辉(2004)发现,一些开办农家旅馆的农户为了提高市场竞争力盲目学习豪华饭店改善硬件设施,从而陷入了城市化误区。栾坤(2005)也指出乡村家庭旅馆在发展方向上趋向于与城市宾馆酒店同质,然而档次较低,服务不规范,无证经营,管理落后。除了接待设施的城市化倾向,学者们也普遍发现民宿文化内涵缺失以及经营管理、营销等方面的不足。例如,王显成(2009)指出乡村民宿作为乡村旅游的载体,在发展中存在着缺少规划、破坏乡村地景风貌、缺乏农村文化内涵、缺乏前瞻性和整体性的地域整合规划、房屋及土地权属复杂、发展后劲缺乏、经营者素质不高等问题。

针对上述问题,学者们从不同的角度进行了原因分析。景再方和杨肖丽(2010)系统地提出乡村旅游小企业发展的四个关键制约因素:(1)地区之间发展极不平衡,收入差距过大;(2)城市居民消费水平和消费习惯难以在短期内转变;(3)城市居民缺乏足够的闲暇时间;(4)乡村建设未达到一定的标准。何景明(2006)认为,农家乐的低端产品特性与农户企业先天的弱质性密切相关,体现于资金与技术两个方面。据此,旅游学者们聚焦于加强政府的引导作用,提出相应的对策建议。谢雨萍和李肇荣(2005)就提出应通过恰当的政府引导,强化民居旅馆的管理,加强教育培训,发挥民居旅馆传承传统居住文化的作用。

随着国内旅游小企业的发展以及相应观察资料的增加,学者们对早期的一些较为浅层次的问题描述有了更深的理解。旅游小企业的特色化与标准化成了一个讨论的热点,而学者们对此的看法也各有偏向,不尽一致。一方面,学者们认识到,旅游小企业在设施设备、服务质量等方面的标准化便于规范行业管理。例如,费维骏(2008)引入 SERVQUAL(服务质量)差距分析模型,建立了农家乐旅游服务质量评价体系。周建民、蔡晓霞和宋涛(2011)指出,我国乡村旅游标准化缺少法律层面的统一规定,规范制定主体与经营主体之间存在沟通欠缺、限制性条件规定不足、规范内容单一等问题。另一方面,学者们也注意到,不成熟、不完善的标准一定程度上阻碍了民宿特色化、差异化的发展。邹统钎(2005)指出,乡村性是乡村旅游的核心,而其标准管理、规模经营以及经营者的"飞地化"导致了乡村性的消失。其他的学者则认为,只要使民宿的参与性、特色化以及乡村历史文化的保护等在规范中得到充分体现,民宿的标准化与特色化二者并不矛盾(蒋佳倩和李艳,2014)。然而,目前关于如何达到民宿标准化与特色化的协调平衡的研究还处于空白。关于如何实现特色化也多泛泛而谈，缺乏深入的研究。

近年来，学者们越来越关注乡村旅游小企业的可持续发展。景再方和杨肖丽（2010）提出了中国乡村旅居产业的发展模式，主要有差别化发展战略模式、分层渐进式消费模式等。邹统钎（2005）强调农家乐发展的"本地化"、家庭化、特色化和两栖型的经营。还有一些学者从共生视角研究农家乐可持续发展的动力机制。

第二，中观层面研究多为描述性、应用性研究，缺少系统的理论解释框架。

中观层面的研究主要关注旅游小企业的经营模式。周林（2008）基于产权理论和相关利益者理论，区分出了9种农家乐经营模式，包括"自主、分散经营"模式、"农户＋农户"模式、"公司＋业户"模式、"公司＋社区＋业户"模式、"租赁、整体租赁"模式、"村办企业开发"模式、"个体农庄"模式、"政府＋公司＋农村旅游协会＋旅行社"模式和"股份制"模式。近几年来，学者们对于民宿经营模式的研究已经不仅仅局限于产权、所有权方面的探讨。彭青和曾国军（2010）对丽江家庭旅馆的成长路径与影响因素做了实证研究，指出四种成长路径：连锁化经营、扩展为民居旅馆、业务多元化、业务创新发展。李明龙（2008）借助波特的产业结构五力模型，分析了我国家庭旅馆的行业发展状况和竞争态势，并提出差异化战略和战略联盟。

此外，中观层面的研究还就旅游小企业的经营管理和营销提出系统的建议。

在民宿的经营管理方面，赵越和黎霞（2010）从经营者角度出发，提出影响城郊型乡村民宿经营者经营风险感知的主要因素是乡村民宿的利益相关者状况、服务设施状况和旅游业环境状况。胡敏（2007）通过"动机—消费行为—服务品质"模型的建立，发现经营者、乡村风情、价格和区位是民宿经营中的异质性核心资源，其中经营者和乡村风情是主要的竞争优势来源。

在营销方面，廖惠兰（2006）研究了阳朔地区乡村家庭旅馆的营销方式的现状，并针对性地提出了市场营销组合方案，包括主题生活方式营销、模糊产品营销、资源互享营销、家庭氛围营销。此外，一些学者也开始关注电子商务与民宿经营的结合。张竞予（2008）提出了注重品牌个性的前提设计、坚持顾客导向的博客经营和强化购后阶段的品牌维护等家庭旅馆博客营销对策。嵇兰兰、黄萍萍和熊才平（2009）提出建设专题农家乐网站来宣传农家乐旅游业，并建构了模型，分析其可行性。

第三，微观层面研究发展迅速，定性与定量相结合。

2006 年以后,国内学者对于乡村旅游小企业的研究开始进入系统化、理论化的阶段,不同学科的理论和研究方法逐渐被引入旅游小企业的研究,并取得了不少系统性、解释性的研究发现。这些研究主要集中在个体层面,关注企业经营者和游客,大多从心理学的视角出发,研究其动机、决策、感知等。

在游客动机、决策和感知方面,白凯和张春晖(2009)通过定量探索发现,我国游客对"农家乐"旅游休闲品牌个性的 6 大感知特征为实惠、喜悦、闲适、交互、健康和逃逸。彭文喜、孙虎和刘宇峰(2010)发现农家乐生活氛围、农家娱购条件、可进入性、农村特色是影响游客决策的重要因素。甘博英(2012)指出,民宿与一般的旅馆、度假中心最大的不同之处是除了提供基本的住宿之外,更有硬件设施转变为心理层面的满足。除了分别对旅游者选择民宿的动机、决策和满意度进行研究外,学者们还对其相互关系进行了系统的研究。例如,胡丽花(2008)构建并检验了家庭旅馆游客动机、服务质量、满意度与忠诚度的关系。

在经营者的动机和态度方面,王秀红等(2007)对上海、武汉、成都近郊农家乐的实证研究发现,其动机包括"赚钱"、"喜欢田园生活"与"事业追求"。蔡碧凡、俞益武、张建国(2007)在衢州市七里乡的研究发现,当地居民对旅游正面影响的感知明显强于负面影响的感知。其感知最深的是经济影响,其次才是环境和社会文化。周笑益(2009)利用 Doxey 刺激指数、社区参与旅游发展理论、利益主体理论、旅游人类学理论等,以目的地社区居民感知为切入点分析了农家乐旅游带来的社会文化影响。

2.4　现有研究的不足

上述研究视角从不同角度对旅游小企业进行了描述和解释,其相互补充构成了旅游小企业的图景,从而大大促进了我们对这类关键旅游市场参与者的理解。总结起来,现有研究对旅游小企业的量化特征(如规模)和质性特征(包括动机、产品性质、与家庭的关系)都进行了初步的描述,然而还存在以下不足之处。

第一,现有研究大多停留在描述性的层面。旅游小企业的特征如小的规模、家庭所有、家庭涉入等都是基于不同视角的孤立研究成果。很少有研究去探寻造成这些特征的原因。同样的情况也在旅游小企业行为模式的研究中被发现。虽然已有研究发现旅游小企业与大酒店在管理、运营、营销方面都有很大不同(如它们总是针对低端市场),但对此没有进一步的解释。为什么它们表现出这些质性特征?这些质性特征是否相互联系?与其规模是否有关系?这些特征是否会影响其行为模式?如果要对旅游小企业有一个全面深入的理解,这些问题应该得到解答。

第二,对旅游小企业的描述和理解未能摆脱"企业"窠臼,仍然将其视为采用资本主义生产模式进行组织的现代企业形式。无论是将其视为小企业还是家族企业,相关研究都将旅游小企业视为独立的经营主体。Lynch(2005)对此认为,将旅游小企业作为一般意义上的"企业"忽视了其内在的家庭元素。尽管家族企业视角的研究发现了其家庭所有、家庭经营、受家庭动态影响的特点,但仍然将企业与家庭视为两个独立但相互联系的实体。然而,出于规模和资源的限制,旅游小企业更多依赖家庭来提供劳动力、资本和经营场所,其产品通常是在家庭场所内提供的。也就是说,主人及其家庭成员与付费顾客共享家庭空间。也因此,其家庭成为"商业化的家庭"(Lashley,2009)。因此小型家庭企业很可能承担了个人家庭和企业的双重性质,其本质可能是一种有别于资本主义生产方式的"家庭生产模式"。对旅游小企业本质特征的忽视可能是造成现有研究对其企业特性描述的零散、肤浅,难以形成系统的原因。

第三,忽略了不同旅游小企业之间在特质和行为模式上的异质性。为了说明旅游小企业值得作为独立的现象来研究,小企业视角强调了它们与大规模的竞争者之间的差异。这种严格的二分法是值得质疑的。实证研究已经发现,旅游小企业与大企业之间在规模上的过渡是连续的,而不是简单跳跃的,而前者内部也存在规模和性质上的差异。根据 Lashley(2009)的观点,类似于 home-stay 的旅游小企业可以被认为是接待行业的最古老的形式。家庭在不同的程度上参与商业接待经营活动,从在旅游旺季偶尔接待付费客人,到常年吸引和接待顾客,形成了不同规模、不同特点的旅游小企业。在经营收入方面,有的企业经营收入仅占家庭收入的一小部分,而有的企业收入则成为家庭收入的主要来源。Hall 和 Rusher(2004,2005)的调研显示,有 32% 的受访者表示该比重在 10% 以下,而 18% 的人则表示该比重达到 90% 以上。规模和收入比重两者的差异也被发现似乎是相关的,随着企业规模的扩大,家庭对其经济的依赖也会显著上升(Lynch,2005)。此外,不同规模企业的价值观和关系也有所差异,规模的扩大会导致它们更倾向于引入产业和商业关系。上述实证研究的发现却没有引起旅游研究者的广泛兴趣,很少有人试图去解释这种异质性及其可能带来的影响。

第三,忽略了旅游小企业的动态变化性。研究者们更多地将其假设为不变的实体。因此其进取性和相应的变化并没有得到充分的研究(Mottiar & Laurincikova,2009)。旅游小企业会经历创业、成长和消亡的生命周期,其中充满了动态变化。在某种程度上甚至可以认为,其横向的异质性来自这种动态变化的不均衡性。尽管旅游小企业的创业已经被广泛研究,但大部分还是停留在个体创业者及其动机层面上。对旅游企业成长研究的成熟程度远达不到对旅游创业的研究(Johannesson, et al., 2003;Zhao, 2009)。

总结起来,已有研究缺少对旅游小企业本质特征的描述,也大多忽略了其异质性和动态变化性。旅游小企业的本质是什么?这些变异如何发生?质性特征的变异是否与量化特征的变异有关?它们如何能被整合入一个理论框架以得到一个全面的理解?这些变异的影响因素和结果又是什么?这些问题的答案无论是对于理论发展还是对于实践都有重要意义。

第3章　本研究的理论基础与关键理论视角

本章全面描述了本研究赖以开展的理论背景,主要内容包括:(1)阐述四个子研究的 6 个主要理论基础,包括家庭生产模式(family mode of production)理论、企业成长理论(business growth theory)、社会资本理论(social capital theory)、人力资本理论(human capital theory)、体验理论(experience theory)和真实性理论(authenticity theory);(2)提出并阐释旅游小企业作为"家庭生产模式"的区分性特征,研究旅游小企业的"成长视角"(growth perspective),以及研究乡村接待体验的"全面体验范式"(holistic experience view)。

3.1　理论基础

3.1.1　家庭生产模式理论

与家族企业理论不同,家庭生产模式理论(family mode of production),并不把家庭和企业当成泾渭分明的两个单元,而是承认家庭与企业在某种程度上的重叠性(Lipton,1980)。这种类型的企业也被称为"基于家庭的企业"(home-based enterprise)、"家庭生意"(home-based business)或者"家庭手工业"(cottage industry)(Strassmann,1987)。其被定义为不雇佣员工、使用家庭居所向市场提供产品和服务的经营实体(Mason,Carter,& Tagg,2011)。就其定义而言,家庭生产模式是家庭与企业的结合体。这与资本主义生产模式(capitalist mode of production)有很大的不同,后者的主要特征是劳动力雇佣及家庭与企业的分离。在家庭生产模式下,家庭与企业的结合表现在其资源的相互依赖性(inter-dependence)和可替代性

(fungibility)(Lipton,1980)。

　　一方面,家庭生产模式企业几乎完全依靠家庭作为土地、资本、劳动力等基本生产资料的来源。这类企业主要由家庭成员组成,而非雇佣劳动力,因此能够利用家庭成员(尤其是女性、老年人和小孩)的零散空闲时间(Chayanov,1966;Huang,2011)。因此,从经济学的角度来说,员工工资作为人力成本在生产曲线中是不存在的。所以,这类企业能够以比资本主义生产模式企业更低的成本来维持生产和经营,在某种程度上获取了一些竞争优势。

　　另一方面,在家庭生产模式企业中,承担生产功能的企业领域与承担消费功能的家庭领域之间在资源上存在可替代性(extended fungibility)(Lipton,1980)。资源的可替代性可以定义为"资源在可获得性上的大小变化被视为类似资金流的变化,从而可以自由地、方便地、无损耗地按照利益最大化的原则来弥补任何一项投入的短缺"(Lipton,1980)。家庭生产模式企业,例如小农家庭、家庭零售商既承担了企业的商品和服务生产(productive)职能,同时又承担了家庭的生活和社会繁衍(reproductive)职能。在其中,资本和劳动力资源会根据优先程度满足生产和消费的需要,例如通过限制当前消费来节省资本以用于零散的企业生产,或者在面临家庭生存危机(reproductive crisis)时从经营中抽取一些资本来满足基本的家庭生活需要。这可以通过资源在时间维度(即从一个时间点到另外一个时间点)、空间维度(即从一个生产领域到另一个生产领域)或者家庭内部(即从上一代到下一代)的调配来实现。例如,只要家务活动的周期允许,花费在家务活动上的时间可以被转而用于家庭企业的生产。家庭空间则可以被用于一系列活动,这些活动可能是家务活动,也可能是生产性活动,两者的忙闲时间在一天中的不同时间及一年中的不同季节都是不一样的,因此存在互补性(Lipton,1980)。这种资源的可替代性可以以很小的成本和付出来实现。

　　在历史上,家庭生产模式是最古老的一种生产方式,可以追溯到前资本主义时代。产业革命在英国的兴起便是以家庭制造(home-based manufacture)向工厂制造(factory-based manufacture)转变为标志的。在古典经济学家如亚当·斯密等人的眼里,生产场所依附于生活场所是很自然的。即使是在现代资本主义社会,基于家庭的生产在某些产业里仍然占据主导地位(如零售业和接待业),在现代复杂的生产和分销系统中占据一席之地(Tipple,1993)。小企业往往是当地人所有,并且使用更多的家庭成员作为劳动力(Kontogeorgopoulos,1998)。根据小企业联合会(Federation of Small Businesses)2005 年针对英国 18939 家小企业的调研,基于家庭的企业占到了其中的 36%(Mason,Carter,& Tagg,2010)。到 2006 年,该比重上升到了 52%(Hatten,2012)。

经历过产业化时期的低谷之后,家庭生产模式在后产业化时代开始进入黄金时期,家庭成为重要的工作场所,扭转了产业化时期家庭环境和工作环境的分割(Felstead,et al.,2005)。虽然这些企业往往被视为"边缘企业"(Bjerke & Hultman,2002),它们在数量上仍然是相当可观的。根据英国劳工调研(UK Labor Force Survey)的结果,将近三分之二的居家工作者是自我雇佣的(Ruiz & Walling,2005)。在英国和美国,这类企业在乡村地区都异常活跃。

由此可以推断,家庭生产模式与小企业是紧密联系的。一方面,家庭生产模式对于小企业来说往往是最佳选择,甚至是唯一选择。究其源头,小企业通常是作为家庭的补充收入来源而被创立的(Bjerke & Hultman,2002),因此也被认为是一种"生存策略"(strategy for survival)(Chayanov,1966;Lipton,1980)。在企业创立早期,资源往往非常有限,而家庭就是现成的生产场所,家庭成员则是现成的劳动力,在这种情况下,依靠家庭提供各种必要资源是很自然的选择。很多研究发现,选择家庭作为经营场所主要是为了实现成本最小化(Mason,Carter,& Tagg,2010)。这就可以部分解释为什么这些企业在偏远的、欠发达的地区更加普遍(Strassmann,1987;Leinbach,2003;Kellett & Tipple,2003)。另一方面,家庭生产模式企业受到家庭所提供资源的自然限制,包括居住空间的限制和家庭成员数量的限制,通常只能维持在较小的规模水平。这种微型企业通常被描述为"隐形的"(invisible),部分原因可能是其所有者害怕他们破坏房契条款、租赁合同的事情被发现,或者担心需要负担额外费用(如企业所得税),或者接受相应规定的制约,从而不愿意他们的经营行为被曝光。在这个意义上,家庭生产模式是所谓的"非正式经济部门"(informal economic sector)的核心组成部分(Lipton,1980;Strassmann,1987)。

3.1.2 企业成长理论

1. 创业与企业成长

企业是市场的主要参与者,总会经历创立、成长和消亡的生命周期。一家企业的创立和成长是一个很重要的现象,它反映了竞争过程和战略行为的动态变化、市场结构的演变,甚至能体现整体经济的发展态势。需要注意的是,并非所有的企业都能够成长为大型企业,也不能说所有企业都会选择同样的成长路径(Walker & Brown,2004)。一家企业的成长导向可能会是暂时的(Spilling,2001),而很多新创的小企业也会一直保持小的规模。个中原因可能是所面临的困难无法克服,或单纯是缺乏成长的意愿。有学者更是认为,相较于小企业成长为大企业,大企业的创立本身更加普遍(van Biesebroeck,2005)。的确,很多学者已经关注到了企业规模分布的"中等规模企业缺失"(missing middle)现象,即大企业的规模继续增长,而小企业则很少增加其体量向大企业靠近(Tybout,2000;Sleuwaegen & Goedhuys,2002)。然而,考虑到动态变化的市场需求,那些保守的、不思进取的企业往往会经历业绩的停滞或者衰退。

企业创立过程与成长过程是很难区分的,它们都关系到市场机会的识别与开发(Shane & Venkataraman,2000;Coad,2009),并且都需要创业精神或企业家精神(spirit of entrepreneurship)(Sexton,2000)。广义的创业精神可以定义为通过有风险的创意和创新开启变革(Rimmington,Williams,& Morrison,2009;Yang & Wall,2008)。因此,企业成长被有些学者认为是创业的一部分,是"创业的延续"(continued entrepreneurship)(Davidsson,1991),或"内部创业"(intra-preneurship),即在已经存在的组织内部开展的一些创业活动,以通过区别于传统行为的新举措来识别、开发和利用新机遇(Vesper,1984;Stevenson & Jarillo,1990;Antoncic & Hisrich,2003)。这种将企业成长理解为广义的创业的方式很普遍,这也是为什么很少有研究会提及"成长"。

然而,其他研究者则坚持认为新企业的创立应该被认为是企业成长的一个部分,或者一个阶段(Penrose,1959)。从企业的整个生命周期来看,很难找到一个确切的"起点"。尽管存在这些分歧,这派学者都认同企业成长与创业之间存在诸多共同性。本研究专注于企业的成长,因此将企业的诞生也视为整个成长周期的一个阶段。

2.企业成长研究的主要领域

有关企业成长研究最全面、引起最广泛关注的理论是 Penrose(1959)在50 多年前发表的著作——《企业成长理论》(*The Theory of the Growth of the firm*)。自此以后,很多研究者试图完善该理论,以期更好地描述和解释企业成长现象。基于广泛的文献回顾,McKelvie 和 Wiklund(2010)总结了企业成长研究的三大领域,即"成长过程"(growth process)、"成长的结果"(the outcome of growth)和"成长的影响因素"(growth as outcome)。关注企业成长过程的研究试图解答的问题是"企业在成长的时候到底发生了什么",而关注企业成长结果的研究则把规模增长作为一个前因变量来探寻其给组织性质带来的变化。这两个领域的研究重点集中在企业成长的生命周期模型(lifecycle model)。"成长的影响因素"领域的研究可以说是最大的一个领域,主要探究影响企业成长的变量,试图解释不同增长率和增量的原因。

尽管这个分类很细致,但仍然有不足之处。一方面,企业成长可以从个体层面和企业层面来进行研究。但这两个分析层次并没有在该分类中体现出来。企业成长在个体层面的反应和企业层面的反应都被糅合在"成长过程"这个类别中,其相互之间的区别与联系并没有得到具体说明。另一方面,有关"成长的结果"的研究主要关注由此带来的组织的变化。但这个分类实际上的建立将成长狭义地定义在量化成长的基础之上。然而,正如Penrose(1959)所指出的,随着企业规模变化所带来的组织特征的变化也应当被视为成长本身,即质性的成长(qualitative growth)。

基于上述考虑,当前企业成长研究可以被重新区分为两个方面,即企业成长的本质(成长行为与成长过程)和企业成长的影响因素。

3. 企业成长的本质

这个方面的研究主要回答的问题是"企业成长到底是什么"。这个问题可以从行为和过程两个视角来解释,即企业成长可以被看作一种行为活动(activity),也可以被看作一个过程(process)。具体而言,作为行为的企业成长主要发生在个体层面,与创业者的行为和态度有关,而作为一个过程的企业成长则主要发生在企业层面,与企业组织属性的变化有关。两者是有机联系的,企业成长的过程可以看作个体层面的企业成长行为的结果。

(1)作为一系列行为活动的企业成长

Penrose(1995)把企业成长定义为动员生产资源以开发和利用市场机会的行为过程。典型的小企业成长是被新增销售量,或者说是新的市场需求所驱动的(Bjerke & Hultman,2002)。企业的成长在某种意义上可以理解为"企业发展"(business development)。后者指代一个组织利用内部或者外部资源以在一个已有市场或新市场建立、提升、改进或者延伸其产品

(Hassanien，Dale，& Clarke，2010)。在最典型的企业成长现象里，创业者在观察到销售的持续增长后(这种增长可能是通过市场渗透或者市场多元化来实现的)，相应地增加雇员和资产数量。

因此，创业者的企业发展行为在本质上包括市场机会识别和资源动员(包括资本和劳动力资源)两方面。创业者在企业成长过程中扮演重要角色，他们往往拥有机会识别和开发的一系列能力(capabilities)(Penrose，1959)。小企业成长不是一个自我实现(self-evident)的过程，也不能靠运气和侥幸，而是创业者清晰、积极的商业意愿和行为的结果，并且建立在其对预期结果的信心之上(Gray，2000；Maki & Pukkinen，2000)。

因此，企业成长活动通常是创业者个性驱动的，很大程度上取决于其直觉与机会(Burke & Jarrat，2000)。其中一个例证便是男性创业者与女性创业者的区别。对发展中国家的研究发现，女性创业者的野心相对于男性创业者要小，并且在财务绩效表现上也相对较弱(Hisrich & Ozturk，1999)。相比之下，她们更关心也更愿意照顾自己的家庭。那些女性经营的企业通常规模较小、收益较低。有充足的证据证明，在发展中国家女性创业者的企业比男性创业者的成长速度低(McPherson，1996；Mead & Liedholm，1998)。造成这种情况的原因可能是女性在社会价值观和经营态度上更加保守(El-Namaki，1988)。

企业发展活动对个人特质的极端依赖会令企业成长现象在个人层面上处于一个混沌的(chaotic)境地。这种混乱可能是企业成长理论发展的主要障碍之一(Penrose，1959)，部分造成目前企业成长理论发展的缓慢(Davidsson & Wiklund，2000；Delmar，Davidsson，& Gartner，2003；Shepherd & Wiklund，2009)。很多相关学者都过分关注创业者，包括其人格、动机等。

总结起来，个体层面的企业成长研究将个体创业者及其行为作为主要分析对象。这是最基本、最初级的分析层次，能够为企业层次的分析提供一些解释。然而，个体层次天然存在的易变性也造成了一定的模糊性和不确定性，导致一些企业层面观察到的规律无法被推广。此外，一些从个体层面归纳而来的模式很多时候会在企业层面有相同的表现。例如，企业家可能会以不同的方式来培育企业，包括纵向整合、多元化、授权许可(Killing，1978)、自然发展(organic growth)或并购(acquisition)(Davidsson & Delmar，1998)。这些行为在企业层面上的反映可能是无差别的，如都导致企业规模的变化。可以由此推断，企业的组织和管理的复杂程度会随着企业成长而提高(Delmar & Wiklund,2010)。

(2)作为过程的企业成长

作为过程的企业成长可以被理解为成长行为在企业层面的效应。根据 Penrose(1959)对企业成长行为的定义,企业层面的成长可以被视为企业随着时间发展在量和质两方面的变化过程(Bjerke & Hultman,2002;Delmar, et al.,2003;Penrose,1959)。在这个意义上,企业成长可以分为量(即规模的变化)和质(即企业性质特征)两方面的变化,这两方面的变化共同构成了企业的生命周期模型。

(3)量的变化与成长路径

通常意义上的企业成长是指企业规模(business size)的扩大。但企业规模并不是一个单维度的概念(Coad,2010),其指标可以区分为三大类:1)投入指标,包括投资量和雇员数量;2)企业价值指标,包括资产价值、市场占有率和经济附加价值;3)产出指标,包括销售量、收益和利润(Stam, Garnsey,& Heffernan,2007)。其中雇员数量和总销售额是最常用的指标(Delmar,1997)。

考虑到企业规模概念的复杂性,不同方面的企业规模之间的关系值得引起注意。产出指标通常被认为是优先于其他指标的。正是销售额的提升才使得资产和员工的扩充变得必要(Flamholtz,1986)。如前所述,个体层面的企业成长是旨在开发市场机会的资源动员(Penrose,1959)。基于利润最大化的假设,新古典经济学理论认为企业会增长到利润最大的"理想规模"。在完全竞争的市场条件下,该理想规模就是规模经济效应耗尽的那个生产水平(Carlton & Perloff,1994)。然而,需要引起注意的是,并不是所有的小企业都能成长为大企业的。这种现象在发展中国家尤其普遍,很多中小企业并不能成长到最有效率的生产规模,而是限制在能保持个人经济独立的水平上(Little,1987)。毕竟,小企业的成长是一个混沌的现象,在短短几年内就有大量的新企业进入,也有大量的企业退出(Coad,2002)。从企业规模所观察到的这种混沌成长现象在很大程度上是由个人层面上的混沌现象所引起的。例如,大部分企业并不会经历快速成长,其原因可能包括:1)考虑到面临的不确定性和潜在的严峻挑战,他们并没有成长的意愿;2)缺乏资金、客户或者诚实而勤奋的员工(Coad,2002)。

Bjerke 和 Hultman (2004)尤其强调产出指标的重要性。他们认为小企业的成长主要是由新增销售所决定的。在此基础上他们区分了四种成长路径(见表3-1)。

表 3-1　企业成长的四种路径

	现有市场	新市场
现有产品	路径 1	路径 3
新产品	路径 2	路径 4

来源：Bjerke 和 Hultman(2004)。

成长路径 1 是通过一个已有产品在现有市场上获取更大的市场占有量。这种成长路径并没有包含太多的创新要素，所以也被冠名为"线性成长"(linear growth)，意为"在相同的市场上卖出更多同类产品"(Bjerke & Hultman，2004，p. 148)。

成长路径 2 意味着通过新产品在已有市场上扩张。这种成长路径内嵌了创业精神和创新元素，不仅仅是规模的线性叠加，还包含了内部质的变化。

成长路径 3 是指通过已有的产品进入一个新市场，意味着企业实现外部成长。

成长路径 4 意味着在一个新的市场通过新的产品进行扩张。

基于这四种成长路径的划分，Bjerke 和 Hultman（2004）进一步区分了"管理型成长"（managerial growth）和"创业型成长"（entrepreneurial growth）。管理型成长旨在获取规模经济，其基本的要义是生产的效率。与此相对应的创业型成长则更多关注创新与变革。

（4）质的变化

很显然，将企业成长简单地理解成企业规模的变化是不合适的(Wilklund，1998)。Penrose(1959)认为，"成长"这个词有两层含义：一是指数量的增长，包括产出、销售量等；二是指性质上的变化。这可以类比为生物学上的成长过程，即一系列的内在互动因素导致规模大小的扩张，而伴随规模扩张的则是在外在表现性质上的一系列变化(Penrose，1959)。企业在表现性质上的变化，可以被看作"质"的成长。这些变化主要表现在：1)财务资源，包括现金流和融资能力；2)系统资源，包括规划和控制的系统水平；3)人事能力，即员工数量和类型；4)商业资源，包括顾客关系和营销能力；5)所有者能力，包括管理技能、战略规划能力；6)管理体系，包括管理体系复杂程度的提升，如层级化(bureaucratization)(Rodenburg，1980)。

（5）企业生命周期模型

量的变化与质的变化共同构成了企业的"生命周期模型"（lifecycle

model)或"阶段理论"(staged theory)(Aldrich，1999)。这些模型的共同性在于,它们都假设企业随着规模的扩大会经历几个发展阶段,每个发展阶段都面临特定的外部挑战(如竞争、政策限制等)和内部问题或需求(Churchill & Lewis，1983；Lichtenstein & Lyons，2006),因此需要企业采取特定的应对措施。其结果是,在每个阶段企业的性质(如管理经营方式)都有一些独特的表现性质(Greiner，1989)。

一些学者(Churchill & Lewis，1983；Greiner，1989)进一步指出,企业在生命周期模型上的变动并不是像生物学的成长一样采取线性模式(Greiner，1989)。每个阶段的表现性质可以说是应对外部共同挑战的"最佳配置"(optimal configuration)。随着企业成长到一个特定的阶段,旧有的配置结构可能就不再合适,需要企业对自身进行变革,从而进入下一个成长阶段。这个过程在整个企业生命周期中不断重复,推动企业在质的方面不断成长。因此生命周期模型主要关注的是成长给企业带来的变革需求,这些需求会推动企业改变自己的性质,包括组织结构和战略特征。例如,规模上的成长会带来组织的膨胀和组织问题(Fombrun & Wally，1989),旧有的组织结构会变得无法适应新生产规模的需求。

不同的学者对企业生命周期模型有不同的描述(O'Farrell & Hitchens，1988),不过所有的生命周期模型对企业发展阶段的描述都始于一个具有简单组织结构、直接监督管理(direct supervision)以及以创业者为核心的"初始阶段"。这个初始阶段包括 Greiner(1972)模型中的"创始阶段"(creativity stage)、Churchill 和 Lewis(1983)模型中的"存在阶段"(existence stage)、Quinn 和 Cameron(1983)模型中的"创业阶段"(entrepreneurial stage)、Kazanjian 和 Drazin(1989)模型中的"概念化与发展阶段"(conception and development stage),以及 Adizes(1989)模型中的"婴儿阶段"(infant stage)。在初始阶段之后,企业会取得其初步产品的市场成功(Miller & Friesen，1984)。此阶段会产生初步的管理分工,但企业的控制仍然是通过私人的监理(personal supervision)(O'Farrell & Hitchens，1988)。这个阶段对应Greiner(1989)模型的"引导阶段"(direction stage)、Churchill 和 Lewis(1983)模型的"成活"(survival)或"成功"(success)阶段、Kazanjian 和 Drazin(1989)模型的"商业化阶段"(commercialization stage)、Adizes(1989)模型的"活跃阶段"("go-go" stage)以及 Garnsey(1998)模型的"资源生成阶段"(resource generation stage)。再进一步,企业的发展就可能进入层级化阶段(bureaucratization),企业的组织结构会向科层制转变,所有权和管理权将会

分离,真正形成现代企业管理体系。这个阶段对应于 Churchill 和 Lewis (1983)模型的"资源饱和阶段"(resource maturity stage)、Quinn 和 Cameron (1983)模型的"形式化与控制阶段"(formalization and control stage)。

在众多企业生命周期模型中,Churchill 和 Lewis(1983)的模型尤其受到广泛关注。他们将企业生命周期划分为初创阶段(existence)、成活阶段 (survival)、初成阶段(success)、迅速成长阶段(take-off)和资源饱和阶段 (resource maturity)。每个阶段都面临特定的问题和挑战,并以独特的管理方式、组织结构为特点。

上述企业成长生命周期模型具有显著的现实意义,有助于地方政府理解和解决当地企业面临的挑战与需求,也有助于评估相关规范和政策对企业的影响(Churchill & Lewis,1983)。但是,这些模型仍然招致一些批判的声音,一些学者认为它们是对现实过于极端的简化。在某些案例中,并不是所有的发展阶段都存在,而一些发展阶段可能会多次被经历。同时,这些发展阶段也可能以反常的次序出现。最重要的是,目前并没有充足的实证证据支持这些理论模型(Birley & Westhead,1990;Vinnell & Hamilton,1999)。

此外,这些模型大多忽略了不同成长战略所带来的不同影响。Churchil 和 Lewis(1983)曾经批评很多企业成长模型利用企业规模作为一个维度,利用企业成熟度或成长阶段作为另一个维度。他们认为这种模型至少有 2 个方面的缺陷:1)其假设一个企业必须要成长和经历所有的发展阶段,或者至少是在努力攀爬这些发展阶段的过程中失败;2)其将企业规模狭隘地理解为年销售量,从而忽视了其他指标,如价值增量、分支数量、产品线数量、产品或者产品技术变化率。

尽管存在这些批评的声音,生命周期模型还是在很大程度上促进了我们对于作为过程的企业成长现象的理解。在微观层面上,这些模型总结了量变与质变的内在关系,不仅发现企业成长必须要经历的共性问题这个现实,还暗示了企业可能会根据其他企业在各个阶段的经历提出解决方案。在宏观层面上,这些模型为企业的多元性提供了解释框架。作为一个过程,企业成长会造成特定的结果,也就是当前企业所处的量和质的特征。因此,可以合理地推断,企业当前的状态是其成长过程的结果。但是,不同的企业在所处的成长阶段上是不均匀的,这就是企业性质差异的来源。理论上,任何一个企业都能在生命周期模型的各个阶段上找到自己的位置,因此这些模型也可以用于描述和解释群体层面(population level)的成长现象

（Hannan & Freeman，1987；O'Rand & Krecker，1990）。由此，单个企业成长的关键问题可以通过研究同类企业的横向差异来了解。

上述企业成长的本质，即个体层面和企业层面的成长关系，可以总结为图 3-1。

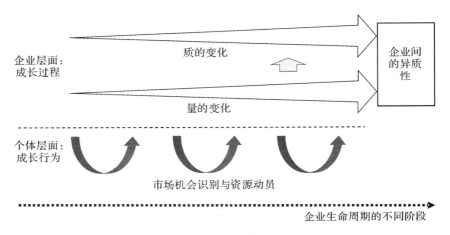

图 3-1　企业成长模型

4.企业成长的影响因素

企业成长影响因素的相关研究旨在探究影响企业成长的关键要素，并试图回答"为什么一些小企业会成长，或成长得更快?"基于企业生命周期的假设，每个企业都能在生命周期路线上找到一个位置。因此，企业成长的影响因素也能够为企业在规模和性质上的横向差异提供解释，在此纵向研究和横向研究形成了交汇。事实上，很多纵向的企业成长问题研究都采取了横向的设计。

企业成长是一个复杂的现象，受到多种因素的影响，这导致研究者们很难识别出那些在不同的情境下具有一致性效应的变量（Shepherd & Wiklund，2009；Weinzimmer，Nystrom，& Freeman，1998）。根据不同的观察角度，这些影响因素可以分为客观因素和主观因素（即感知到的现实）（Davidsson，1991）。同时，不同的分析层面也可能形成解释变异的不同理论观点，包括地理区位和人口密集程度（Barron，1999）、产业背景（Gilber，McDougall，& Audretsch，2006）、企业资源动员行为（Batt，2002）、个人特质及动机（Baum，Locke，& Smith，2001）。值得注意的是，每一种理论观点都只能够解释企业间成长差异的一个部分。

　　Gibb 和 Davies(1990)区分了研究企业成长影响因素的四种范式：(1)人格主导范式(personality dominated approaches)，主要关注创业者的性格、能力、个人目标和商业抱负(business aspiration)；(2)企业发展范式(firm development approaches)，试图描绘不同发展阶段的企业模式以及相应的成长过程影响因素；(3)企业管理范式(business management approaches)，主要关注商业技能和功能性的管理、规划、控制的角色，以及形式化的战略效果在企业成长和市场表现中的作用；(4)产业部门和更广泛的市场主导范式，主要关注成长的机会及制约的识别，这种机会和制约往往与区域发展或具体产业部门的大环境有关。

　　在这些影响因素中，相关研究最多的是与创业者个人相关的部分，例如动机、教育程度等(Pasanen，2007)。由于企业成长是创业者或经营者调整生产基础(productive base)以适应市场机会的过程，上述个人层面的影响因素可以被区分为三个方面，即能力(ability)、需求(need)和机会(opportunity)(Davidsson，1991)。因此，企业成长的先决条件也可以被概括为创业者的成长导向(或成长意愿)、充分的资源和市场机会三个方面(Pasanen，2007)。后两者往往是客观的，但成长的意愿通常是主观的、心理层面的。

　　大多数经济学理论将企业家的成长意愿看作是理所当然的。这个观点主要基于企业利润最大化的假设。然而，成长意愿是心理层面的，是个体的，通常被认为与心理学中的动机理论有关。后者与经典经济学理论不同，它承认人们在动机(期待的结果)方面有差异。实证研究已经发现了多样化的企业成长动机，包括更大的独立性和自主性、成就感，而不仅仅是利润的追求。在这方面，心理学的人格理论或许可以提供更好的解释(Weiner，1985)。

　　当然，成长的意愿也并非无源之水。影响企业家成长意愿的客观因素也是值得研究的。这些客观因素可能包括外在的税收、法律规范、产品、劳动力、金融市场条件，以及内在的已有资源、管理层和员工的竞争力与目标(Davisson，1989)、企业的特点(如经营年限、规模、经营形式、战略)(Storey，1994)等。

3.1.3　社会资本理论

　　社会资本被认为是乡村旅游可持续发展的不可或缺的关键因素(Park，

Lee，Choi，& Yoon，2012）。尽管社会资本理论在社会科学领域已经较为成熟（Nyamori，Lawrence，& Perera，2012；Portes，Vickstrom，& Aparicio，2011），但在旅游领域的应用，特别是在旅游企业发展研究领域的应用却相对较晚（McGehee，Lee，O'Bannon，& Perdue，2010；Zhao，et al.，2011）。

一般来说，社会资本理论研究的是行动者从其社会结构、网络及其他社会成员中获取有形或无形的利益（Lin，Ensel，& Vaughn，1981；Portes，2000）。利用社会资本这个概念，由扩展家庭（extended family）、组织或社区关系组成的社会网络所提供的资源即被理论化，从而与人力资本（主要是教育水平和经验）及财务资本效应相互补充，构成完整的解释框架（Bourdieu，1983；Coleman，1988；Loury，1987）。需要注意的是，目前社会资本理论仍然处在"兴起阶段"（emerging excitement），而社会资本作为包罗万象的概念仍然在定义上缺少广泛的共识（Hirsch & Levin，1999；Nahapiet & Ghoshal，1998）。

根据不同的观察视角，社会资本可以划分为桥接型（bridging form）和整合型（bonding form）两类（Gittell & Vidal，1998；Putnam，2000；Oh，Kilduff，& Brass，1999）。桥接型社会资本又称连带型（linking form）社会资本或外部社会资本，强调将社会资本视为跨行动者的或连带一个核心行动者和其他行动者的社会网络内的固有资源。这个观点可以解释个体企业间在竞争中表现出的差异性。整合型社会资本又称社区型（communual form）社会资本或内部社会资本，主要关注行动者集体的内在特征，认为一个集体的社会资本更多地存在于其内部结构，即内部个人或群体之间的连带上，而非与外部行动者之间的关系（Adler & Kwon，2002）。对应这两种类型，社会资本可以通过两种方式成为有用的资源：一是加强组织内部行动者之间的互信；二是桥接外部网络以获取相应的资源（Adler & Kwon，2002；Putnam，2000）。增强社会资本的因素主要是信任（trust），而这种信任通常是义务（obligations）、惩罚的威胁（threat of censure）以及交换（exchange）的产物（Coleman，1988；Granovetter，1985）。这种信任如同黏合剂，将组织内部成员紧紧团结在一起，并连接起组织的外部关系网络。

狭义的社会资本通常就是指桥接社会资本。在这个意义上，社会资本是嵌入行动者的社会关系结构和内容中的（Adler & Kwon，2002；Coleman，1990；Bourdie，1989）。信息、资源、技术和市场都可以通过网络的连带（tie）来获取（Hitt，Ireland，Camp，& Sexton 2001）。这些连带可以按其结构分为直接连带和间接连带,也可以根据强度分为强连带和弱连带。

强连带是行动者之间较为紧密的关系,一个例子就是一个旁系血亲(如兄弟姐妹)或直系血亲(如父母子女)关系。强连带能够提供稳当的、持续的资源支持。例如,家人总能在企业初创时期给予某些免费的帮助。然而,一个行动者拥有越多的个人资源,他也就越少地依赖强连带,而相反会觉得弱连带更有吸引力,也更有帮助(Cook & Whitmeyer, 1992)。Granovetter (1973)特别强调保持一个大规模的弱连带网络在获取资源方面(如潜在的工作机会信息)的重要性。相较于强连带(如家庭成员之间的亲密关系),弱连带是个体之间松散的关系,其在获取信息方面具有较大优势,可降低获取信息的成本。通过连接个人和组织,弱连带能够扩展个人的关系网络,从而提供一个接口供交易。例如,企业可能会依赖弱连带如行业组织会员关系来了解最新的技术创新趋势。在影响连带强弱的诸多因素中,信任关系(relational trust)扮演了重要角色。信任缓解了防范道德风险和机会主义的必要性,从而促进了资源与信息的流通,增进了合作行为(Davidsson & Honig, 2003)。

社会资本本身并不是一种关系,而是促进资源(如信息、资金流)通过社会关系网络流通的一种推动力。这种动力实际上是网络中其他行动者对核心行动者的"善意"(goodwill)。或者说是朋友或熟人的同理心、信任和宽容。正是这种善意使得网络内的影响力、信息及资源的流通变得可能。因此,善意可以说是构成社会资本的成分。

对应不同层次的行动者,社会资本也相应同时表现在个人层面和组织层面(Nahapiet & Ghoshal, 1998),也即产生社会资本的连带可能发生在个人领域和组织领域。因此,社会资本可能在个人层面和组织层面对创业产生作用(Antoncic, 1999; Hoang & Antoncic, 2003; Ruzzier, et al., 2007)。然而,在小微企业中,尤其是在刚创立的企业内,创业者的个人社会网络和组织层面的社会网络几乎是同一的,因为后者往往建立在创业者人际关系的基础之上。创业者作为企业资源的协调者和代理人,通常会把他们自己的个人社会网络带入企业,从而成为企业成功发展最宝贵的战略资产(Aldrich, Rosen, & Woodward, 1987; Johannisson, 1986)。在企业发展早期,创业者的角色是如此重要,以至于其个人关系网络往往成为企业获取必要的信息和资源的最主要途径(Bratkovic, Antoncic, & Ruzzier, 2009)。

基于上述考虑,本研究主要关注个人层面的外部社会资本。在这个意义上,社会资本与其他形式的资本(如财务资本、人力资本)也有一些共同性。第一,社会资本也是一项长期存在的资产,可以通过在外部关系网络建设上的投入不断累积,从而能够在资源、权力及企业凝聚力的获取上获得优势(Adler & Kwon,2002)。第二,社会资本是可分配的(appropriable)(Coleman,1988),也即行动者的某个社会网络(如朋友圈)可以被用于其他目的,如信息和建议的获取。第三,社会资本是可转化的(convertible)(Bourdieu,1985),可以被转化为其他形式的资产。第四,社会资本可以替代某些其他资源或者与其他资源形成互补。社会网络中的行动者可以用优质的社会关系弥补资金或人力资源上的匮乏,例如,通过降低交易成本来提高经济资本运行的效率(Lazerson,1995)。

应当注意到,上述讨论的社会资本的定义是宽泛的。为了解释这个宽泛定义下的各方面特征,包括各类网络互动和互馈过程,需要对这个概念进行清晰明确的操作化定义(Baron & Hannan,1994)。然而,对社会资本进行操作化定义并非易事(McGehee,Lee,O'Bannon,& Perdue,2010),其用于操作化的内在维度划分在不同的学科和研究情境下都有较大差异。一个相对普遍的方式是通过识别网络及内部关系特征(如连带的强度、重复性的群体活动包括正式会面、非正式聚会的频率,以及社会和家庭关系特征)来对其进行维度划分与结构探索。

据此,Nahapiet 和 Ghoshal(1998)提出了一个三维结构框架,将社会资本定义为"嵌入社会关系网络中,并从网络中衍生出来的,由个体或社会单元占有的实际或潜在的资源总量"。基于该定义,他们认为社会资本可以划分为三个维度,即结构型社会资本(structural social capital)、关系型社会资本(relational social capital)和认知型社会资本(cognitive social capital)。

结构型社会资本与社会关系网络连接(connection)的总体特征有关,即网络连带(network ties)是否存在及如何构成。网络连带是社会互动或社会交易的根源,是信息和资源流通的渠道。在这个意义上,个体社会关系的广度和多样性可以被等同于社会关系中所嵌入的潜在可用资源的广度和多样性。

关系型社会资本指的是社会连带的质量和强度,通常反映了已有社会关系的持续性、情感亲密性的程度以及互惠行为频率。

认知型社会资本则是行动者各方之间对意义(meaning)系统的表现和解释的共同性。开发一段富有成效的关系不仅需要时间和情感投入,也在很大程度上取决于双方是否有共同的价值观、态度、信仰和愿景。这些认知层面的共同性能够促进相互之间在思维上相互理解,促进信息和知识的传播效率,从而为特定的社会行为提供支持(De Carolis & Saparito,2006)。

社会资本的概念在旅游研究中的运用越来越普遍(Johannesson,Skaptadottir,& Benediktsson,2003;Jones,2005;Karlsson,2005;Macbeth,Carson,& Northcote,2004;Nordin & Westlund,2009;Hsu,Liu,& Huang,2012)。一些研究已经开始探究社会资本和旅游创业之间的关系。Johannesson 等(2003)描述了社会资本协助乡村和偏远地区人们从传统资源依赖型生计转向旅游创业的有效性。Jones(2005)研究了冈比亚部分地区社会交换与基于社区的生态旅游企业发展之间的关系,并发现社会资本有助于这类企业的形成。Zhao(2009)利用社会资本理论解释了中国乡村旅游创业行为。尽管社会资本的效应被不少学者注意到,考虑到研究案例数量的局限性,这些研究结论很难说具有很高的可推广性。

3.1.4　人力资本理论

人力资本理论认为,知识(knowledge)能够提高个人的认知能力,从而导致更多产出和更有效率的行为(Schultz,1959;Becker,1964;Mincer,1974)。知识可以区分为隐性知识(tacit knowledge)和显性知识(explicit knowledge)(Polanyi,1967)。隐性知识是指通常不成文的过程知识(know-how)或技能(skill),而显性知识则是指事实知识(know-what),通常是通过一些过程、程序、正式的书写文件和教育机构来进行传递。在解决复杂问题和做出创业决策的过程中,这两类知识及其与社会结构、信仰系统的互动是必需的。

个人既可以通过正规教育(如参加大学教育或成人教育)来提高其显性知识水平,也可以通过非正式教育(如参与工作)获得经验,从而提高其隐性知识水平。很多实证研究都试图了解不同的人力资本因素对企业创业的影响(Davidsson & Honig,2003;Liao & Welsch,2005;Robinson & Sexton,1994;Ucbasaran,Westhead,& Wright,2008)。虽然这些研究在有关人力资本各个指标的重要程度的结论上莫衷一是,但都同意教育水平、先前创业经验、管理经验和相关行业工作经验对企业创业具有显著的影响。

正规教育可以促进显性知识的积累,从而为创业者提供有用的技能。实证研究结果表明,教育、创业及成功之间有显著的关系,教育水平通常对个体的创业决策和创业成功的可能性有显著的非线性效应(Bellu,

Davidsson，& Goldfarb，1990；Davidsson，1995；Evans & Leighton，1989；Gimeno，et al.，1997；Honig，1996）。Bates（1990）发现拥有大学学历的创业者相对更容易取得成功。Cooper、Gimeno-Gascon 和 Woo（1994）进一步发现教育水平对企业成长有显著效应。Kangasharju 和 Pekkala（2002）对芬兰企业的研究发现，受教育程度高的个人在经济低迷时期更不容易退出经营，而无论是经济繁荣时期还是衰退时期，他们的企业都成长得相对较快。

然而，学者们也同意相对大企业经营者，小企业经营者往往拥有更低的受教育水平，同时也更少地参加技能开发和训练活动（Bartram，2005；Billett，2001）。Kotey 和 Folker（2007）注意到，小型家庭企业通常更倾向于满足家庭的需要，因此很少参加家庭外面的经营能力提升活动。Westhead 和 Storey（1996）则发现，旅游小企业的管理者们比起大企业的管理者更不倾向于接受培训，原因可能是他们往往将教育培训投入当成长期投入，因此显得特别犹豫。

企业经营过程中的实践则能够促进隐性知识的获取，包括行业相关经验（Jo & Lee，1996）、软性管理技能（Leach & Kenny，2000）以及先前创业经历（Olson & Bokor，1995）。先前的功能性、技术性和管理性经验提供了有关营销、人力资源管理、沟通管理、变革管理和财务管理等技能资源（Smith & Gannon，1987；Sexton，et al.，1997；Carson & Gilmore，2000；Kakati，2003）。已有研究表明，劳动力市场经历、管理经验及先前创业经验与创业行为显著相关，尤其是控制住诸如产业和性别等干扰变量之后，效果更为明显（Bates，1995；Gimeno，et al.，1997；Robinson & Sexton，1994）。

研究发现，企业创业和成长往往在很大程度上依赖上述两类人力资本。Rae 和 Carswell（2001）在一个持续的"创业叙事"（entrepreneurial discourse）框架下，利用创业生平故事来展现通过与他人互动接触成功或失败案例的重要性。他们的发现与 Freel（1998）的研究结论相一致，并且得到了 Rae（2004）的进一步验证。后两者都提出经验和创业能力在企业的情境下随着时间共同演化。促进企业发展的信息源可能包括朋友、合伙人和行业协会的建议，与当地人、企业协会和政府的沟通及非正式会面（Butcher & Sparks，2009）。Andren 等（2003）认为只要创业者对向经验学习保持开放的态度，通过经验开发灵活的管理技能是可能的，他们会反复调整他们的经营计划以适应变化的市场环境（Gray，2002）。同样的，Nicholls-Nixon、Cooper 和 Woo（2000）开展的一个针对 454 家企业、持续三年的纵向研究也表明,理解和适应环境变化的能力会对企业成长产生极其重要的作用。其原因可能如同 Smith 和 Miner(1983)所说的,管理一个成长中的企业与管理一个成熟企业存在微妙的不同。

3.1.5　体验理论

在旅游与接待研究领域,体验(experience)是一个基本的、无法绕过的概念(Sharpley & Stone,2011)。然而,体验这个概念的内涵很宽泛,可以反映日常生活的不同方面,不仅仅局限于管理和营销视角(Caru & Cova,2003)。在日常使用中,"体验"这个词可以指个人所经历的事件以及参与事件所导致的感觉和知识,如求职者在面试中所强调的过往工作经历,以及度假者向家人和朋友所描述的假日体验。

体验概念内涵的这种模糊性并不是旅游与接待研究领域独有的。Carù 和 Cova(2003)就注意到,体验这个词的定义并不明确,缺乏一个理论框架能够提供"共同的术语和共同的意义体系"(a common terminology and a shared mindset)(Gentile,Spiller,& Noci,2007)。这个概念是如此模糊和宽泛,以至于有批评的声音认为这仅仅是一个管理的"行话"(Carù & Cova,2003),而非严格的学术概念。

虽然在定义上有明显的分歧和模糊性,但是很多市场营销、旅游和接待研究的学者们都一致认为体验是一个心理历程(Schmitt,1999;Gentile et al.,2007)。广义上,体验可以被定义为在有意识的状态下的思想、感觉和知觉的"流"(flow)(Carlson,1997)。体验源自身体在某个环境的在场性(presence)、对某个事件的涉入(involvement)或对某个对象的暴露(exposure),是人与人、人与环境互动的结果。

在市场营销文献中,顾客体验被具体概念化为顾客的"主观反应"(subjective response),这种反应可能是认知的,也可以是情感的,是对顾客与企业全面的、直接或非直接的接触(encounter)的心理反应(Lemke,Clark,& Wilson,2011)。正如 Gupta 和 Vajic(2000)所说,"……体验发生在顾客获得某种感觉或知识的时候,这种感觉和知识是源自与服务提供者所创造的环境中的不同因素产生的互动"。类似的体验包括顾客满意度、服务质量评价(Parasuraman,Zeithaml,& Berry 1988;Verhoef,Langerak,& Donkers 2007)。

从市场营销的角度,体验这个概念可以从体验的本质和体验场景

(experiencescape)两个方面来理解，即"体验本身到底是什么？"和"体验是如何产生的？"

1. 体验的本质与类别

（1）体验是后消费阶段对产品、服务与企业接触时的评价

根据市场营销文献中的定义，体验作为一连串的感知是高度主观和个人化的，会在一段时间内持续，因此被形容为"给顾客留下有所为、有所学、有所乐的记忆的一段心灵之旅"（Sundbo & Hagedorn-Rasmussen，2008）。

根据这个描述，体验可以被看作一个过程（所谓"心灵旅程"），也可以被看作一个结果（如积极的记忆）。Highmore（2002）认为体验包含两种状态，即实时性体验（the moment by moment lived experience）和评价性体验（evaluated experience），后者是消费过后反思和意义赋予（meaning making）的结果。Larsen（2007）也认为体验可以分为两种，一种主要关注当时当地发生的事件或感受，而另一种则强调一段时间过后所积累的感受。Pine 和 Gilmore（1999）认为，体验内在于个人，是指个人在身体、情感、智力甚至是精神层面涉入一个事件，并从中得到难忘印象。在旅游和接待研究领域，Mannell 和 Iso-Ahola（1987）认为旅游体验可以分为"有意识的直接体验"（immediate conscious experience approach）和"事后满意"（post-hoc satisfaction approach）。前者关注体验的实际内容或当下时刻的体验，而后者则把体验等同于从一项休闲活动中获取的满意程度。

顾客体验发生在消费的所有阶段。具体来说，顾客体验贯穿于顾客和企业的所有接触点和接触片段，这些接触片段可能嵌入服务生产和提供的过程中（Mascarenhaset，2010；Frow & Payne，2007），也可能发生在购前、购后甚至是过往消费的片段中（Meyer & Schwager，2007；Zomerdijk & Voss，2010；Tynan & McKechnie，2009）。Verhoef 等（2009）提出，顾客体验是综合性体验，包括信息搜索、购买、消费以及售后体验，并且包括在不同零售渠道的体验。Craig-Smith 和 French（1994）识别出了消费体验的三个阶段，即期望阶段（anticipatory phase）、体验阶段（experiential phase）和反思阶段（reflective phase）。类似的，Lemke（2010）区分了构成顾客体验的三种顾客接触（encounter），包括沟通接触（communication encounter）、服务接触（service encounter）和使用接触（usage encounter）。其中使用接触包括与其他顾客或非顾客之间关于产品或服务的互动。Frow 和 Payne（2007）进一步提出，体验应该放在顾客关系的整个生命周期的大背景下考虑。正如

O'Sullivan 和 Spangler(1998)所指出的:"当它看起来似乎已经结束时,其实并未结束。""凡是一个企业试图利用服务作为舞台、产品作为道具来吸引顾客,体验就会发生。"(Pine & Gilmore,1999)

在旅游与接待研究领域,Clawson(1963)的休闲娱乐体验模型把旅游体验视为一个线性过程,包括"计划"阶段(planning phase)、"前往"阶段(travel to phase)、"在场"阶段(on site phase)、"回程"阶段(return travel phase)和"回顾"阶段(recollection phase)。另外,Wijaya 等(2013)区分了计划过程(即个人对旅程事件的展望和期望)、实行过程(即旅程中实际经历的事件)和个人对旅程事件的记忆。作为总结,Kastenholz 等(2012)从游客角度指出,游客体验是复杂的和高度主观的现象,整合了与目的地有关的一系列的先前(pre-)、在场(on site)和事后(post-)体验,包括一连串的期待、欲求与实际的在场经历。他们认为游客体验可能包含多个维度,包含感官的、情感的、认知的、行为的和社会的维度,并且往往会内嵌某些意义。

基于一个全面的、过程导向的顾客体验观,Knutson 等(2010)将"期望""感知""服务质量""价值""满意度"都整合到"顾客体验"的范畴内,将旅游与接待消费体验划分为三个主要阶段,即"前体验"阶段(pre-experience)、"实时体验"阶段(real-time experience)和"后体验"阶段(post experience)(Knutson, et al. , 2010)。

1)在前体验阶段,顾客与企业通过品牌定位、组织推广活动、口碑传播实现"接触",从而形成的体验称为顾客期望。

2)在实时体验阶段,顾客与企业之间发生所有实际接触,形成当下的、实时的"体验流"。

3)后体验阶段则是评价性的,包含了顾客对所有与企业接触片段的个人感知、价值及满意程度,即事后评价性的顾客体验。

这种泛顾客体验的观点 Larsen(2007)也认同。从一般心理学的视角出发,他明确提出期望、感知和记忆是顾客体验的三个方面。在他的模型中,期望被定义为一个人对将来发生的事件和状态进行展望、形成信念并开展预测的能力(Maddux,1999),而感知则被定义为感官输入被有选择性地注意、组织并解释的心理过程,换句话说,感知即对感官信息的进一步加工和理解(Passer & Smith,2004)。

从市场营销的角度来说,将体验理解为顾客在后消费阶段对所有线索和行为的感知的总和,正在成为新兴的"营销学正统"(Verhoef, et al. ,2009)。理论上,顾客体验作为对产品和服务的多维度的全面评价(如

Schmitt,1999；Gentile，et al.，2007)，或作为顾客"带走"(take-away impression)的有关其与产品、服务和与企业接触的多维印象(Lewis & Chambers，2000)，似乎已经成为一种常识。诸如满意度、质量已经被认为是在实时经历之上的认知过程的结果(Raake & Egger，2014)。同样的情况发生在旅游与接待研究领域。例如,运动旅游的游客体验被定义为游客对旅途过程中的社会互动、个人享乐福利、目的地特征、与环境的关系、个人成长以及"共睦感"(sense of communitas)的全面衡量(Maklan & Klaus，2011)。

本研究遵循顾客体验的"结果观"(outcome view)，即把顾客体验作为发生在后消费阶段的,对与企业接触过程的事后评价。这有以下几个方面的原因。第一,作为结果的顾客体验可以被看作实时体验过程的结果,并受到所有消费阶段的体验片段的影响。例如,游客的事后体验及相应的满意度受到所有五个消费阶段的影响,即计划阶段、前往阶段、在场阶段、回程阶段和回顾阶段(Hammitt，1980)。因此,它可以在很大程度上反映"过程观"(process view)下的顾客体验。第二,从企业实体的角度来说,最值得关注的是顾客忠诚于重复消费,而正是作为结果的顾客体验会留存在顾客的记忆中,从而在很大程度上影响其再次来访的决策。第三,在消费的各个节点实时追踪零散的、片段式的、动态的顾客感知在操作中是极其困难的,几乎是不可能的任务。相比之下,收集对服务的整体印象则较为可行。

(2)认知性体验与情感性体验

学者们已经关注到顾客购买商品和服务是出于满足某种需求,包括Maslow(1943，1970)的需要层次理论提到的生理需求、心理需求、社交需求和自我实现的需求,不同需求的满足会带来不同的体验。最广泛的体验划分方式将顾客体验区分为认知性体验和情感性体验(表 3-2)。

表 3-2　认知性体验与情感性体验

认知性体验	情感性体验		参考文献来源
	情绪性体验	符号性体验	
将顾客视为"问题解决者"	顾客作为情绪乐趣(包括享乐、美感、共睦感、成就感等)的追求者	顾客作为符号意义的追寻者	Hirschman 和 Holbrook(1982)；Morgan(2006)
产品和服务被视为实用功能的载体	产品和服务作为情绪刺激	产品和服务作为符号意义的载体	Holbrook 和 Hirschman (1982)

认知性体验	情感性体验		参考文献来源
	情绪性体验	符号性体验	
满足特定的生理需求	满足情绪情感需求	满足精神需求	Pine 和 Gilmore (1999)
强调服务质量与满意度	强调愉悦（pleasure）、快乐（delight），可记忆性（memorability）	强调愉悦（pleasure）、快乐（delight），可记忆性（memorability）	Bourgeon 和 Filser (1995)；Holbrook 和 Hirschman (1982)
属于传统市场营销思维	属于体验营销思维	属于体验营销思维	Schmitt(1999)；Holbrook 和 Hirschman (1982)
属于现代主义（modernism）	属于后现代主义思潮（post-modernism）	属于后现代主义思潮（post-modernism）	—

在"认知—情感"这个二分结构内，顾客体验从认知这一极逐渐过渡到情感这一极。在 Carlson（1997）的定义中，体验以源源不断的思维流（认知层面）和感觉流（情感层面）为特点。Carù 和 Cova（2003）也提出，体验包含认知过程（cognitive process）和主观过程（subjective process），这些过程使个人能够找到现实建构的方法。这种对顾客体验的二分法可以追溯到 Hirschman 和 Holbrook（1982），他们提出顾客可能扮演追求商品和服务的实用功能的"问题解决者"（problem solver）的角色，也可能扮演关注商品和服务的享乐功能和符号意义的"乐趣、幻境、刺激和感官享受的追求者"的角色。

认知性体验可以被认为是由产品和服务的实用功能带来的，以特定生理需求的满足为特征，因此与商品和服务的特征有关。在这个意义上，顾客往往被视为理性的思考者，旨在实现效用（Schmitt，1999）和价值（Bourgeon & Filser，1995）的最大化。他们被假设为对自己的需求及能够满足此需求的体验类型心中有数，并且能够就其需求是否已经被满足做出准确的判断。因此，认知性体验是功能性的，其事后的评价主要是产品和服务质量的评估和满意度的形成（Bourgeon & Filser，1995）。顾客被认为会通过对一系列消费事件的评价来理性计算经济效用（Gronross，1997）。因此，满意与不满意是对商品与服务的期望表现（或效用）在实际表现（或效用）中进行对比确证的结果（Oliver，1980）。

Schmitt（1999）认为，"传统市场营销理论"（如信息处理理论）只关心产品和服务的功能性特征,从而特别强调认知性体验。这在旅游和接待研究中也很普遍。正如 Mannell 和 Iso-Ahola(1987)所提到的,游客体验研究的主流还是所谓的"事后满意度思维"(post-hoc satisfaction approach),将体验等同于从休闲娱乐活动的参与中获取的满意度。大多数旅游者行为教科书的编写也都基于类似的认知性的"信息处理范式"(information processing paradigm)(Hirschman & Holbrook,1982)。

与这种传统范式不同,Holbrook 和 Hirschman(1982)提出了另外一种研究思路,即所谓的"体验营销范式"(experiential marketing approach),试图把研究关注点从质量、满意度转移到更广泛的消费体验,如情感反应、感官愉悦、趣味休闲活动等。他们认为,满意度仅仅是体验的一个要素,此外还应该关注体验消费的享乐性、符号性和美学性特征。顾客是非理性的、情绪化的动物,其目标是实现情感收益的最大化。因此,相应的购后评价应该更多地集中在愉悦程度(pleasure)和难忘程度(memory)上(Bourgeon & Filser,1995),而不仅仅是满意度。由此,"难忘的体验"(memorable experience)被认为是重复购买行为和正面口碑的主要影响因素(Kerstetter & Cho,2004;Oh,Fiore,& Jeoung,2007;Writz,Kruger,Scollon,& Diener,2003)。这个新视角的提出可能受到现代思潮向后现代思潮转变的影响,后者往往批评现代主义视角,认为现实并不仅仅是科学和技术的产品,同时也是社会和文化建构的产物。

情感性体验是消费体验中情绪性(包括享乐、美感、共睦感、成就感等)和符号性的部分,在其中,消费者主要追求"感官的、想象的、情绪方面的体验"(Hirschman & Holbrook,1982),他们被视为情绪化的行动者,追求感官的、享乐主义的消费体验(Maffesoli,2006),以及产品和服务所承载的符号意义。这个观点得到了 Morgan(2006)的认同。他将体验的内在要素区分为四类,包括享乐性乐趣和成就感、社会互动产生的"共睦感"(sense of communitas)、从个人叙事中衍生的泛符号意义以及共同的文化价值观。不同于认知性体验,情感通常并不是内嵌在服务的特征中的,虽然能够被回忆出来,但很难被描述(Arnould & Price,1993;Liljander & Strandvik,1997;Edvardsson,2005)。尽管体验营销思维很早就被提出,但情感性体验的研究却比较匮乏。正如 Kim 等(2012)所说:"顾客需要的比单纯令其满意的购买体验更多,但现有的顾客体验测量在理解影响未来行为意向的体验因素上是不够的。"

对顾客体验的认识从认知体验到情感体验的转变几乎引起了营销方式

的一次革命(Shmmit，1999)。上面提到的关于体验的三种二分法虽然有启示意义,但只是提供了一个框架和定义,而具体的体验内容要根据实际背景来判断。那些认知的、普通的、支持性的体验在过去的几十年已经被充分研究了。营销、旅游和接待文献中充斥了诸如服务质量、服务体验、满意度等相关的内容。然而顾客偏好的情感、超凡、极致体验的具体内容仍然很少被研究。

(3)普通体验与超凡体验

在 Wall 等(2011)提出的另外一种分类体系中,顾客体验从普通(ordinary)一极向超凡(extraordinary)一极变动。普通体验类似于日常生活体验。超凡体验则是极致的、塑造性的、使人顿悟的(Cohen，1979；Smith，1978),往往是正面的,且非常强烈,最终甚至能够重塑顾客对生活的理解,赋予生活以某种意义(Arnould & Price，1993)。

旅游与接待体验也可以被认为包含上述二分法,强调顾客感知到的程式化(routinized)的日常生活体验与旅游休闲体验的差异(Boorstin，2010；Cohen，1979；MacCannell，1973；Quan & Wang，2004；Smith，1978；Uriely，2005)。根据产品和服务的不同,旅游体验可能处于这两个极端的连续区间内(O'Sullivan & Spangler，1998；Quan & Wang，2004),同时拥有一定程度的普通体验特性和超凡体验特性。但 Carù 和 Cova(2003)认为,超凡体验是游客参与旅游活动的目的。

旅游与接待的普通体验则包括睡眠、用餐和娱乐体验(McCabe，2002)。在顾客体验的全过程中,普通体验主要承担支持性的角色。

与此相对,旅游与接待的超凡体验包括全浸体验(total immersion)或心流体验(flow experience)(Abrahams，1986；Csikszentmihalyi，1990)、真实性体验(MacCannell，1973)、顿悟体验(epiphanic experience)(Denzin，1992)。Arnould 和 Price(1993)指出,超凡体验可能对参与者产生深刻影响,造成他们的重塑(transformed)。他们对白水漂流体验的研究揭示了一次超凡体验的三个关键维度,即与自然的对话(communication with nature)、与朋友/家人/陌生人的共睦(communitas with friends),以及个人的成长与自我的复原(renewal of self),从而揭示了此类体验中的情绪元素、社交元素和认知元素的重要作用。此外,这种超凡体验还可能导致参与者感到更加"真实"(authentic),因为他们有机会比在日常生活中更自由地表达和展现自己,即所谓的"存在的真实"(existential authenticity)(Wang，2000)。

在所有的超凡体验中,心流体验和真实性体验尤为值得关注。根据Csikszentmihalyi(1988)的说法,心流体验是顾客最好的体验,需要 8 个要素,即清晰的目标、即时的反馈、个人技巧与挑战的契合、与生俱来的控制感、自我意识的失去、时间感知的变化、有目的的体验和对一项活动的高度专注。

相对而言,真实性的概念在旅游与接待研究中被更多地提到。McCannell (1973)认为,游客体验就是对真实性的诚挚追求。根据 Boyle (2003)的说法,如今的游客更倾向于选择那些真实的、纯粹的、内嵌在目的地内的消费项目和体验。与此相呼应,Frochot 和 Batat(2013)也认为,为了使体验更完整,游客会想与当地人有更直接和更真诚的接触,从而体验他们的日常生活方式。Kim、Ritchie 和 Cormick(2010)则认为,深入体验当地文化是提升体验可记忆性(memorability)中的一个关键要素。乡村旅游小企业,如农舍、住宿+早餐的设计在一定程度上就是为了满足这一需求,并且也在那些试图与当地人有更亲密接触,或者希望有一种不同生活体验的现代旅游者中很受欢迎。在某种程度上,这些企业扮演了目的地代言人(local ambassador)的角色(Frochot & Batat,2013)。

需要注意的是,产品和服务也可能从属于某些期望的或者实际提供的体验类型。例如,购买出租汽车服务的体验通常有更明显的产品导向(product oriented),而参加邮轮度假则更加倾向于体验导向(experience oriented)。因此,旅游与接待体验根据产品和服务的性质可以分布于普通体验和超凡体验两极之间。然而,即使是普通的或者日常生活体验也可以成为极致体验或重塑性的体验(transforming experience),前提是它们受到合适的物理环境或人际互动因子的影响。例如,一个父亲与女儿在自己家附近散步属于普通体验,但如果他们一同在加利福尼亚的红树林散步,那就成为极致体验。

(4)支持性体验与极致体验

在探索旅游与接待体验的内在构成上,Quan 和 Wang(2004)尤为值得关注。基于前人研究的回顾,他们提出一个旅游体验的分类框架,包含极致体验和支持性体验(supporting experience),两者的区别主要在于其与日常的、普通的体验之间的关系(表 3-3)。这个概念框架在某种程度上是对Cohen(1972)观点的呼应。后者认为游客在旅游过程中会遇到熟悉(familiarity)和陌生(strangeness)的不同程度的混合。

表 3-3　支持性体验与极致体验的区别

支持性体验	极致体验
日常生活体验的延伸或强化	与日常生活体验相对
不是旅途的目的或动机	旅途的目标或动机
满足在旅途中形成的基本需求	满足旅途开始前形成的更高阶需求
由支持性设施诱导形成	由旅游吸引物诱导形成
通过满意度来评判	通过愉悦度（happiness）来评判

极致体验是旅途中与日常生活体验（如用餐、睡眠等）形成鲜明对比的体验。极致体验源自旅游吸引物（tourism attraction），或者说，旅游吸引物之所以能成为吸引物，是因为它们能在某种程度上激发出极致体验。在定义上，极致体验与旅游者日常生活有很大差异，因此也被称为非凡体验（non-ordinary experience）（Mossberg，2007）。这种体验是游客参与旅游活动所追求的，因此可以被认为是形成旅游目标和动机的关键。根据 Cohen（1979）的观点，游客或多或少都在追寻一个普通的日常生活空间中无法得到的"外在中心"（center out there）。Cohen（1972）进一步提出，旅游的最基础动机是对多样性（variety）、新鲜感（novelty）和陌生感的需求。游客选择旅游作为体验与日常生活相异的事物的一种方式（Quan & Wang，2004）。

支持性体验又称为次级体验（secondary experience）、嘲弄体验（derisive experience），是日常体验在旅途中的延伸或强化，目的在于满足游客在旅途中的基本需要，如住宿、交通和娱乐等。毫无疑问，没有令人满意的食宿和交通条件，游客是很难享受旅程的。在旅游营销和旅游管理的文献中，支持性体验被较多地提及，主要关注点在于服务质量和产品质量，即饮食、住宿的质量，反映在旅游与接待领域中大量存在的全面质量管理相关研究中。支持性体验并不是游客旅游的主要目的或动机，因此其在旅游社会科学文献中不是被忽略就是被当作理所当然（Quan & Wang，2004）。

总结起来，支持性体验与产品质量或服务质量有关，能够让游客满意，而极致体验则更多地与自然风光、文化和真实性有关系，并能够让游客欢喜或快乐。由于人们通常对食宿交通条件较为熟悉，因此游客通常会在支持性体验方面形成某些具体的期望，但同样的期望很难在极致体验上形成。更有甚者，如果游客能够对极致体验轻易形成具体的期望和描述，他们可能会失去游览的兴趣，原因在于旅游吸引物的吸引力和美丽主要来源于其与熟悉的日常体验的显著差异。

通过与 Maslow(1943)的需要层次理论相并置,支持性体验与极致体验的差别可能更容易被理解。总的来说,支持性体验与饮食、睡眠相关,因此更倾向于满足基本需求,即生理需求和安全需求。这些需求是由旅途中的消耗形成的,因此这种支持性体验可以类比为"汽车在加油站加油"。与此形成对比的是,极致体验满足的是更高阶的需求,即归属感的需求、自我实现的需求。这些需求是在人们日常生活的消耗中形成的,因此在旅途开始前就已经存在了。Wang(1999)将这种需求称为"对现代制度性所内含的日常生活节奏的修复"。它与旅途的目标有关,因此可以类比为"汽车行驶的终点",而不是在"加油站"的短暂停留。

需要注意的是,极致体验不可能脱离支持性体验而存在。一旦支持性体验无法令顾客满意,即使极致体验非常完美,游客的总体体验也会或多或少产生变质(McCabe,2002)。两种体验可能诱自相同的对象、事件或者环境,旅游中的美食消费就是一个例子(Mossberg,2007)。一方面,食物消费显然应该视作一种支持性体验,是日常生活中就餐体验的延续,满足的是避免饥饿的基本生理需求;另一方面,如果消费过程或者美食本身包含了某些与日常生活体验相异的文化元素,美食也可以引致极致体验。在某些情境下,这两个维度的体验是可以相互转换的,因为一些难以预料到的遭遇会改变游客原本的动机。因此,"极致体验和支持性体验构成了一个有机的整体",他们的区别是概念性的,而不是物理性的(Quan & Wang,2004)。

2.体验场景和体验管理

(1)体验场景(experiencescape)

顾客体验虽然是高度主观和高度个人化的评价,但并不是自我生成的,而是由一些外在刺激(如产品、服务及与企业的接触)诱导出来的。因此,对诱导出某种游客体验的情形和环境进行研究是有必要的(Mossberg,2003)。这在营销和管理上具有非常重要的现实意义,因为它使得操控顾客体验变为可能。

所有诱导出体验的外在因素归结在一起,可以被概念化为"体验环境"(experience environment)(Prahalad & Ramaswamy,2003)或"体验场景"(experiencescape)(O'Dell,2005;Mossberg,2007)。这个概念可以视为"服务场景"(servicescape)(Bitner,1992)的延伸,后者指代围绕服务生产、影响个人内在反应和行为的物理特征。

O'Dell(2005)将体验场景定义为"一个愉悦的、享受性的、娱乐性的空间,也是不同群体走动并相互接触的空间"。Urry(2002)进一步提出应当考虑不同的感官场景(sensescape),除了景观(landscape)这个视觉场景之外,还应包括听觉场景(soundscapes)、嗅觉场景(smellscapes)、味觉场景(tastescape)以及触觉场景(geography of touch)。

体验场景的属性,如环境、氛围,被视为顾客体验的决定因素(Verhoef,et al.,2009)。Lewis 和 Chambers(1999)更是直接将顾客体验定义为"所购买环境、产品和服务给顾客带来的综合效果"。在旅游与接待研究领域,外在体验场景的属性往往被视为体验本身。例如,Oh、Fiore 和 Jeoung(2007)提出"游客在目的地所经历的所有事物都可以是体验"。Sharpley 和 Stone(2011)也认为旅游体验是游客在旅途中所遇到的所有人、事和关系。在接待研究的教科书上(Ford & Heaton,2000),接待行业的顾客体验被区分为服务产品、服务情境和服务提供系统,这事实上是关于体验场景要素的分类。

旅游与接待研究中的体验场景包含复杂的构成元素,与物理的、人文的、社会的、文化的和自然环境的特点都有关系(Kotler,1973;Garrod,Wornell,& Youell,2006;Kastenholz,2004;Lane,1994;Saxena,et al.,2007)。Berry、Carbone 和 Haeckel(2002)将体验场景的构成元素形容为"任何可以被感知或感觉到,或在其不在场时能被识别出的事物"。体验场景元素通常是认知性体验(如满意度、服务质量)的评价对象。在方法论上,获取这些元素的典型方式是与顾客访谈以获悉其期望。

Carbone 和 Haeckel(1994)区分了表现元素(performance based)和环境元素(context-based)。前者与产品的功能有关,指的是"技术技能表现"(Ellis & Rossman,2008),而后者则是"物"(如景观、图案、味道和音乐)发散出来的"物场"(mechanics)和由"人"发散出来的、在顾客接触中通过定义和编排所需要的员工行为来进一步优化的"人场"(humanics)组成(Carbone & Haeckel,1994)。环境属性由此可以进一步区分为物理环境和人际互动环境,或物理环境(Berman & Evens,1995;Wakefield & Blodgett,1996)和社会环境(Arnould & Price,1993;Silkapit & Fisk,1985)。

总结起来,上述体验场景的元素可以分为四类:1)物理环境,如建筑、内饰(Wakefield & Blodgett,1996);2)社会环境,即主人(Arnould & Price,1993)和其他客人(Silkapit & Fisk,1985);3)符号环境,即主题与故事、文化元素(Mossberg,2007);4)产品或纪念品(Mossberg,2007)。

顾客体验可以被看作顾客与体验场景各种元素（主要是企业或企业提供的产品）之间的接触和复杂互动的结果（Addis & Holbrook，2001；LaSalle & Britton，2003；Carù & Cova，2007）。体验作为主观反应发生之时，顾客在不同层面（理性的、情感的、感官的、物理的和精神的）的涉入是必需的（Gentile，Spiller，& Noci 2007；Yuan，2009），而这种涉入可以是主动或被动的（Pine & Gilmore，1998）。Ryan（2002）认为，旅游体验的质量不仅仅取决于旅游供应商提供的元素，也受到游客属性的影响，如动机、先前经验、目的地知识和个人性格特征等。Walls 等（2011）进一步指出，其他不受旅游供应商控制的情境因素（如旅伴）也会对旅游体验造成影响。

（2）体验管理

体验管理的核心在于创造所谓的"体验价值"（experiential value）（Mathwicka，Malhotra，& Rigdon，2001）。"感知价值是顾客基于对得到与付出的感知而对产品的效用进行的综合衡量。"（Zeithaml，1988）一开始，价值的概念主要与"质量"联系在一起（Fornell，et al.，1996；Jayanti & Ghosh，1996；Bojanic，1996），关注"满意度""顾客忠诚"（如 Petrick，Backman，Bixler，& Norman，2001；Babin & Kim，2001；Petrick & Backman，2002）。在此基础上，价值被认为是认知层面的、与效用有关的、功能性的产品属性（Morrison，1989）。随着情感和享乐（hedonic）方面的体验日益被重视（Babin，et al.，1994；Grewal，Krishnan，Baker，& Borin，1998；Petrick，2002，2003），顾客价值衡量开始向更加全面的"体验价值"发展。

体验是"诱发"（induced）的，而非"创造"（created）或者"交付"（delivered）的，因此并不受产品和服务提供者的直接控制。尽管如此，所有产业的企业经营者们还是对通过精心设计和科学管理驾驭体验非常感兴趣。所谓的"基于体验的管理"（experience based management）指的就是将管理输入转化成参与者能主观体验到的输出（Bengston & Xu，1993；Bruns，Driver，Lee，Anderson，& Brown，1994；Noe，1987；Wyman，1985）。

既然体验是顾客与体验场景要素互动的结果，旅游与接待企业就可以考虑通过管理体验场景要素来加强顾客的体验。Bitner（1992）鼓励服务组织关注环境要素、参与者协调或内在反馈（包括生理的、认知的和情感的反馈）以及能够提高顾客忠诚度、消费和逗留时间的员工行为。同时，他也提出，那些愿意使自己涉入体验中的顾客尤其值得注意。

体验是高度主观、个人化的,会在不同的人、不同的情境甚至不同的时间点发生变化。企业经营者可能会非常沮丧地发现,体验场景元素的复杂程度并不比体验本身低。很多类似的因素,如产品和服务,可以被操纵以构建积极的体验场景,以期诱发满意的、超凡的或者令人印象深刻的体验,而这早就引起了很多营销和管理研究者的关注。但是很多其他的因素,如顾客个人特征(包括性格类别、对环境的敏感度),以及情境因素(例如行程目的、旅伴),通常是在企业经营者的控制范围之外的(Walls, et al., 2011)。既然所诱发的体验的具体内容同时取决于主观因素和客观环境(即体验场景)(O'Dell, 2005),那么显然,游客之间在体验上会存在异质性,即使是同一个体验场景都可能在不同的人身上诱发不同的体验(Pine & Gilmore, 1999)。

因此,体验管理的思想也招致了一些批评。例如,Ooi(2005)就指出了导致体验管理不具可行性的旅游体验的三个特征,包括:1)体验来自人们的社会和文化背景;2)体验是多层次的,来源于活动、物理环境,以及嵌入社会互动中的社会意义;3)体验内在于个人。因此,即使游客声称他们在同一个情形下非常享受,这也并不一定代表他们都有同等水平的体验。更严峻的挑战还在于"了解顾客到底想要何种体验"。顾客购买产品和服务来满足某些需求,其中一些需求(一般是生理需求或功能性需求)是顾客自己了解的,并且企业通过市场调研也可以感知到。但其他的一些需求,例如精神的、享乐的需求可能是很抽象的,在实际体验那一刻之前都很难被想象出来。

3.1.6　真实性理论

长期以来,旅游研究者们一直在思考旅游体验的真髓(MacCannell, 1973;Cohen, 1979)。尽管有分歧,但他们都同意无论是从游客角度还是从研究者的角度看,游客体验与日常生活体验都存在鲜明的对比,属于极致体验或超凡体验(Carù & Cova, 2003;Quan & Wang, 2004)。游客行为通常代表对新奇性、与日常生活的差异以及伴随不真实而来的自我迷失的治疗的追寻(Steiner & Reisinger, 2006)。据此,游客体验可以区分为认知和情感两方面。认知方面的体验是由旅游对象诱发而来,代表个人与"真实"世界的接触,从而可以被描述为"对象的知识"。在这方面,游客总是为新奇的、令人激动的、真实的对象所吸引,这些对象往往与其日常生活所见存在一定的"时间距离"和"文化距离"。情感方面的体验则不是直接从旅游对象诱发而来,而是对与旅游对象的互动产生的情感反馈。

这两个方面的极致体验都与真实性这个概念密切相关。追求真实性可以被认为是关键的旅游动机之一(MacCannell,1973),可以被理解为游客追求的"圣物"(holy grail),也是偏远旅游目的地的新的竞争优势(Carson & Harwood,2007)。正如 Getz(1994)所指出的,"(真实性)是能够驱动某些游客的东西,而且是旅游组织者可以部分控制的优势"。

有关文献暗示真实性可以被认为是游客行为的前因,因为它通常被视为一个重要的驱动力、价值、动机或兴趣(Grayson & Martinec,2004;Leigh,et al.,2006;Poria,Reichel,& Biran,2006;Yeoman,et al.,2007)。另一方面,Kolar 和 Zabkar(2010)已经在文化旅游的背景下验证了真实性(主要是建构的真实性和存在的真实性)与游客忠诚度之间的正向关系。Cho(2012)则发现感知真实性与文化旅游游客满意度存在关联性。

有学者认为追求真实性体验是后现代消费行为的重要特征(Firat & Venkatesh,1995)。消费者对真实性的需求存在于不同的市场供给品中,包括重建的历史遗迹(Goulding,2000)、民族风味饮食(Lu & Fine,1995)、高端红酒(Beverland,2006)及电视真人秀(Rose & Wood,2005)等。

真实性这个概念通常被用于形容具有原真性(genuineness)、实存性(reality)、确实性(truth)(Kennick,1985)或真诚(sincerity)、无邪(innocence)、原版(originality)(Fine,2003)的事物。显然这不是一个有形的实体,而是附加在特定对象实体上的一个评价或者属性标签(Xie & Wall,2002)。真实性在社会心理学、市场营销和管理学等领域中都扮演重要的角色,被广泛应用于不同课题的研究,如领导力(Spitzmuller & Ilies,2010;Walumbwa,et al.,2008)、团队绩效(Hannah,et al.,2011)、跨文化心理(Boucher,2011)、亲密关系(Brunell,et al.,2010;Lopez & Rice,2006;Neff & Suizzo,2006)以及幸福感(Menard & Brunet,2011;Toor & Ofori,2009)等。

真实性的概念在 19 世纪 60 年代被引入旅游与接待研究领域,当前已经成为旅游研究的核心主题之一,被应用于一系列的旅游现象的观察和研究,包括节事活动(例如 Kates & Belk,2001;Papson,1981)、遗产旅游(Chhabra,2005;Chhabra,et al.,2003;Coupland,Garrett,& Bishop,2005)和游客价值(例如 Groves,2001;Kuznesof,Tregear,& Moxey,1997)。

1.旅游与接待体验中的真实性类别

现有研究从不同的角度对真实性概念的角色和定义展开了丰富的讨论。

就其角色而言,一些学者将真实性视作旅游之后的感知结果,或一种"体验"(Yu & Littrell,2003;Goulding,2000),而其他学者则关注其作为旅游之前的动机,或"驱动力"(Grayson & Martinec,2004;Poria,Reichel,& Biran,2006;Yeoman,et al.,2007)。这种分歧可以认为是不同关注点的结果。

在定义上,旅游中的真实性可以被视为游览对象的客观性质或建构的性质,也可以被理解为游客体验的性质(Kolar & Zabkar,2010;Wang,1999),而这两种理解在很多情况下是重合的。因此,真实性的定义是基于两个相互联系的问题,即什么是"真实的"(authentic)游览对象和什么是"真实的"体验。前者是本体问题(ontological problem),因此可以从客观主义和建构主义两个角度来理解。后者则是经验问题(experiential problem),包含了认知(或认识论)和情感(emotional)两方面。认知层面的真实体验是指个体与"真实世界"的接触,因此,其与"真实的游览对象"是紧密相关的。情感层面的真实体验则并不依赖于真实的游览对象,而是从存在主义的视角出发,强调个人与"真实的自己"的接触。Selwyn(1996)将这个二分法归结为作为"知识的真实性"(authenticity as knowledge)与"作为感觉的真实性"(authenticity as feeling),或"冷真实性"(cool authenticity)与"热真实性"(hot authenticity)。

作为阶段性的总结,Wang(1999)提出了理解真实性的三种主要路径,即客观主义、建构主义和后现代主义,相应地可以将真实性区分为客观的真实性(objective authenticity)、建构的真实性(constructive authenticity)和存在的真实性(existential authenticity)。

(1)客观的真实性

体验的客观真实性是很多观光游客所追求的(Wang,2007),尤其是文化遗产旅游者(Chhabra,Healy,& Sills,2003),其在很多情况下与"游客凝视"(tourist gaze)有关(Urry,1990)。有关真实游览对象的客观主义视角是"真实性"概念的最原始应用,可以被追溯到在博物馆中相关专家检验艺术品是否是真品,是否值得所标示的价格,是否值得人们的尊崇(Trilling,1972)。

客观主义视角将真实的旅游对象视为"原版的","非复制品或仿制品"

(Bruner，1994)。真实性相应地被认为是原件(the original)客观的、根本性的、内在的性质。既为"客观"(objective)，则有一个绝对的、客观的标准来衡量或判断真实性，这个判断通常是由某些权威人士或者专家来完成的(Trilling，1972；Wang，1999；Reisinger & Steiner，2006；Lau，2010)。一般来说，客观的标准通常与传统文化和原产地(origin)有关。这是一个科学的或历史的"工艺品"(artefact)，或至少是一个经认证的、对原品有指示意义的完美仿制品。

对于旅游产品来说，无论是有形还是无形，都可以依据它们是否由当地人根据传统制作或演绎来判断真实与否(MacCannell，1973)。在这个意义上，客观主义真实性在判断"什么是真实"这个问题上采取的是外部的、非主位的视角。

由此，客观的"真实性体验"即游客与"客观上真实"的旅游对象的接触与互动。在这样的体验中，旅游对象的客观真实性是由游客单向感知到的(Wang，2007)。这是认知的，仅仅是对旅游对象的认识论意义上的体验。因此，真实性体验实际上是所谓的"作为知识的真实性"，是从外部视角来进行判断。换句话说，真实的旅游对象带来真实的体验，而虚假的、伪造的旅游对象，或者是 MacCannell（1973）所说的"表演的真实"(staged authenticity)，则会造成非真实的体验，这种判断与旅游者自身的感知并没有太大关系。

MacCannell(1973)认为，旅游情境可以区分为前台区域和后台区域。前台区域是虚假的(false)，是伪装出来以满足游客需要的，而后台区域则是"真相"的领地，是原本的当地生活。随着旅游的发展，接待者将当地生活作为商品来出售，以创造具有吸引力的一揽子产品，由此他们可能会改变旅游产品(即当地生活)的性质。这个过程将原本处于后台区域的原始的、未改变的当地生活变成处于前台区域的表演的、被改变的当地生活。游客所能体验的仅限于前台的内容。因此，追求原始的当地生活(处于后台区域)的游客成为"表演的真实"(处于前台区域)的受害者。

MacCannell(1973)继而认为，很多旅游情境是表演出来的，并不是真实的当地生活。因此即使旅游者自己认为它们是真实的，这种体验也不能算作真实的体验(Wang，1999)。Cohen(1988)进一步引入了"商品化"(commoditification)这个概念来解释表演的真实是如何发生的。在一个旅游目的地，如果经济关系取代旅游关系成为主导，并且当地的服饰、仪式、美食、民族工艺品仅为售给游客而制造和表演，则所有这一切都成了商品。

这种外部视角实际上将真实性体验的决断权交给第三方(通常是专家),并且是基于客观标准的。然而这并不意味着游客自己会放弃判断。毕竟,真实性是由游客自己来体验和感知的。因此,在某些情况下,那些被专家、知识分子或社会精英认为是非真实的或者是表演出来的旅游对象,在游客的眼里会依据自己的标准判断认为是真实的。这也说明主位视角(emic perspective)或内部视角的重要性。事实上,这可能正是大众旅游者体验真实性的方式。在这个意义上,如果大众旅游者感同身受地认为旅游对象是真实的,那么无论专家是否会从一个客观的视角提出一个相反的观点,他们这个判断本身就是事实(Cohen,1988)。Cohen(1988)进一步将两种情境(表演的和真实的)与两种游客对情境的印象结合在一起,识别出四种不同的关系(表 3-4)。

表 3-4　情境的真实性与游客印象

游客感知	情境特征	
	真实的	表演的
真实的	情境是真实的,并且游客也认识到该情境是真实的	情境是表演出来的,但游客相信它是真实的
表演的	情境是真实的,但游客怀疑其真实性从而相信它是表演出来的	情境是表演出来的,而游客自己也认识到它不是真实的

来源:Cohen(1988)。

可以看出,游客在体验真实性的判断上扮演的应当是核心的角色。从市场营销角度,游客认为是真实的体验比其事实上的真实性重要得多。正如 Kolar 和 Zabaka(2010)所言:"基于管理和营销的立场,关键问题在于真实性的宣称是否为游客所承认。"单纯的外部视角并不足以构成对客观真实性的全部理解。

这就使得内部视角的重要性得以凸显。内部视角也称基于顾客的视角(consumer based perspective)(Kolar & Zabkar,2010),据此客观的真实性可以被定义为游客所评价的旅游对象的真实程度(degree of genuineness),这里的旅游对象包括特定的旅游景点、文化、事物或目的地(Brown & Patterson,2000;Leigh,Peters,& Shelton,2006)。需要注意的是,真实性并不是非黑即白的,正如 Wang(1999)所提醒的,这是一个程度问题(Kolar & Zabkar,2010)。考虑到旅游对象和游客空间通常都是复杂的系统,不同的游客可能会关注到不同程度的真实性(Cohen,1988),也会关注到不同方面的真实。真实性的评价可以被认为是游客经过复杂的感知过程的结果(Beverland & Farrelly,2010),其中游客会从隶属于特定旅游对象的一系列的线索中进行选择(Grayson & Martinec,2004),以建立他自己对于该对象真实程度的感知。于客观的真实而言,这些线索通常是指引性的(indexical),并在事实上联系到原版的、先前存在的现实事物(Grayson & Martinec,2004;Castéran & Roederer,2013),例如教堂、中世纪街区或者建筑遗迹(Castéran & Roederer,2013)。由此形成的真实性判断在市场营销文献中被冠名为"索引的真实"(indexical authenticity)(Grayson & Martinec,2004)。

对客观真实性的感知依赖于游客自身的经验,包括其先前的旅游经历、教育背景、社会网络及媒体接触程度。越有经验的游客越容易对旅游对象的真实性质疑。另外,这也会受到游客的参考系统、信息源的影响(Cohen,1988),尤其是主客之间的接触、互动和交流(Pearce & Moscardo,1986;Wang,2007)。

(2)建构的真实性

与客观主义视角相反,建构主义视角认为判断旅游对象真实性的"标准"并不是绝对和客观的。虽然对于将真实性定义为"原版的"(original)存在诸多异议(Bruner,1994),但问题并不在于这个定义本身,而在于"起源"(origin)本身实际上是一个相对的概念,"绝对真实性所赖以存在的绝对和静态的原物或起源是不存在的"(Wang,1999)。

因此,建构主义认为,真实性的内涵是游客基于其所处的背景和当下的需求通过社会互动"虚构"或"建构"出来的,并且不可能脱离"解释"(interpretation)而存在。例如,香港迪士尼乐园就其作为"香港的一个主题乐园"而言是原版的,但是作为一个"仙境"而言则是虚构的。

严格意义上说,即使是"由当地人根据当地传统制作或演绎"(MacCannell,1976)的客观真实性标准事实上也并不是那么绝对和客观。Crick(1989)指出,所有的文化都是通过某种方式发明、重构、重组出来的。Bruner(1994)进一步提出,"文化永远在发展"。"传统"或"源头"的建构包含一个社会过程(Wang,1999),在这个过程中"相互竞争的利益方为其对历史的解释进行辩护"(Bruner,1994)。Ranger 和 Hobsbawm(1983)提出了很多例子来说明新的文化行为如何最终被嵌入传统中,成为其重要一部分,而其源头则被遗忘或者传奇化。Cohen(1988)更明确地提出:"一种文化产品或其特征,虽然在某个时间点会被普遍认为是虚构的或者不真实的,但随着时间推移最终会被广泛接受为是真实的。"他将这个演化过程及其结果形容为"浮现的真实"(emergent authenticity)，意味着那些看起来是客观的标准本身实际上是动态的、可协商的，并且是作为社会互动的结果出现的。

从内部视角来说，游客根据他们自己不同的"标准"(即他们对"起源"的不同解读)来就旅游对象的真实性作出判断。他们的解读可能会在某种程度上与专家和权威人士的"客观解读"相一致，但是在很多时候是不同的。显然，期望大众游客获得足够的与旅游对象有关的专业知识是不现实的。游客的解读可能与专家的解读在两个方面存在不同。第一，游客可能对旅游对象不同的客观性质感兴趣。例如，如果游客心里很清楚某个对象本身是仿真品，而这个仿真品本身就是游客的兴趣所在，那么这个仿真品自己就是"原版的"，游客也不会认为他的经历是不真实的。在这个意义上，游客对于真实性的定义仍然与旅游对象真正的、实在的属性有关，他们与专家们存在的分歧实际上只是来自在不同兴趣点上的不同观察角度。第二，游客可能会将他们自己的刻板印象(stereotyped image)和期望投射到旅游对象上，从而创造或构建出旅游对象的某些属性，而这些属性可能不一定存在于旅游对象本身。由此，他们对"旅游对象原物"(original toured object)的解读可以被理解为贴在旅游对象上的一个标签，这个标签的内容即他们自己的信念、期望、偏好、刻板印象和意识(Adams，1984；Bruner，1991)。这些标签可能受到大众媒体、其他游客以及营销信息的影响。这时旅游对象被符号化，而真实性就成了"符号真实性"(symbolic authenticity)。由此可见，游客对真实性的体验是多元的，并且与游客自己对真实性的定义和解读方式有关(Littrell，et al.，1993；Pearce & Moscardo，1985，1986；Redfoot，1984)。

这种符号化的、建构的真实性正是建构主义的视角所强调的。基于此，所谓的"真实的旅游对象"实际上是符号化的、被投射到旅游对象之上的意象，甚至可能是被对象激发起来的游客自己的期望、偏好、信念、刻板印象或记忆。游客对"旅游对象原物"的解读，以及他们对真实体验的感知都是基于他们的动机和兴趣。因此，它与实际的旅游对象本身关系并不大。在这个意义上，真实性可以说是相对的、可协商的(negotiable)(Cohen，1988)、由情境决定的(Salamone，1997)，甚至是思想性的(ideological)(Silver，1993)。也就是说，那些看起来真实的事物并不是说天性如此，而是因为它们是一种"虚构的传统"(Hobsbawm & Ranger，1983)，或者说是通过协商的意义形成(negotiated meaning making)、解读和共识来建构的(Bruner，

1994；Hughes，1995）。

相应地，建构的体验真实性不产生于对旅游对象作为"客观现实"的感知，而是来自其作为建构的、游客自己解读的"真实旅游对象"的符号的感知。正如 Chhabra，Healy 和 Sills（2003）所说的："考虑到'怀旧'作为旅游动机的重要性，对一项传统节事的满意度并非取决于其是否精确重现了一些过去的状态，而是依赖于其感知到的真实性，即是否与对一些真实或者想象的过往的怀旧相一致。"

综上所述，体验真实性可以被视为游客被旅游对象所激发的某种怀旧情绪或某种形象，这种怀旧情绪或形象可能是在游客接触之前或之时所构建的，并且是游客的主要兴趣点。Kolar 和 Zabkar（2010）则更直白地提出，建构的真实是根据"艺术品在多大程度上能启发人的灵感"（how inspiring the artifacts are）来进行评价，而不是像客观的真实性一样由"艺术品在多大程度上接近原版"（how original these artifacts are）。由此，旅游对象可以被认为为具有某种"图标的真实"（iconic authenticity）（Grayson ＆ Martinec，2004），从而能够神似原物并且能够激发类似的想象。与客观的真实类似，建构的真实也与多层次、多维度的旅游对象有关，因此也可以被认为是游客基于"图标线索"（iconic cues）进行的复杂认识过程的结果（Grayson ＆ Martinec，2004；Castéran ＆ Roederer，2013），例如一个想象出来的、过往的、多种提示信息和市场组织所表演的圣诞老人的形象（Castéran ＆ Roederer，2013）。

客观的真实与建构的真实之区别包括以下几点。

第一，在对"真实的旅游对象"的理解上，前者认为是客观的，而后者则认为是符号的。在这个意义上，真实性的建构主义视角仅仅是客观主义视角在本体认识上的革新。

第二，正如 Wang（1999）所论述，两者代表了对于游客动机和体验的相互冲突的理解，这种冲突体现在对旅游对象不同的认知性理解上。换句话说，客观主义视角假设游客追求的是"客观真实的体验"，而建构主义视角则假设游客需要的是"符号真实的体验"。在 Bruner（1994）看来，这种符号真实性属于游客自己构建的"意义"（meaning）。旅游对象被体验为真实的是因为它被视为真实性的一个符号，而不是因为它本身是真实的原物。也就是说，重要的是为市场供应品所激发的"真实性"（Kolar ＆ Zabkar，2010）。

第三，旅游对象建构的真实以及旅游体验的建构真实性都是主观的、内在于游客自身的，两者互相构成（Wang，1999）。旅游对象建构的真实显然对体验的真实性有影响。然而,如果游客感知到的体验越真实,则其对旅游对象真实性的感知也会越高。这种双向的关系与客观主义视角中的单向关系形成了鲜明对比。

尽管存在上述分歧,两种视角都认同游客所追求的真实体验是与真实的旅游对象有联系的。因此,客观的真实和建构的真实也被一些学者称为"与对象有关的真实性"(Wang,1999;Culler,1981)。

然而这是否就是真实性概念的全幅图景呢? 游客所追求的真实体验是否一定就是认知的、与对象有关的呢? 很多游客体验和动机,例如自然风景旅游或沙滩旅游,仍然无法用"与对象相关的真实性"来解释,因为用"真实"或者"不真实"来形容自然旅游对象显然是不合适的。此外,根据后现代主义的观点,旅游对象的非真实性并不成问题,人们追求的可能是"真实的赝品"(genuine fakes)(Brown,1996)。

后现代游客更少地关注原物的真实性,原因有二(Cohen,1995):第一,相较于追求真实性的现代游客,后现代游客更偏向于追求愉悦的享受,或"表面的美感享受";第二,后现代游客对于旅游对脆弱的接待社区的影响有着更深入的反思,由此表演的真实作为原物的替代品通常被用于保护脆弱的当地文化和社区,以使其不受干扰。

根据后现代的观点,Wang(1999)提出了第三种真实性体验,即存在的真实性。

（3）存在的真实性

存在的真实性描述的是一种真实的"存在状态"(state of being)。与客观真实性和建构的真实性不同,存在的真实性并不是旅游对象的属性,而只是体验和感知特征,强调个体或者个体间的某些情感为旅游活动所激活(Wang,1999)。人们由此感觉到他们接触到了"真实的自我"(authentic self),能够比日常生活中更自由地在精神和肉体上表达自我。在这种真实性的体验场景中,人们往往能够冒过度简化(over-simplicity)(某些繁文缛节)的风险,因此会感觉生活在情感、感觉、自发性(spontaneity)或者自我的支配中,摆脱理性和自我约束。这种体验场景也使得人们可以摆脱来自"不真实"的社会阶层和地位差异的压力,人与人之间可以以一种自然的、友好的、真实的方式共处(Wang,1999)。

显然,存在主义的体验真实性也可以被认为是后消费阶段的评价,可以被定义为游客感觉自己接触到"真实自我"的程度。这种感觉被游客认为是原始的、前文明时代的生活方式的重要特征,并且被理想化为更加自由、天真、纯粹、自主、真实的状态。因此,存在的真实可以说是源自一种"怀旧"和"浪漫"情怀(Wang,1999),是对理性因素(factor of logos)占主导、欲望因素(factor of eros)被束缚的"体制化的现代性"(institutional modernity)的矛盾心理的反映(Wang,1996,1997b)。在"体制化的现代社会"里,真诚的瓦解和伪装的上位造成真实的自我迷失在公众角色中的感觉(Berger,1973),与此相反,旅游构建了一个"临界区"(liminal zone)(Graburn,1989;Turner,1973),游客可以与各种社会制约因素(命令、义务、职业道德等)保持距离,并且反转、叫停或改变日常秩序和规范(Gottlieb,1982;Lett,1983)。游客之所以被驱动来追求这种体验,正是因为他们想通过旅游来释放自己,哪怕只是暂时的或是象征意义上的释放(Wang,1999)。

如此,存在的真实性与客观的真实性及建构的真实性有几个方面的区别。第一,存在的真实性并不是旅游对象的真实性,而是一种存在状态,或者说体验的真实性。第二,存在的真实性是由旅游活动所激发的,与旅游对象的真实性无关,而客观真实性与建构的真实性则是依赖于旅游对象的真实性。换句话说,存在的真实性并不是"基于对象的"(object related)(Wang,1999),而是"活动关联的"(activity related)。游客并不是因为发现旅游对象是真实的而形成"真实自我"的感觉,而仅仅是因为他们参与了一些不平常的活动,脱离了日常的束缚。例如,在露营、野餐等旅游活动中,游客通常并不关心旅游对象的真实性,而仅仅是通过对象的协助在活动中追求真实的自我。

总结起来,存在的体验真实性是由游客活动所激发,并在个人内心活动(intrapersonal processes)或人际互动(interpersonal processes)过程中构建的。在这个意义上,这种旅游中的真实自我的体验可以区分为两个维度,即个人维度(intrapersonal)和人际维度(interpersonal)(Wang,1999)。

个人维度的存在真实性包括身体的感觉(bodily feeling)(或身体的愉悦)和"自我认知"(self making)(或"自我认同",self identity)。在身体的感官方面,身体感觉长久以来被视作旅游内容的重要部分(Veijola & Jokinen,1994),并且就"身体控制"的意义而言,身体感觉是真实自我的"身源"(bodily source)。现代社会(modernity)通过工作架构、劳动分工(Lefebvre,1991)和人口监测(Giddens,1990)获取了对人们身体的控制力量,同时个人对自己的身体则产生自我控制和自我约束。在这个意义上,人们在日常生活中可以被认为处于"不真实的状态下"。与此相反,在旅游中,身体不再是由社会结构或"超我"(superego)所强加的自我控制的对象,而是成为自己的主人,从而得以放松和改变日常的存在状态,进入另外一种以休闲、消遣、娱乐、嬉闹以及高度的自主性为特点的体验形态。在这种真实自我的体验中,"感官愉悦、感觉以及其他的生理悸动在很大程度上得以释放并被消费,而身体对大自然、性自由和自主性的欲望则得到强烈的满足"(Wang,1999)。这种身体上的真实自我对于旅游者来说是很有吸引力的,因为这与其日常生活经历形成鲜明对比,能够修复现代社会的主流制度性所蕴含的日常生活秩序。

自我认知(self making)则是另外一个个人维度的真实自我的源头。对于个体来说,现代工作和每天扮演的角色给他们强加了一些约束性的"惯例"(routines),这些惯例令他们很难随心所欲。同时,现代社会把几乎所有的人类行为都"理性化"(rationalize)了,几乎没有给任性行为(arbitrary action)和机会行为(chance)留下任何空间,从而使得日常生活变得"过于可预测"(over predictable)(Lasch,1979)。过度的程式化和过度的可预测性带来了某种"失落感"(Giddens,1990)。人们渐渐对日复一日的自我感到疲劳和厌倦,迫切需要找到另一种真实的、超越日常的生活。因此,如果个人无法在日常生活中找寻到另一个自我(他们认为这是真实的自我),他会想到旅游或冒险。当然,这并不意味着所有人都无法在工作和日常生活中获得自我满足,但这些人显然不在少数。

人际维度的真实性是指真实人际关系的体验,它也被 Wang(2007)视为"互动的真实性"(interactive authenticity)。无论其名称为何,人际真实性是指一种氛围的体验,在这种氛围中,"游客可以让自己摆脱不真实的社会层级和身份差异的压力,从而相互之间以不做作的、友好的、真实的方式相处"。(Wang,1999)。真实的人际关系包括真实的客—客关系和真实的主—客关系,后者又被称为真实的接待关系(authentic hospitality relationship)。

根据 Wang(1999)的理论,家庭连带(family ties)和旅游共同体(touristic communitas)是两种典型的真实客—客关系。Berger(1973)指出,家庭是现代人能体验到真实自我的最主要的私人领域。家庭旅游因此是体验人际真实性的典型方式。旅游共同体包括同行的亲密朋友,代表第二种典型的人际真实性。一个旅游共同体的特征是"临界域"(liminality),指的是处于日常生活之外或者边缘的任何情境(Turner,1974),这些情境内没有任何日常生活中普遍存在的"体制化"的角色、地位和义务性任务(如经济的、政治的任务)。在这个意义上,旅游共同体是一种直接的、纯粹的人际关系。

旅游中的人际真实性同样也存在于主—客关系中，这种关系通常被称为"接待"（hospitality）。一方面，这种旅游主客关系并不如家庭关系或友情关系那样亲密、自然。另一方面，它也并没有商业化到完全建立在金钱交易上的程度。

这种人际体验的真实性通常是接待企业的顾客所追求的（Wang，2007）。相较于观光游客，乡村旅游游客越来越倾向于参与到乡村家庭生活中，而不再是被动的观众。与此同时，主人家庭也不仅仅是"表演者"，而是主动参与到与游客的互动当中。这种乡村接待中存在的互动真实性可能是一种"真实社交"（authentic socialization）（Selwyn，1996），其正在成为乡村游客的追捧点。

现代人追求这种真实的接待（authentic hospitality）可能是出于一种怀旧情结，因为它往往被视为资本主义化之前的"传统接待"的区别性特征（Bruckner，1980；Heal，1984；Muhlman，1932）。在资本主义社会，接待被商业化，被剥夺了个性，从而成为标准化大生产的"伪接待"（pseudo-hospitality）（Olesen，1994），并进一步转型成为制度化的功能系统，诸如酒店、餐厅和航空服务（Wang，2007）。接待被建立在金钱交易的关系之上，以"人离账清"（leave and pay）为特点，因此仅仅是供给那些具有支付能力的人（Bruckner，1980）。传统的接待本身就是目的，但现代接待是工具化、利润导向的。因此，现代接待往往被视为缺乏真实性（Wang，2007）。

客观的真实性、建构的真实性和存在的真实性三者之间的区别和联系如表 3-5 和图 3-2 所示。

表 3-5　三种真实性视角之间的关系

	客观主义视角	建构主义视角	存在主义视角
旅游对象的真实性	客观的、固有的	建构的、投射的	—
体验的真实性	与对象相关		情感的、与对象无关
旅游对象真实性与体验真实性的关系	单向影响	双向影响	—

2. 乡村旅游和接待体验的真实性

真实性应当在具体的背景，特定的地点、时间和产品的参照系下进行理解（Cole，2007；Martin，2010；Warnier，1994）。对依赖于对象的体验真实性（即客观的真实性和建构的真实性）而言，尤其如此。目前对于乡村接待体验的真实性研究大多嵌入乡村旅游研究中。

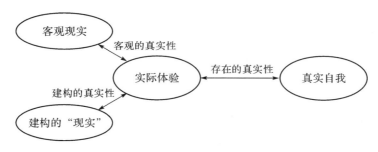

图 3-2　三种真实性的关系

（1）乡村旅游体验的真实性

在考虑乡村旅游时，一个核心问题是游客的旅游动机，即"是什么吸引了游客"或"游客在追求什么"。一般来说，旅游动机是由旅游对象及其特点与诱发的体验形成的。

现有研究大多将乡村旅游定义为"乡村地区的旅游活动"（Viljoen & Tlabela，2007；Feher & Korodi，2007），其游览对象由乡村地区大量的不同资源、吸引物、服务、人和环境构成（Kastenholz，et al.，2012）。乡村地区的旅游和休闲的吸引力首先来自其内在的乡土特征（Kastenholz，Davis，& Paul，1999；Sharpley & Sharpley，1997）。事实上，游客感兴趣的并不是乡村地区不同的有形资源本身，而是其内在的独特性，即所谓的"乡村性"（rurality）。乡村性这个概念通常被用于描述乡村地区为游客和当地人所感知到的最典型的特征，它构成乡村空间的真髓，并将其同城市空间相区别。

因此，真实的乡村性（authentic rurality）构成了乡村旅游及其动机的核心（Majewski，2010），并在乡村旅游中居于核心地位（Sharpley & Jepson，2011）。换句话说，真实的乡村性是极致体验的对象，在乡村地区的旅游消费认识中很有现实意义（Aitchison，et al.，2000）。从 19 世纪早期开始，越来越多的游客将乡村地区作为"现代化的避难所"（refuge from modernity）（Short，1991），以应对产业城市和产业革命带来的各种压力和问题（Fiero，2006）。城市化的发展使得居住在现代城市中的人们对日复一日的生活感到紧张、厌倦、疲劳、不满足，因此他们会特别受到乡村地区的自然环境和文化的吸引（Lane，1994）。一度被认为是粗糙的、充满威胁的乡村景观也被柔化并披上一层浪漫色彩，而曾经被认为是贫穷困顿的乡村生活被想象成远离伪善和势利的纯净、无邪的乌托邦式的存在。

于游客而言，真实的乡村性有自然和人文两个层面的含义。

自然层面的内容是指乡村景观和自然环境的特征。与城市地区相反，乡村区域多被描述和想象为拥有大片开阔空间，为乡村动植物所覆盖的，自由、放松和亲近自然的所在（Lane，1994）。人们相信乡村是未受污染的自然天堂，平静、祥和、与世无争（Krippendorf，1987）。因此，它构成了乡村游客的主要旅游动机（Frochot，2005；Kastenholz，2004；Molera & Albaladejo，2007；Park & Yoon，2009）。

人文方面的内容与当地人和乡村社区有关，尤其是他们的生活方式。乡村地区未受现代化影响，仍保持传统的、独特的生活方式（Bramwell，1994；Gannon，1994；Sharpley & Sharpley，1997），从而构成了游客的主要旅游动机。生活方式（lifestyle）的定义是："一种与众不同的，但可以识别的生活模式。"（Sobel，1981）它是个人的个体行为特征模式或群体的社会行为模式（Veal，2000）。根据 Veal（2000）的观点，所谓的"活动"或行为包含了消费模式、休闲活动、有偿工作活动和所谓的家务活动（如烹饪、育儿等）。需要注意的是，生活方式作为一种"活动的模式"（pattern of activities）不仅表现在行为本身的特征，也包括行为所关联到的工具和场所。

因此乡村生活方式实际上是工作、消费、休闲、家务活动，即相关的工具和场所的日常安排。根据 MacCannell（1976）的观点，旅游产生于现代社会中对日常生活边界以外的探索。人们总是觉得过去更好，或者当下自己生活空间之外的地方更好，因此对过去的生活方式心存怀旧感，于是想通过旅游的方式满足自己，哪怕是暂时的满足（Chhabra，Healy，& Sills，2003）。乡村生活方式会勾起这样的怀旧情绪，因为它通常被认为是前工业化社会的生活。游客在乡村家庭逗留就是为了体验原汁原味的乡村生活（Figueiredo，2004；Sims，2009），其所有的生活方式和活动都可能体现某种当地传统习俗，作为日常生活的指引或规范。

通过将乡村性与真实性两个概念相结合，有关乡村旅游定义的上述两个问题可以被解决，而乡村旅游的真髓也可以被揭示。游客探访乡村是为了追求和体验其与城市迥异的真实的特征，或所谓的"真实的乡村性"。同时，通过在乡村地区参与特色活动，他们能够与自己的日常生活保持一定距离，从而能够体验到真实的自我。这种真实的乡村性和真实自我的体验对应了前述的认知和情感方面的真实性，从而构成了乡村地区体验真实性的全幅图景。

（2）乡村接待体验的真实性

有学者认为，乡村旅游体验可以划分为区域层次（regional level）的体验和点层次（accommodation site level）的体验（Carmichael & McClinchey，2009）。在区域层次，乡村旅游者得以享受乡村自然景观，并与整个社区进行互动。而在点层次，游客逗留于接待点（通常是当地的家庭），可以与家庭成员进行互动，并深入体验当地的生活方式。

乡村接待体验通常被认为是点层次的体验。旅游小企业在提供餐饮和住宿之外，构成了乡村旅游者享受自然环境的基础，为其了解当地文化（尤其是生活方式）提供了窗口。

因此，乡村旅游小企业不仅仅是支持性设施，同时也是主要吸引物，是乡村旅游者的动机所在，在那里他们能够涉入当地生活中。他们所追求的真实性、乡村性一部分是在乡村接待中体验到的。不少研究者已经发现了通过住在农场、寄宿家庭来体验当地生活方式的旅游动机（Stringer，1981）。

乡村接待体验的真实性可以被定义为顾客在消费以后对整个接触过程就客观真实性、建构真实性和存在真实性的评价。需要承认的是，不同的顾客可能体验到不同层次的真实性，并且会用一系列不同的线索来评价真实性（Grazian，2003）。这种评价同时也会受到其个人特征、知识基础和旅游经验等因素的影响。

1）客观真实性

乡村接待体验的客观真实性是指顾客在消费以后所评价的所有供应品（包括住宿、餐饮和其他活动）的"地道"程度。这些供应品都是乡村性或乡村生活方式的组成部分。顾客被乡村家庭内嵌的体验当地传统和习俗的生活方式所吸引而选择入住旅游小企业。

Kastenholz 等（2013）认为，乡村旅游情境下的游客体验包含一种"体验模式"（experiential mode），即通过观察他人"真实的生活状态"，或抱着怀旧的心情欣赏一种传统的、原始的乡村生活，来发现生活的意义（Figueiredo，2009；Kastenholz，2004；McCarthy，2008）。因此，对于他们来说，重要的是这些生活方式和活动，以及相应的工具与场所正是当地人在自己的日常生活中所使用的。换句话说，参与的传统活动、消费的农产品、入住的独特的乡村农舍，都应当是当地人真实的生活方式的表现。正如 MacCannell（1973）所提到的，游客总是对进入旅游情境的后台区域感兴趣，因为它往往与更加真实的体验相联系。因此，他们并没有打算为仿制品取代原物的"虚假事件"（pseudo-events）买单（Boorstin，1964）。相反地，他们竭力避免成为

"表演的真实"的受害者(MacCannell,1979)。当然,没有理由认为独特的乡村文化和乡村区域的标准是固定的、一成不变的。相反,他们是随着主客接触与互动不断被重新组合和构建的(Crouch,2006)。客观的标准并不重要,重要的是顾客自己是否感觉到它客观上是真实的。

考虑到乡村生活方式在乡村旅游动机中的核心地位,它实际上在大部分乡村旅游项目中具有很高的商业价值。旅游的发展及伴随而来的乡村家庭的商品化在实际上正不断改变当地的生活方式。例如,随着旅游收入的增加,乡村家庭很可能会放弃农业活动,转而把接待作为家庭收入来源。这实际上改变了当地的经济形态,使得顾客体验到的生活在客观上变得不真实。由此,原本原汁原味的生活方式逐渐变成表演性质的。显然,这无法为顾客所接受,因此大多数顾客最终放弃了过度商业化的乡村旅游目的地。

2)建构真实性

乡村接待体验的建构真实性可以定义为顾客所评价的企业供应品能激发他们的某些想象或联想的程度。

在客观体验真实性中,真实的乡村性被认为是客观存在的,并通过诸如住宿和食物等供应品来进行传递。其内容被认为是利用乡村区域的区别性特征来作为乡村游客的主要旅游对象,并通过生活方式与自然环境两个方面表现出来。但事实并不完全是这样。如果从社会功能视角来定义,乡村区域在某种程度上是客观的,其标志性的乡村功能,诸如农业生产活动被假设是附着在地理空间之上的(Cloke & Park,1985)。

因此,乡村区域天然地既是一个空间概念也是一个社会概念(Halfacree,1996)。实践中,要根据其经济功能和政治定义来判断某些区域是否属于乡村区域相对较为容易。然而,乡村地区空间与社会关系的变化使得识别出一个清晰的乡村功能区域变得特别困难。Mormont(1990)认为,乡村空间指代的是"非城市地区"为"非乡村人口"承担的功能。他认为再也没有一个单独的乡村空间,取而代之的是大量的社会空间重叠在同一个地理区域,每一个都有自己的逻辑、制度和行动者。Cloke 和 Milbourne(1992)指出,"乡村"这个构念应当与文化范畴紧密地联系在一起考虑。

Jackson(1989)直接指出,乡村性最好应从意义的构建、协商和体验的过程来进行理解。在他的概念里,乡村性的构建者和体验者不仅仅包括Mormont(1990)所认为的当地居民,还包括游客自己。

因此,游客所追求的"真实的乡村性"实际上是他们自己对乡村地区的一种古典的、田园牧歌式的想象,这些想象通过艺术形象、诗歌、民谣和宣传资料进行建构和传播(Newby,1979)。这些被操纵的形象和想象性质的重构形成了对过往田园时代的集体记忆,即"一个建构出来的乡村性"。这种建构出来的乡村性与乡村地区的独特性及其与城市地区的强烈对比有关。在这个意义上,虽然乡村性是建构的,而其建构的意义造成了政治、大众及学术话语体系下不同的一系列解读(Pratt,1989),顾客仍然可以形成对"乡村"的集体印象,而正是这些印象在过去的几百年里不断驱使他们到乡村旅游。

于乡村接待而言,顾客们实际上会对他们自己想象中的生活方式感兴趣,而这种想象则来源于他们的期望和信仰。在他们的心里,这种想象出来的生活方式实际上也是真实的。因此,他们感知到的真实体验也会取决于企业能够提供这种想象中的、理想的乡村生活方式。而对于接待者而言,问题就在于如何精确而全面地提供这种怀旧的体验。

3)存在的体验真实性

乡村接待体验的存在主义真实性是基于顾客在乡村旅游小企业中的行为和主—客互动形成的,包括个人(intrapersonal)和人际(interpersonal)两个层面的含义。

个人层面的体验真实性可以被认为是顾客感知到的与"真实自我"进行接触的程度。Kastenholz 等(2013)认为,乡村旅游顾客体验包括一种"存在模式"(existential mode),其中顾客会完全将自己奉献给新的"外部中心"(new center out there),认同它,并通过频繁集中的乡村生活体验来弥合城市生活带来的异化作用(alienation)。所谓的真实自我是从两个维度来感知的,即"身体感觉"(bodily feeling)和"自我认知"(self-making)。一方面,在真实自我的体验中,"感官愉悦、感觉及其他身体悸动在相对比较大的程度上得以释放并消耗,而身体对自然万物、性自由以及自主性都得到强烈的满足"(Wang,1999)。另一方面,顾客得以摆脱日常生活中的自我,从而发现另一个真实的、超越日常生活的自己。这两方面的真实性是情感的,可以被认为是通过活动诱发的。

人际层面的体验真实性发生在一种氛围中,即"游客可以缓解不真实的社会阶层和地位差别带来的压力,从而相互之间以一种自然的、友好的、真实的方式相处"(Wang,1999),因此也可以被理解为"真实的人际关系",是基于主人与客人之间或客人与客人之间的互动(Wang,1999),前者可以说是一种"接待关系"(hospitality relationship),而后者则可能是家庭连带(family ties)或"顾客共同体"(guest communitas)。乡村旅游小企业中的人际体验真实性因此可以被定义为由顾客评价的其与主人关系"自然、友好和真实"的程度。这种主客关系的真实性通常在接待关系中为顾客所追求（Wang，2007）。那些追求真诚"好客性"（而非工具化接待）和主—客互动真实性的所谓的"沟通导向顾客"（communication oriented guests）占据了很大一部分（Wang，2007）。当顾客进一步寻求更加个人化的亲密关系时（Trauer & Ryan，2005），乡村接待与当地社区的真诚接触被认为是很宝贵的（Tucker，2003）。正如 Kastenholz 和 Sparrer（2009）所强调的，"家"（home）这个社会学范畴在乡村情境下进一步延伸到乡村社区。其中接待家庭扮演了"文化经纪人"（culture broker）的角色（Cohen，1988）。顾客总是试图寻找与主人之间的特殊关系，并希望借此能够逐渐了解他们的生活，最终进入另外一个他们认为更加真实的"精神中心"（spiritual center）（Cohen，1979），同时能够享受真诚接待并了解当地社区真实的文化和生活。

　　在旅游小企业中发生的乡村接待可以被认为是一种"纯粹"的接待关系，与城市商业酒店中的"接待"完全不同。现代都市人对于以合同和金钱交换的商业化人际关系感到厌倦。城市酒店中的接待关系被认为是建立在这种商业化、金钱关系上的，被认为是一种商品。酒店是"一个提供商业化接待的机构，售卖它的设施和服务"（Medlik & Ingram，2000）。这种商业化的"好客"（hospitableness）虽然很精致、专业、有吸引力，但通常被认为充斥了虚伪、势利和矫揉造作，是以营利为目的的。酒店的服务可能很专业也很贴心，即所谓的"为绅士和淑女服务的绅士和淑女"，但在光鲜奢华的外表下隐藏着赤裸裸的金钱交易。其商业关系可能是隐形的，但却是商业酒店的真髓。更好的服务意味着更高的价格。基于商业关系，主人和客人的关系似乎并不平等，所谓的"顾客就是上帝"的信条充分诠释了这种地位的差异性。相比之下，乡村的好客则在顾客的心里有不同的形象。乡村的好客很可能是属于私人范畴的，而城市酒店的接待则被认为属于商业范畴。不同于都市人参与商业经营，隐藏其真实的情绪和感情，而表演出各种友善、热情和友谊，乡村人则被想象为是真正好客的。虽然这是一种浪漫的想象，有时甚至与现实很不一样，但顾客与主人的互动、体验他们好客的真实性正是基于这样一种心态和期望。

　　Heuman（2005）认为，乡村接待关系提供了一种"茧居"（cocooning）以保护客人，表现在亲密的关系、互惠（例如相互交换礼物）以及自然的共同活动（如就餐）中（Murphy，2001；Trauer & Ryan，2005）。这种亲密的互动，如果被感知为真实的，将会形成更加有意义的"外在中心"（center out there）

体验(Cohen，1979)。Musa、Kayat 和 Thirumoorthi(2010)将这种关系命名为"温暖的陪伴感"(warm feeling of companionship)，并认为它会使顾客对主人家有归属感。然而，依照 Tucker(2003)所说，这种亲密接触优势可能会产生副作用，例如顾客可能感到约束和义务(例如，感觉有义务接受一些建议)，而主人家则可能会感到自己的隐私被侵犯。因此，两方在社会交往和自主性(或私密性)之间保持一个合理的平衡是必要的，双方关系的商业化部分很可能可以促进这种平衡(Kastenholz & Sparrer，2009；Tucker，2003)。

总结起来，在接待关系的真实性方面，乡村接待与城市接待的主要差异体现在四个方面。

第一，乡村旅游小企业在一个温暖、有人情关怀的"家庭氛围"环境下提供接待，从而令客人有宾至如归之感，至少是在象征意义上有这种感觉。它给予顾客热情的欢迎、高度个人化的关注(Krippendorf，1987)，满足他们的生理和情感需要，最终影响顾客对接待场所的感知，即顾客会认为他们是在主人的家里受到接待。由此，他们会感到自己是"真正主人家里"的"真正的客人"。

第二，不同于以匿名为特征的商业酒店(Guerrier，1997)，顾客会与旅游小企业的主人建立一种私人的关系。这个关系是基于乡村社区单纯、淳朴的人际关系的，因此是传统的、纯粹的、无邪的。在某种程度上，他们会认为自己是主人的朋友，而不是陌生人或者顾客。这来源于对失去的纯粹人际关系、人与环境的关系的一种怀旧情结。

第三，基于个人关系，顾客会认为他们所受到的招待是一种"无私的给予"，是基于朋友之间互助的动机，而不是像城市酒店一样作为一种商品出售。因此，这被认为是一种"真实的接待"(Lee-Ross & Lashley，2009)。顾客并不会感到这是一场交易，同样也不会觉得主人把接待看成一次交易。在这个意义上，主客关系可以说是非商业化、单纯、纯粹的。这种"原始"的接待被认为是私人范畴接待的重要特征，是出于主人的慷慨而提供的，对于穷人和富人都没有差别。

第四，基于私人关系，客人不会感到为某些礼仪规则(如餐桌礼仪)所约束，这与他们在城市奢侈酒店里的体验很不一样。乡村家庭被认为是"未开化的"(uncivilized)。这个词在这里并不是贬义，而是指乡村家庭原始、真诚、自然地对待客人，并没有一个复杂的仪式或禁忌系统。"优雅"或"客套"是不必要的，顾客可以非常自由和放松，不必担心会因为犯错而被嘲笑。他们并不是"绅士与淑女"，而是探访主人的一个老友。

在第三世界的乡村传统社区里，商业旅游产业并没有充分发展或在早期发展阶段，主人的好客通常被认为是真实且真诚的，这与都市里的现代服务提供商的"好客"很不一样（Wang，2007）。然而，好客的商品化最后会摧毁这种真实性。一旦它发生，传统社区的主人会逐渐变得像商业酒店的员工一样，表演出一个虚情假意的"伪好客"（Olesen，1994）。这种好客通常是被精确计算的、利益驱动的。

3.2　关键理论视角

3.2.1　家庭生产模式视角

本研究提出研究旅游小企业的"家庭生产模式视角"是基于以下两个背景。

第一，尽管小企业视角和家族企业视角的研究都发现了旅游小企业与家庭之间有千丝万缕的联系，但它们本质上仍旧把旅游小企业视为一般意义上的"企业"，更多地强调其"企业"的性质，对其内在的生产模式的描述仍没有脱离现代资本主义企业研究的框架。这类企业被当成独立于家庭之外的经营实体，而家庭场所更多的是作为文化构念来研究，在接待研究中很少被提及（Lynch，2004）。

第二，文献回顾发现，已有研究对于旅游小企业的定义较为分散，并且很少涉及其本质特征。无论是其质性特征还是量化特征都是孤立地被研究，而这些性质相互之间的关系以及更深层次的作用机制则很少被解释。为解决这个问题，有必要识别出这类企业更本质的特点，以解释这些零散发现的性质，同时也能够与更广泛范围内的企业特征进行对接。

与已有研究所热衷的"企业视角"和表面特征描述不同，家庭生产模式视角更多地强调旅游小企业的"家庭元素"，认为小型家庭企业的本质特征在于其带有较强的"家庭生产模式色彩"，而这种本质特征正是形成其多种独特的外在表现特征的原因。

从家庭生产模式的视角来描绘旅游小企业可以追溯到 Stringer（1981）、Pearce（1990）和 Lowe（1988），他们都强调了家庭场所（home setting）对于小规模商业化接待产品的重要意义。越来越多的学者们注意到,大多数旅游小企业的出现是家庭参与商业化接待行为的结果(Lynch,2003,2005),或如 Baines 和 Gelder(2003)所描述的那样,是家庭及其成员在情感上和物理上都涉入商业经营的结果。Lynch、McIntosh 和 Tucker(2009)则更直接地将其称为"商业化的家庭"(commercial home),其核心是利用家庭或者家庭这个概念来接待顾客从而创造收益。相关的概念描述还包括"商业化家庭企业"(commercial home enterprise)(Lynch,2003,2005)、"基于家庭的接待"(home-based accommodation)(Goulding,2009)、"基于家庭的接待企业"(home-based hospitality enterprises)(Di Domenico,2008)。

将旅游小企业作为一种家庭生产模式来理解意味着要承认其同时作为"家庭"和"企业"的重叠性质,表现在组织目标的重叠性(overlap of goal)、场所的重叠性(overlap of premise)和劳动力的重叠性(overlap of labor)。

旅游小企业同时具备家庭组织和企业组织的目标。家庭在其本质上是社会繁衍组织(reproductive organization),以获取更高的生活质量为目标。相比之下,企业的本质是一个生产性组织,目的在于利润最大化。旅游小企业则兼容了两者的本质特征与目标。它们的成本、收益、风险衡量不仅仅致力于获取企业利润,也要实现家庭效用的最大化。通常情况下,这两个目标是相互兼容的。企业经营通常被视为一种谋生手段,是家庭的生计来源,其追求利润是为了满足家庭成员的消费需求。但在一些情况下,生产目标和生活目标可能会发生冲突。例如,当提升企业的利润的行为(如扩大生产规模)可能给家庭带来潜在风险或者不稳定的时候,就有必要进行权衡,以实现综合效用的最大化。旅游小企业的这种双重目标可以为已有研究的一些发现提供解释,例如所谓的"生活方式型创业动机"。本质上,"追求特定的生活方式"属于家庭的目标,是消费性的。旅游小企业的创业动机是多元的,除了这种生活方式的考虑以外,逐利的动机也是存在的。在很多情况下财务回报可以被认为是生活方式理想的支撑。无论哪个动机居于主导地位,这都是权衡的结果。因此,商业动机的显著性很可能取决于家庭在多大程度上依赖于经营该企业的收入。

场所的重叠性体现在,旅游小企业的经营场所正是东道主家庭的生活场所。其家庭居室被用于接待,厨房被用于提供食物,院子、花园和农场则被游客用于娱乐。"家庭环境"和"家庭氛围"可以被认为是旅游小企业的一个内在元素,构成了其区分于传统住宿企业的特点(Lynch,2005)。

劳动力的重叠性体现在,旅游小企业的所有服务通常由家庭成员提供,也就是说,企业的员工就是家庭的成员,因此企业大多采用非正式的、简单的管理模式(Page, et al. , 1999)。这可以解释为什么大多数旅游小企业管理都是基于一个不复杂的、非层级制的、灵活的组织结构,以高速的信息流、快速的决策和对顾客市场的迅速反应为特色(Bjerke & Hultman, 2004)。

这些性质可以为已有研究所识别出的独特性质(如非正式的管理、生活方式动机和家庭涉入)提供解释,同时也能够解释为什么这类企业往往被作为目的地接待产业市场季节性的缓冲,从而被认为是"补充接待"。此外,这三大性质还可能挑战接待研究中很多简单的二分法,包括公共酒店和私人家庭、居家与外出(home and away)、商业化与非商业化、商品化与真实性以及工作与家庭(Lynch, Mcintosh, &Tucker, 2009)。被产业革命所分割开的私人家庭与企业两个单元也因此重新聚合。在这个意义上,旅游小企业实际上处于 Lashley (2000)提出的接待研究的三大范畴的聚合点,这三大范畴包括商业范畴(commercial domain)、社会范畴(social domain)和私人范畴(private domain)。不同的学科视角可以在此交汇,而很多研究课题也可以在此产生。

3.2.2　企业成长视角

大部分实证研究都发现旅游小企业之间在规模和性质上都存在异质性(Walford, 2001),并且它们会随着时间的推移经历规模和其他性质上的变化。旅游小企业作为一种家庭生产模式具有三个基本特征,即家庭与企业在经营场所、劳动力和目标上的重叠。这三个特征在不同企业之间,以及同一企业在不同时段会产生变化。因此,将旅游小企业视为静态的、同质的可能会在很大程度上限制对其的理解。

基于上述考虑,本研究基于企业成长理论提出了一个研究旅游小企业的"成长视角"(growth perspective)。用以研究和解释旅游小企业组织层面在性质上的异质性和变异。从这个意义上来说,成长视角主要关注上述企业成长模型中的组织层面,因此与大部分现有的针对个体层面(多为创业者或经营者)的研究有所不同。

企业成长理论为解释企业如何成长及为何成长提供了一个框架。

基于企业成长模型,成长视角主要包括以下几个方面的假设。

第一,单个旅游小企业具有成长为大型接待企业的潜力,其成长会循着企业生命周期的特定轨迹,并在不同的发展阶段为应对特定的挑战而采取类似的战略,从而在同一个发展阶段中会表现出相似的质和量的特征。

第二,其纵向发展可能是非线性的,并不是说所有的旅游小企业都会一步一步地经历所有的发展阶段。一些企业可能会一开始就进入比较高级的阶段,或者越过一些发展阶段直接进入更高级的层次。

第三,企业的纵向发展速度在不同阶段之间、不同企业之间并不是均匀的,而这正是造成企业间表现出来的横向异质性的来源。理论上,大多数现有研究都集中在单个企业及其在生命周期中的变化。然而在实践中,这些理论又常常有意或无意地被用于描述和解释不同企业间存在的异质性。不同规模的企业被认为处在企业成长生命周期的不同阶段。在这个意义上,时间维度上的异质性和空间维度上的异质性可以被整合在一个企业成长模型框架内。

成长视角的上述基本主张的一个必然推论是,一个时间点上的不同旅游小企业处在企业生命周期谱上的不同的早期发展阶段。基于此,企业成长视角将旅游小企业的横向异质性和纵向异质性都视为本质上是相同的。这个主张与很多企业成长阶段理论是一致的,这些理论大多认为不同的企业处在特定的发展阶段上,有相应的特征、需求,也面临相应的问题与挑战(Steinmetz,1969;McFarland & McConnell,2013)。

3.2.3　乡村接待体验:全面体验范式

本质上,顾客在乡村旅游小企业的逗留属于接待体验。就其定义而言,接待是主人向客人提供食物、饮品、住宿和娱乐的一组活动(Lashley,2000;Lugosi,2008),其中包括了一系列的行为的态度,如等待、接待、口味与需求的识别、关心、时间与注意力的付出等。Hepple、Kipps 和 Thomson(1990)识别出了现代接待的四大特征:(1)提供给那些离家的人;(2)包含了主人与客人的互动;(3)由有形和无形的要素混合组成,Reuland、Choudry 和 Fagel(1985)认为这些因素主要包括产品(餐食、饮料、住宿和娱乐)、员工的行为以及环境;(4)通过提供上述三类因素,为客人提供安全、生理和心理上的舒适。

在很长的一段时间里,接待产业都在寻找新的差异化战略,以获取竞争优势,为顾客提供更大的价值。然而,在过去几十年里,对接待体验的看法经历了从"作为产品的接待"(hospitality as product)到"作为服务的接待"(hospitality as service)和"作为体验的接待"(hospitality as experience)的转变。

其差异化战略的核心思路经历了从产品范式、服务范式到体验范式的转变。

1. 产品范式与产品质量

产品范式的关注点主要集中在接待场景的物理元素上。在 20 世纪 80 年代，酒店行业的差异化战略主要依托其设施设备，而酒店相应被视为为顾客提供设施和餐饮产品的组织。在这个意义上，顾客对于接待的评价主要集中在"产品质量"，也即设施设备等可见元素的优越性上。与此同时，酒店更多关注的是"床有多舒适"，而不是"顾客有多舒适"。

2. 服务范式与服务质量

到 20 世纪 90 年代，对接待的关注经历了从"产品范式"向"服务范式"的转变（Bell，2002），而旅游与接待行业则被直接视为"服务产业"内部的企业，例如酒店、汽车旅馆被视为典型的服务提供商，而其提供的有形产品也被看作服务的一部分。

总的来说，服务范式有以下几个特点。

第一，不仅关注接待场景的物理元素，还将"人"的要素考虑在内，尤其强调服务提供人员的态度和行为。"服务质量"因此也被作为实现差异化的主要策略（Haywood，1987；LeBoeuf，1987；Smith，1988；Zemke & Albrecht，1985）。酒店从业者们在提升服务质量上花更多的心思以满足顾客的需求与期望（Haywood，1983）。

第二，尽管"服务质量"也可以被视为一种体验，但这种体验是"功能性""世俗性"的（Crang，1994），是一种实用而普通的体验。尽管有学者注意到，所谓的"服务提供"（delivery of a service）也可以被描述为某种"体验售卖"（Bateson，1991），但大部分研究多忽略了情感的、娱乐方面的体验（Lugosi，2008）。

第三，功能性的接待体验在游客的旅途中被视为次要角色，属于"支持性体验"，并不直接与旅游目标和动机有关。接待企业通常被旅游中介商和目的地营销组织视为旅程中的支持性设施，而不是主要的旅游吸引物。即使是接待企业经营者自己也主要关注服务质量，试图提供一个安全、安心、熟悉、家一样的氛围，以降低游客的陌生感和紧张感，而不是为顾客提供一些独特的、超凡的，本身就值得一看的事物。毕竟，只有少数的主题酒店、精品酒店或度假村可能会将他们自己定位为旅游吸引物。

3. 体验范式与体验质量

"体验范式"的引入发生在"体验经济"（Pine & Gilmore，1999）的大背景之下。学者们逐渐意识到,"服务范式"对于接待体验的看法较为片面,局限在认知的、功能性的和支持性的"服务体验"内,而忽略了情感性的、娱乐性的元素。因此应该以更为全面的看法来取代,将接待视为整体性的、多维度的体验,而不仅仅是服务。据此,Schmitt(1999)将体验区分为五个层次,即感官体验(sensory experience)、情感体验(emotional experience)、思考体验(thinking experience)、行动体验(operational experience)及附属体验(related experience)。

从营销与管理实践的角度看,将情感性、娱乐性的体验纳入整体考虑,能够在日益商品化、竞争激化的商业环境里实现差异化(Pine & Gilmore,1999;Schwartz,1991;Lugosi,2008),以摆脱"商品化陷阱"(commoditization trap),并实现接待运营的差异性(Gilmore & Pine,2002)。Hemmington(2007)总结了接待从服务到体验的视角转变(表 3-6)。

表 3-6　接待的范式转变:从服务到体验

维度	服务	接待
提供给谁?	顾客	客人
谁管理?	专业管理者	主人
如何管理?	制造业的商品化管理	剧院式管理
经济功能是什么?	服务提供	演出
经济关系是什么?	节俭	慷慨
谁提供?	员工	演员
提供什么?	顾客服务	表演
时间点是什么?	需要时提供	很多小惊喜
需求是什么?	功能性的	体验性的
谁引导?	顾客引导	主人引导
供应物的特征?	无形的	值得记忆的
需求的因素是什么?	利益	感官
安全性表现在哪里?	产品与过程	陌生人

来源:Hemmington(2007)。

总结起来,体验范式有以下几个特点。

第一,关注影响顾客忠诚度的"体验要素",将情感性、体验性场景元素视为商品、产品和服务（Pine & Gilmore，1998，2011）以外的第四类市场供应品。因此，接待企业不应当仅仅追求服务质量，更应当努力追求顾客的综合体验。

第二，将接待真正视为一种整体性的、每时每刻的体验，而不仅仅是一项服务（Gilmore & Pine，2002；O'Connor，2005；Hemmington，2007）。研究已经发现，顾客更多的是基于服务的情感维度，而不单单是从物理方面来评价接待体验。顾客需要的不仅仅是产品和服务的提供与消费，他们也在追求伴随产品和服务而来的独特的消费接触，以获得"难忘的体验"（Walls，et al.，2011）。这在旅游小企业领域的表现尤其明显。例如 Wang（2007）就发现中国丽江的家庭旅馆的住客不仅需要舒适、私密、如家一般熟悉的环境，也需要一个能够提供差异性、独特性和艺术享受的异域环境。

第三，强调"体验质量"（Edvardsson，2005；Schembri，2006）。Lashley（2008）直白地表明"接待不仅仅是服务接触"，其主要目的在于提供一个"难忘的体验"。Knutson、Beck、Kim 等（2010）也指出："在体验经济时代，服务质量必须被整合如一个综合模型，这个模型建立在顾客体验的概念之上。"越来越多实证研究表明，影响顾客忠诚度的除了服务质量，还有更多体验因素。

4. 全面体验范式与体验真实性

体验理论的发展使人们越来越认识到，顾客体验是一个多维度的、多层次的构念，是跨越认知层面、情绪层面和符号层面的。与此相对应，体验场景元素也是复杂的，包括物理环境元素、社会环境元素和符号环境元素。Holbroo 和 Hirschman（1982）提出的"体验营销思维"（experiential marketing approach）认为，顾客体验不仅仅包括功能性的服务质量和满意度、享乐性的感官愉悦和休闲活动，还包括符号性的、审美性的特征。

尽管体验范式下的研究已经关注到情感性、娱乐性和享乐性元素在顾客体验中的重要性，但其视角仍然停留在认知层面和情绪层面的顾客体验，对于符号性、审美性的体验关注甚少。在旅游与接待研究领域，接待体验（如酒店住宿体验）研究大多还停留在服务质量和满意度方面，将其视为支持性的、普通的体验，在游客的旅程中充当配角。

据此，本研究认为，对乡村接待体验的研究应该在体验范式的基础上进一步发展，引入一种"全面体验范式"，不仅要关注认知层面的体验，更要关注情绪层面和符号层面的体验。全面体验范式有以下几个特点。

第一，承认乡村接待企业不仅是多维度的，更是多层次的。Pine 和 Gilmore(1999)对体验的多层次性进行了扩展说明。他们认为，体验是人们在身体、智力、情感和精神层次参与一个事件的结果。这个观点与 Wilber (1991)的"意识谱"(spectrum of consciousness)不谋而合。Wilber 认为，人的意识遵循一条发展路径，由表及里层层深入，经历物理层次(physical level)、生理层次(biological level)、心理层次(mental level)到精神层次 (spiritual level)。Long 和 Lu(2009)更是直接指出，游客体验形成一个层级结构，由底层往上分别为感官体验(sensory experience)、认知体验(cognitive experience)、情感体验(emotive experience)、回归体验(returning experience)和精神体验(spiritual experience)。需要注意的是，出于能力和个人意愿的限制，不同的人能够到达的体验层次有所差别。

第二，承认乡村接待体验中属于"极致体验""超凡体验"的部分，认为乡村接待企业不仅仅可以承担支持性的功能，还具备成为旅游吸引物的潜力。除了满足餐饮和住宿的功能需求，旅游小企业的住宿体验还包括情感的、超凡的、极致的体验，能满足位于马斯洛需要层次模型上更高阶的需求，即归属感、自尊、自我实现和自我超越的需求，这种体验构成了乡村旅游的主要动机。这已经为很多实证研究所证明。例如，台湾的住宿＋早餐已经从单纯提供住宿接待转型为顾客参与休闲活动的场所(Cheng，2004；Wu & Yang，2010)，意味着这类旅游小企业本身就可以成为主要的旅游吸引物，能够为游客提供新奇的、难忘的体验(Chen，Lin，& Kuo，2013；Wu & Yang，2010)。

第三，不仅关注认知层面的服务质量和情绪层面的体验质量，还要关注符号层面的体验真实性。优秀的服务体验导致顾客满意，而体验的真实性则会形成可记忆性(memorability)。例如，Chandralal 和 Valenzuela(2013)最近在澳大利亚访谈时就发现，很多受访者将其难忘的旅程归结于体验到了真实的当地文化，即参与当地文化节事活动，访问人文荟萃之地。从市场营销的视角来看，体验真实性不应该被放在商业利益的对立面，而应该视为旅游市场供应的当然元素(Apostolakis，2003；Yeoman，et al.，2007)。真实性与市场营销之间的兼容性与一致性被很多研究所强调，如历史遗迹旅游的研究(Apostolakis，2003)。一方面，商业化的呈现方式有利于传统文化习俗的保护与延续，防止它们被"现代化改造从而遗失"(Cohen，1988)。另一方面，真实性可以作为主要的吸引物，从而创造附加的顾客价值。正如 Goulding(2000)所鼓励的，文化遗迹的商品化的根本意义和设想并不是摧毁其真实性，而是展现出其交换价值。

第四，乡村接待不仅以"满意的体验"为目标，还应塑造"难忘的体验"。Pizam(2010)认为"接待产业的精髓就是创造难忘的体验"。Tung 和 Ritchie (2011)则认为难忘的体验是与传统的满意体验形成鲜明对比的。难忘的体验会带来包括重复购买和积极口碑在内的正面效应(Woodside，Caldwell，& Albers-Miller，2004)。

在全面体验范式下，乡村接待体验除了服务质量和体验质量之外，还包括体验真实性。需要注意的是，这三个层次的顾客体验呈现一个层级结构(图 3-3)，沿着 Wilber(1991)的"意识谱"由表及里层层深入，历经物理层次和生理层次(服务质量)、心理层次(体验质量)到精神层次(体验真实性)。这也对应了 Long 和 Lu(2009)的游客体验层次模型中的感官体验和认知体验(服务质量)、情感体验(体验质量)和精神体验(体验真实性)。

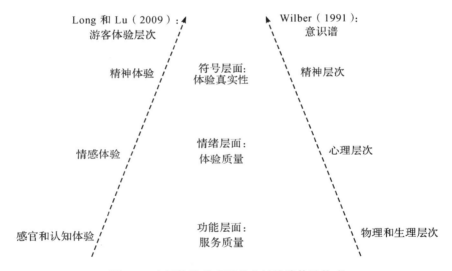

图 3-3　全面体验范式下的乡村接待体验构成

全面体验范式的提出对于推进接待体验的研究具有以下意义。

第一，全面体验范式可以解释接待企业在性质上的差异，例如普通汽车旅馆与度假别墅的差别。的确，接待体验的异质性一方面可以归结在支持性体验方面。研究发现，不同的接待供应商的感知支持性体验有所差异，体现在他们满足游客需求的程度，造成不同程度的游客满意度。但作为日常体验的延伸，他们在本质上差别不大。即使是最高层次的接待质量也无法构成旅游吸引物，刺激游客的动机。正是极致的、超凡的体验造成不同旅游产品的差异,从而形成旅游产业的内部异质性。原因在于极致体验与日常生活体验差别很大,甚至极致体验之间都存在质的差异。换句话说,正是极致体验使得接待产品成为旅游吸引物,成为游客的目标。

第二,全面体验范式也符合"体验旅游"(experiential tourism)(Smith,2006)的思想。体验旅游对应于以 20 世纪 80 年代末 90 年代初的旅游"迪士尼模式"为代表的大众旅游,试图将旅游地的物理状态在视觉上保持不变,而提供高度个人化的、真实的体验,使得游客愿意支付更高的溢价。在这个意义上,它与造成严重环境营销、高人流量和相对较低的人均收益的大众旅游模式形成了鲜明对比。

第三,全面体验范式能够将注意力从狭隘的服务质量、体验质量进一步扩展到体验真实性,从而将符号环境纳入考虑,构成对顾客体验更深层次的理解,真正构建其包含"产品营销""服务营销""符号营销"的"大体验营销思维"。

第4章 研究方法与技术路线

本章详细说明本研究所采用的研究范式、研究对象和样本地背景、数据收集方法及样本描述性统计特征、数据分析方法,以及各个子研究的技术路线。

4.1 研究范式

1. 本研究采用定量研究为主、定性研究为辅的混合研究设计

大多数有关旅游小企业的研究都偏向于以定性研究为主的研究设计。考虑到它们大多数都是描述性的研究,这种情况并不奇怪。大体上,它们主要探究个体创业者心理层面的问题,如动机、感知以及想法,而非其行为。定性研究设计在企业成长研究中也非常普遍,这些研究大多基于过程理论,探索和描述企业成长时间序列上的一系列行为特征(Mohr,1982)。

与之前的研究相反,本研究采用以定量设计为主、定性设计为辅的混合研究范式。具体来说,子研究 1、子研究 2 和子研究 4 完全采用定量设计,通过文献回顾和逻辑演绎构建假设模型,并通过大样本数据分析进行验证。子研究 3 则采用混合研究设计,利用定性方法来构建顾客体验模型和开发量表测量问项,并利用定量的方法对构念的内部维度及量表的信度和效度进行检验。

本研究之所以采用上述研究设计,主要原因有以下几个方面。

第一,本研究的目的并不只是探索和描述旅游小企业的行为模式及其原因和结果,更重要的是要挖掘和实证检验其内在关系。因此,本研究属于解释性研究(explanatory research)。虽然定性研究在现象"深描"方面具有一定的优势,但并不适用于验证假设关系。

第二，本研究的主要关注点集中在企业层面，并不关心创业者对其生活的看法与态度，也并不准备相应地将其自身作为所研究课题的专家权威，而是诉诸企业层面的客观数据（例如员工数量、接待规模等），以求在实证中检验理论关系。在这方面，定性设计的一个风险在于其依赖于高度主观的故事，即所谓的"个人陈述的真实"（personal truth being told），这些故事往往混合了"事实"与"想象"（Winter，2002）。目前也并没有形式化的程序来解决研究的效度问题。

第三，旅游小企业成长是一个全球性的现象，因此有必要促使研究成果能在更大的群体和更多的环境中得以推广。前人在不同情境下发现的其成长模式、影响因素及结果需要在中国乡村地区进行验证。考虑到实用性，相应的研究成果应当能在更大范围内得以推广。相较于定性研究，定量研究在研究结论的可推广性上具有较大的优势。

第四，尽管本研究主要采用定量设计，但定性方法的使用和对研究情境的关注仍然很重要。具体来说，顾客体验测量量表的项目缺少情境化的理论参考。因此量表的开发不能仅建立在文献回顾的基础上，还应结合具体情境下的顾客访谈来获取资料。

2. 本研究依托横截面数据，采用横向研究设计

在企业成长相关研究文献中，横向设计和纵向设计都存在。早期的研究主要是基于横截面数据，但在最近几十年，纵向研究开始被越来越多的企业成长研究学者所提倡（如 Davisson，1989）。从 1997 年到 2008 年，在两种创业研究的顶级期刊，即《创业理论与实践》（*Entrepreneurship Theory & Practice*）和《企业创业学刊》（*Journal of Business Venturing*）上，至少包括两个时间点数据的纵向研究设计在不断增加。纵向设计受到提倡主要有以下几个原因。第一，如果将企业成长视为数量和性质上的变化，这个变化是随时间而发生的，因此本质上是一个纵向的过程。第二，横向数据很可能造成因果推论上的问题，如"预报过去"（prediction of the past）。第三，横向研究可能会存在幸存者偏差和"后见之明"（hindsight）的偏差（Davidsson，Achtenhagen，& Naldi，2010）。最后，横截面的属性无法抓住小企业的成长途径，也无法表现成长动态过程中可能出现的各种起伏、中断和逆转的情况（Stam，Garnsey，& Heffernan，2007）。

虽然存在这些缺陷，很多企业成长研究仍然继续使用横截面数据，这样的文章在不同的期刊上仍然为数众多。毕竟，研究设计的选择是基于具体

的研究目标、研究问题与研究背景。本研究认为横向研究设计更能满足研究目的的需要，原因包括以下几点。

第一，本研究主要关注企业规模和特征随着时间的变异，而不是描绘具体的单个企业的成长路径。在这个意义上，本研究是基于变异理论（variance theory），而非过程理论，并不需要时间序列的自变量（Mohr，1982），也并不对相互联系的成长各因素进行推理以找出其伴随时间的变化的机制和驱动力（McKelvey，2004）。本研究的因果关系通过文献回顾发现的相关实证研究结果和理论来进行构建，并通过实证数据来进行统计检验。

第二，本研究是基于企业生命周期理论来开展的。根据该理论，不同规模的企业处在生命周期的特定位置上，在同一个发展阶段被认为会面临相似的挑战，并会采取相似的对策。在这个意义上，某个特定企业在时间维度上的变异可以通过观察某个时间点上不同企业间的变异来进行"间接描述"。因此，本研究是将所有的旅游小企业当成一个整体来看待，主要研究其整体成长的内在机制、影响因素及结果。

第三，旅游小企业的规模及性质的纵向数据的获取极其困难。对于本研究的研究目的来说，纵向数据是不可靠也不适用的。不同于大企业，大多数旅游小企业并不会对其经营与成长做记录。并且他们多属于所谓的"非正式经济部门"，处在政府的监管和统计范围之外，因此无法获得大规模的统计数据，只能依靠经营者自己的回忆，这就存在记忆空缺或误解的问题。这些问题对于研究的可靠性存在潜在的致命威胁，甚至在某些量化数据如营收金额上存在较大的误导性。同时，大多数旅游小企业的经营年限相对还比较短，为纵向分析提供的数据点非常有限。

第四，企业规模及相应的属性的横向异质性可以在某种程度上被认为是不均衡成长的结果。由于缺少纵向的过程数据，采用成长结果的数据（即当前的状态）可能是一个相对较为可行的替代方案。

4.2　研究对象与样本地

4.2.1　研究对象：乡村民宿、农家乐

基于文献回顾，本研究将乡村旅游小企业可操作化定义为拥有 50 间以

下客房的乡村接待单元。在中国乡村地区,属于这个范畴的旅游小企业在设计、投资量等方面都有显著的差异性。投资较少、相对较为低端的一般称为"农家乐";而投资量较大,设施设备较为高档的一般称之为"民宿"。除了规模(包括接待量、投资量等)以外,两者在本质上并没有太大区别,仍然属于接待行业的小企业,并且大多采用家庭生产模式,而非正规的企业化经营模式。此外,在乡村旅游转型升级的大背景下,一些所谓的"农家乐"在增加投资进行改造之后,开始对外以"民宿"自称。可以认为,"农家乐"是乡村旅游小企业的早期发展阶段,而"民宿"则是其较高级阶段的表现形式。

尽管大多数国内研究都将"民宿"或"农家乐"作为两类不同的接待设施,但这种区别更像是概念性的,而非实际的分类。因此,本研究对两者不做区别,统一将其纳入"乡村旅游小企业"的范畴,作为研究对象。

4.2.2 样本地:浙江省北部乡村地区

浙江省以其庞大的中小企业数量以及浓厚的创业氛围驰名全球,在乡村旅游创业领域其也站在全国的前列。到 2019 年,全省共有 18000 多户农民直接参与乡村旅游接待,全年收入达到 442.7 亿元(浙江省文化和旅游厅,2020)。这些旅游小企业大部分位于省内的北部区域,主要原因可能是该区域靠近上海这个巨大的消费市场。为了鼓励乡村旅游创业,浙江省政府出台了多项政策,包括定期评选"省级农家乐示范村"和"省级农家乐示范点"标杆企业等。

本研究在浙江省北部乡村地区开展,该区域位于长江三角洲经济区,由3 个县构成,分别为长兴县、安吉县和德清县,区域总面积 4251.9 平方公里。2014 年,该区域总共接待了 2352 万名乡村旅游者,旅游总收入超过 40 亿元人民币(《新华旅游》,2015)。区域内的乡村旅游小企业呈现明显的地理集聚,以长兴县水口乡、安吉县天荒坪镇、德清县莫干山镇为中心,形成了三个集聚区。根据当地政府的统计,这三个集聚区的乡村旅游小企业数量占到整个区域的 85% 以上。

本研究选取三个集聚区内的五个村落作为样本地,分别为长兴县的顾渚村、安吉县的大溪村,以及德清县的后坞村、碧坞村和岭坑里村。五个样本村落的概况见表 4-1。选择这五个村作为样本地主要有两个原因。第一,它们相较于其他村落来说乡村旅游开发程度较高,因此有较大数量的乡村旅游小企业。第二,它们处在不同的乡村旅游小企业集聚区,对集聚区内的旅游小企业类型有较强的代表性。

表 4-1　样本地概况(2014 年)

概况	顾渚村	大溪村	后坞村	碧坞村	岭坑里村
区域面积/ km²	18.8	31.4	10.02	2.74	2.15
人口数量/人	2567	2087	1606	896	1360
STB 数量/家	312	167	76	56	47

数据来源:各村村民委员会。

　　本研究所选取的五个样本村涵盖了乡村旅游发展的不同阶段和不同模式。其中,顾渚村和大溪村的开发时间最早,其发展已历经十余年,主要依托核心景区的观光客源。而后坞村、碧坞村和岭坑里村则开发时间均不超过 10 年,其旅游小企业的客源主要是乡村度假游客。从旅游小企业的类型来看,顾渚村和大溪村以低端的农家乐为主,平均房价约为 80 元/人·天,而其余三个村则以中高端民宿为主,单间客房价格在 300 元到 1500 元不等。因此,研究的 5 个样本村落各有特色,样本地有较强的代表性。

4.3　数据收集方法与样本特征

　　数据收集分两个阶段进行:第一阶段包括深度访谈和网络顾客点评的摘取,主要服务于顾客体验测量量表开发;第二阶段为分别针对旅游小企业经营者和顾客的问卷调研。

4.3.1　阶段 1:深度访谈和网络顾客点评摘取

　　阶段 1 的数据收集主要为满足子研究 3 的研究目的,探索乡村旅游小企业顾客体验的维度及测量问项。

　　深度访谈从 2015 年 12 月 11 日持续到 2015 年 12 月 27 日。研究者在五个样本地针对住客共进行了 14 个深度访谈(访谈提纲详见附件)。在深度访谈中,研究者首先向访谈对象介绍了乡村旅游小企业的概念,而后要求其回忆并描述整个体验过程。为了解其服务质量,访谈对象被要求回答以下问题:(1)您最在乎民宿/农家乐服务的哪些方面?(2)您为什么在乎这些方面的服务?为了解其感知体验的效果,访谈对象被要求回答:这家民宿的哪些体验给您深刻的印象？对体验真实性的了解通过询问三组问题来实现。第一组问题针对客观的体验真实性,包括:(1)您是否觉得您体验到了主人家真实的生活状态?(2)如果是的话,体现在哪些方面?(3)如果不是,那在哪些方面让您感觉不真实?第二组问题针对建构的体验真实性,包括:(1)您想象中的乡村生活是什么样的?(2)您是否感觉这家民宿/农家乐体现了您想象中的乡村生活?如果是,体现在哪些方面?(3)这家民宿/农家乐是否激发起了您的想象或者情感?请具体说明。第三组问题针对存在的体验真实性,包括:(1)在您的逗留过程中,您是否感觉到您在做真实的自己?体现在哪些方面?(2)您是否感觉您跟主人家的关系是真实的?为什么?

访谈对象采用目标抽样的方式进行选择,覆盖不同的年龄阶段和职业,以确保其代表性。表 4-2 展现了受访者的基本信息。研究者共进行了 14 个深度访谈,每个访谈持续时间约为 1 个小时。所有的访谈都在受访者的同意下进行了录音,并在访谈结束后立即进行誊写。

表 4-2   受访者基本信息

No.	性别	年龄	婚姻状况	职业	逗留时间
1	女	21	未婚	大学生	1 夜
2	女	25	未婚	研究生	2 夜
3	男	25	未婚	IT 行业员工	1 夜
4	男	27	已婚	银行职员	2 夜
5	男	35	已婚	公务员	1 夜
6	女	34	已婚	公务员	1 夜
7	男	29	已婚	个体经营者	2 夜
8	女	26	未婚	小学教师	1 夜
9	女	41	已婚	个体经营者	1 夜
10	女	20	未婚	大学生	2 夜
11	男	51	已婚	企业职员	1 夜
12	女	55	已婚	退休	7 夜
13	男	60	已婚	退休	15 夜
14	男	58	已婚	退休	5 夜

此外,研究者从国内最受欢迎的在线旅游网站摘取顾客评论,包括携程

网、猫途鹰网和艺龙网。为确保点评内容与本研究问题相关,研究者仅摘取了与五个样本地的民宿或农家乐有关的点评。同时为确保时效性,仅将2014年1月1日以后生成的有意义的点评纳入分析中。点评摘录的工作最终形成500条有意义的中文评论,其来源见表4-3。

表4-3　顾客点评来源

来源	抽取顾客点评数/条
携程网	321
猫途鹰网	56
艺龙网	123

4.3.2　阶段2:问卷调研

问卷调研在五个样本村内开展,目的在于:(1)向旅游小企业经营者调研有关其企业属性的定量数据;(2)向顾客调研其入住动机和体验。变量的测量及量表的开发过程参见各个子研究,最终调查问卷详见附件。

问卷采用配对抽样的方法,确保每一个旅游小企业经营者样本对应多个顾客样本。对乡村旅游小企业的调研通过信件或电话进行随机抽样是不可能的,因为很大一部分企业并没有在监管部门登记,也没有参与任何行业协会,其联系方式并没有公开。为了接触到它们,研究者亲身到访各个村落,面对面地进行调研。这种调研的好处在于能够提高问卷的回复率,因为研究者可以利用社交技巧,如提供小礼物来接近调研对象,同时还能够得到调研对象的自我介绍,在确保回复率和回复质量的同时,实现样本的滚雪球效应。更重要的是,研究者能够监控整个调研过程,在必要的时候及时提供说明和澄清。对于确保数据质量来说,这一点至关重要。

实地问卷调研从2016年3月1日一直持续到2016年5月7日,共2个多月。研究者从浙江大学雇用了6位学生作为调研助理,并在参与调研之前对其进行了不少于1个小时的培训,确保他们都能理解问卷的各个问项,并具备一定的调研技巧。在正式调研中,每个样本村落至少进行两轮调研,第一轮主要针对旅游小企业的经营者,第二轮则主要针对已经取得经营者数据的企业的顾客。最终共收集了200户旅游小企业经营者的问卷,并从其中的188家企业收集到共873份游客问卷。从每家企业收集的顾客样本数量从1个到10个不等。在200家企业样本中,有135家在3月份进行调研,剩余的 65 家的数据在 4 月份收集完毕。在 873 个顾客样本中,有 473 个在 3 月份进行调研,400 个则在 4 月份调研完毕。

样本在各个样本点的分布情况见表 4-4。

表 4-4　样本分布情况

样本点	旅游小企业样本数	顾客样本数
顾渚村	59	354
大溪村	65	306
后坞村	28	74
碧坞村	23	74
岭坑里村	25	65
总计	200	873

表 4-5 所示为 200 家旅游小企业样本的基本信息。大多数样本的经营时间都在 10 年以下,而超过一半有 6 到 15 间客房。就其经营者而言,仅有少数具备较高的教育水平(大学学历占到 15.5%)。绝大多数经营者都是本地人,比重占到 96.5%。

表 4-5　旅游小企业样本基本信息

项目	频数	百分比	项目	频数	百分比
企业年龄/年			41～50	2	1.0%
≤5	98	49.0%	总投资额/万元		
6～10	66	33.0%	≤50	12	6%
11～15	25	12.5%	51～100	56	28%
>15	11	5.5%	101～150	51	25.5%
客房量/间			151～200	29	14.5%
1～5	9	4.5%	201～300	26	13%
6～10	54	27.0%	>300	26	13%
11～15	55	27.5%	员工数量		
16～20	39	19.5%	≤5	129	64.5%
21～30	31	15.5%	6～10	65	32.5%
31～40	10	5.0%	11～15	3	1.5%

续表

项目	频数	百分比	项目	频数	百分比
>15	3	1.5%	经营者受教育水平		
经营者性别			小学及以下	45	22.5%
男	89	44.5%	初中	82	41.0%
女	111	55.5%	高中	42	21.0%
经营者年龄/岁			大学及以上	31	15.5%
≤25	4	2.0%	经营者婚姻状况		
26~35	36	18.0%	未婚	5	2.5%
36~45	57	28.5%	已婚	195	97.5%
46~55	77	38.5%	经营者户籍		
56~65	18	9.0%	外地	7	3.5%
>65	8	4.0%	本地	193	96.5%

表 4-6 所示为 873 个顾客样本的基本信息。顾客样本涵盖了不同的性别、年龄和学历水平。需要注意的是，有相当大一部分样本为退休人员（占 32.1%），主要原因在于，几个样本地的旅游小企业的一个重要顾客群体类别是上海及周边地区的老年人。

表 4-6　顾客样本基本信息

项目	频数	百分比	项目	频数	百分比
性别			>65	145	16.6%
男	427	48.9%	平均月收入/元		
女	446	51.1%	≤3000	148	17%
年龄/岁			3001~5000	283	32.4%
≤17	19	2.2%	5001~7000	175	20%
18~25	95	10.9%	7001~10000	97	11.1%
26~35	176	20.2%	10001~15000	77	8.8%
36~45	157	18%	15001~20000	34	3.9%
46~55	148	17%	>20000	59	6.8%
56~65	133	15.2%	受教育水平		

续表

项目	频数	百分比	项目	频数	百分比
小学及以下	22	2.5%	企业主	66	7.6%
初中	162	18.6%	个体户	65	7.4%
高中	250	28.6%	学生	72	8.2%
大学	391	44.8%	退休人员	280	32.1%
研究生及以上	48	5.5%	其他	42	4.8%
职业			婚姻状况		
公务员	94	10.8%	已婚	712	81.6%
企业职员	153	17.5%	未婚	153	17.5%
企业管理者	101	11.6%	其他	8	0.9%

　　总的来说,旅游小企业样本覆盖了不同的规模水平和不同的企业年龄阶段,而顾客样本则涵盖了不同的年龄段、学历水平等。可以认为两组样本都具有较强的代表性。

4.4　数据分析方法

4.4.1　内容分析法

　　第一阶段通过深度访谈及网络点评摘取所收集的资料由研究者在NVIVO 10 软件的协助下进行内容分析,以从中生成顾客体验各个层面的测量问项。

4.4.2　统计分析法

　　第二阶段问卷调研所收集的定量数据的分析依据各个子研究的具体研究目的进行。
　　具体来说,子研究 1 和子研究 2 采用多元线性回归分析方法,在 SPSS 22.0 软件的协助下进行分析,以验证企业规模、家庭分离度、社会资本和人力资本之间的假设关系。

　　子研究 3 旨在探索和核实顾客体验的内在维度结构,因此采用探索性因子分析和验证性因子分析方法,分别在 SPSS 22.0 软件和 AMOS 17.0 软件的协助下进行数据分析。

　　子研究 4 的目的在于验证企业规模对顾客体验的影响模型,因而采用分层线性模型(hierarchical linear modeling,HLM)技术,在 HLM 7.0 软件的协助下进行数据分析。

4.5　实证研究技术路线

　　本研究各个子研究的技术路线详见图 4-1。

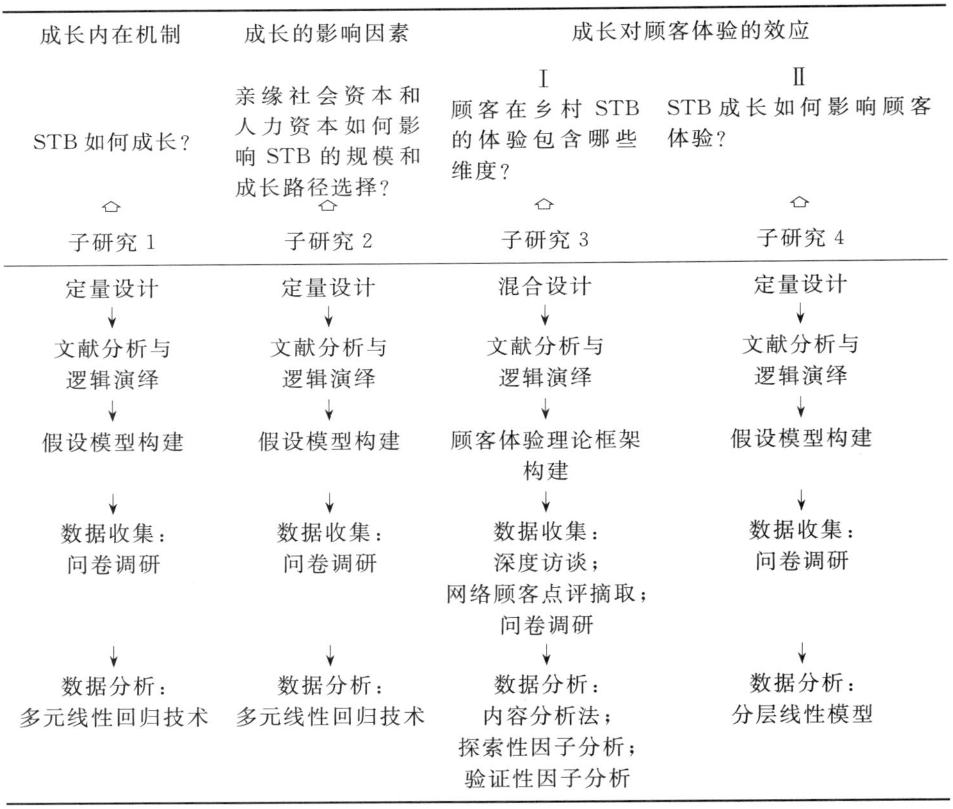

成长内在机制	成长的影响因素	成长对顾客体验的效应	
		I	II
STB 如何成长?	亲缘社会资本和人力资本如何影响 STB 的规模和成长路径选择?	顾客在乡村 STB 的体验包含哪些维度?	STB 成长如何影响顾客体验?
⇧	⇧	⇧	⇧
子研究 1	子研究 2	子研究 3	子研究 4
定量设计	定量设计	混合设计	定量设计
↓	↓	↓	↓
文献分析与逻辑演绎	文献分析与逻辑演绎	文献分析与逻辑演绎	文献分析与逻辑演绎
↓	↓	↓	↓
假设模型构建	假设模型构建	顾客体验理论框架构建	假设模型构建
↓	↓	↓	↓
数据收集:问卷调研	数据收集:问卷调研	数据收集:深度访谈;网络顾客点评摘取;问卷调研	数据收集:问卷调研
↓	↓	↓	↓
数据分析:多元线性回归技术	数据分析:多元线性回归技术	数据分析:内容分析法;探索性因子分析;验证性因子分析	数据分析:分层线性模型

图 4-1　各个子研究的研究路径

第5章　子研究1:乡村旅游小企业成长的内在机制

已有研究已经发现,旅游小企业成长具有一些独特性。其主要包括以下几点。第一,大多数个体旅游创业者往往是"市场空隙填补者"(gap filler)或者"有限创业者"(constrained entrepreneurs),并不会表现出对关键过程和产品创新以保持长期竞争力的关心(Russell & Faulkner,2004)。第二,旅游小企业本质上可能是欠缺进取心(unenterprising)和野心(unambitious)的。因此,他们在市场机会消退时很可能会选择停止扩张。第三,旅游创业者在企业发展方面往往缺少战略规划(McGibbon & Leiper,2001)。旅游创业对技能水平要求低,而其成功与否主要取决于市场机会、冒险精神和运气,而不是精心的策划和过程创新。

尽管已有研究对旅游小企业成长的特点有了一些初步的认识和描述,但很少有研究深入描述"旅游小企业到底是如何成长的"。鉴于此,本子研究的目的就在于建立并验证旅游小企业的成长模型。

根据企业成长视角的基本观点,旅游小企业的成长体现在"质"和"量"两个方面。但这两方面的具体内容是什么?它们之间存在何种关系?在旅游与接待研究领域,相关的研究还很少。子研究1基于企业成长理论和家庭生产模式理论,通过文献分析和逻辑演绎,构建企业成长过程中量的变化和质的变化的关系模型,并通过大样本数据进行实证检验。

5.1 "量"的成长：企业规模扩张

5.1.1 企业规模指标

企业规模可以从不同的角度进行定义，从而形成一系列测量指标。一般来说，常用的企业规模指标可以分为三大类，即投入类指标（包括投资额、员工数量）、企业价值类指标（如资产价值）和产出类指标（如销售量、销售收入和利润等）。

在这些指标中，产出类指标是企业成长研究中最常用的指标，同时也是小企业经营者们最关心的指标。在 Delmar(1997)的文献回顾中，有 31% 的企业研究使用销售额（sales）来衡量企业规模。很多学者认为，销售量指标对于那些仅适用单个指标并需要进行跨行业对比的研究来说更加适用（Hoy，McDougall，& Dsouza，1992；Weinzimmer，et al.，1998；Wiklund，1998）。另一个较为常用的指标是利润，它具有广泛的适用意义。然而，利润其实反映了很多规模和变化以外的企业的其他方面（例如会计技巧）。同时，即使是对于一个通常意义上的大企业或成长中的企业来说，低利润甚至负利润都是很有可能的（Davidsson，Steffens，& Fitzsimmons，2009）。

投入类指标，尤其是员工数量，同样也得到广泛的应用。在 Delmar(1997)所回顾的文献中，使用投入类指标的研究占到 29%。考虑到促进就业增长的重要性，这个指标通常受到政府部门的青睐（Dahlqvist，Davidsson & Wiklund，2000）。学者们则更关注该指标数据获取的便捷性。然而，企业管理者们很少会把员工数量的增长作为目标（Gray，2002；Bennett & Robson，1999）。此外，有些成长中的企业在很大程度上会依赖外包服务，员工数量的增长并不总是与产出指标如销售额的增长相关联的（Chandler，Hikino，& Chandler，2009；Delmar，et al.，2003；Shepherd & Wiklund，2009），因此它难以反映整体的成长状态。

上述投入和产出类以外的指标，如市场份额（market share）、资产价值（asset value），则适用范围有限，因而在小企业研究中较少使用。"市场份额"这个概念的计算本来就比较模糊，而对于小企业来说，市场份额的差异可能并不是关注重点，而且在不同行业、不同细分市场的企业之间进行对比也是站不住脚的。资产价值则会随着行业的资金密集度的变化而变化，对某些高度依赖知识作为关键资产的行业来说，这是很难衡量的。

对于属于"非正式经济部门"的乡村旅游小企业来说，市场份额、资产价值、销售额和利润这些指标是很难测量的。因为农村地区缺少透明的金融市场，其资产价值很难被估算。又由于缺少大范围的市场调研统计，其市场份额的计算也是很困难的。再加上这些企业普遍缺少会计职能或会计职能不完善，准确的利润数据也很难获取。

基于上述考虑，并参考 Getz 和 Petersen（2005）所使用的旅游企业测量指标族，本研究采用投入类指标，将旅游小企业的规模操作化定义为其资源投入量的大小，包括投资总量（total invest）、床位数（number of beds）和员工数量（staff number）三个方面。主要原因如下。

第一，企业成长在理论上是关于资源的动员与配置。虽然整个过程是由市场机会驱动的，但成长过程直到创业者开始投入更多资源以实现更大的产量、开发更大的市场的时候方才开始。在这个意义上，投入的扩张可能更契合于"成长"的内涵。

第二，诸如销售量、销售收入等产出指标更多的是指企业的"绩效"（performance），从而主要是从企业战略管理的角度来进行衡量的。与此不同，"成长"是与企业实体本身直接相关的，而非其某种属性（如绩效）。

第三，使用资源投入量作为企业规模的衡量指标也符合旅游企业研究的一贯做法（Getz & Petersen，2005）。Di Domenico（2003）发现很多经营者对其企业成长的认识主要集中在投入方面，包括客房量的增加、服务范围的扩大以及雇员数量的增长。同时，Skokic 和 Morrison（2011）也建议接待企业规模的衡量最好采用客房和员工数量，以及对辅助设施（如游泳池、桑拿、会议室等）的投资。

第四，资源投入量也可以从多个角度、利用多个指标来进行衡量。考虑到一些实际的因素，如跨行业的对比、数据可获得性以及企业经营者自己的偏好等，目前不少研究还是采用单指标的规模衡量方式（主要是销售量）。但本研究认为，单指标测量可能会带来认识的局限性，导致研究结论片面或扭曲。学者们已经发现不同成长指标增长的不均衡会产生不同的成长路径，而单指标测量则会忽略不同成长路径带来的效应。

5.1.2　规模指标增长不均衡与企业成长路径

旅游小企业成长可以表现在床位数、投资总量和员工数量三个指标的增长上。在理想的情况下,这三个指标的增长应当是同步的。例如,接待容量(即床位数)的增加往往需要更多的投资,而为了照应更多的住客,也应该雇佣更多的员工。然而,三者同步增长的理想情况在现实中很难发生。相反,通常会发现不少经营者会通过改造自己的居室来提高接待容量,而不必另行投入资金。这种指标增长的异步性可能会形成不同的成长路径(growth modes)。

Bjerke 和 Hultman(2002)提出,企业成长路径可以大致分为"管理型成长"(managerial growth)和"创业型成长"(entrepreneurial growth)两类。从经济学角度看,总投资和员工数量属于生产要素(production factor)范畴,而床位数则属于生产规模(production scale)。理论上,前两者的投入往往能够提高产品和服务水平与质量,而后者的增加则能够提升总体接待容量。在管理型成长中,产品和服务的特征与水平保持不变(或增长较慢),但产量与顾客量则持续增加(或增加较快),也就是相对较小的生产要素投入伴随着相对较大的生产规模扩张。创业型成长则相反,产量与顾客量保持不变(或增长较慢),而产品与服务的特征会发生变化,亦即更多的生产要素投入和相对较小的生产规模扩张。

于旅游小企业而言,接待容量(即床位数)的相对快速增长对应于"管理型成长",也可以被进一步命名为"粗放型成长路径"(scale growth mode)。相比之下,投资总量和员工数量的相对快速增长则对应于"创业型成长",或者所谓的"密集型成长路径"(intensive growth mode)。考虑到资本要素和劳动力要素的区别,密集型成长路径还可以进一步划分为"资金密集型成长路径"(capital intensive growth mode)和"劳动力密集型成长路径"(labor intensive growth mode)(表 5-1)。

表 5-1 旅游小企业成长路径

成长路径	生产要素(资金、劳动力)	生产规模
粗放型成长	相对较慢	相对较快
密集型成长	相对较快	相对较慢

当旅游小企业更关注接待规模的扩张,而单位投入生产要素保持不变甚至由于规模经济效应而下降的时候,其采用的是粗放型的成长路径。这种成长路径类似于管理型成长,意味着产出更多同类产品和服务以获取规模经济。当一个企业采用密集型成长路径的时候,生产要素的投入比接待

规模扩张的速度更快。这种成长路径更像创业型成长,因为它通常需要更多的创新和创业能力。密集型成长路径对应"要素密集度"(factor intensity)这个概念(Wu, 1993)。在经济学领域中,要素密集度是生产要素投入与产出规模(或潜在产出规模)的比值。相对来说,采用密集型成长路径的企业比采用粗放型成长路径的企业拥有更高的要素密集度。

5.2　"质"的成长:企业与家庭的分离

本研究认为,旅游小企业会随着规模的扩大逐渐经历一个从家庭中剥离的过程,使得原本"基于家庭的企业"慢慢发展成为独立于家庭的外在实体。典型的旅游小企业是将乡村的农居部分或全部改造成接待设施的结果。因此,在旅游小企业的发展生命周期中,其起点可以看作一种"家庭生产模式"(family mode of production)。但这种家庭生产模式总是趋向于向资本主义生产方式的一端移动和发展(Leinbach, 2003)。尽管对于家庭生产单位来说,可替代的资源总是首先用于满足家庭的消费需求,其次才是用于企业的扩张,但这种发展的趋势客观上始终存在。现代资本主义生产方式的典型特征是雇佣劳动力和生产专业化,其基本构成要素是单纯以营利为目标的,企业是与家庭分离的独立生产单位。因此,从家庭生产模式向资本主义生产模式的转变过程实质上是家庭与企业逐渐分离的过程。

Cohen(1988)将这个过程形容为家庭的"商品化"(commodification)。他认为,如果在一个旅游目的地中,经济关系而非旅游关系占据主导地位,则当地的传统服饰和仪式、美食、民间艺术将变成仅为游客而生产与表演,从而成为商品。在关注游客需要的同时,这些文化现象对当地人的"天然"意义和价值将会逐渐消失,从而失去真实性,成为所谓的"表演的真实",用于取悦游客。同样,对一个接待家庭而言,如果经济关系、生产支配关系取代了原本纯粹的接待关系和亲缘关系而成为主导,则这个"家庭"已经失去了其作为生活单位的天然意义,成为"表演的家庭",本质上已经逐渐成为企业。但真正的家庭并没有消失,而是隐藏到"后台"。

Lynch(2005)在观察不同规模的旅游小企业时已经注意到这种家庭分离现象。通过文献元分析,他发现随着客房量的增加,企业的家庭元素逐渐消失,而商业元素则更加被强调。

本研究认为,家庭分离过程主要表现在旅游小企业的三大区别性特征上，即与家庭在经营场所、劳动力和目标三个方面的重合。相应的，家庭分离过程可以表现在资源方面（即经营场所、劳动力）的分离和目标的分离。

5.2.1　经营场所与劳动力的分离

旅游小企业成长的"起点"，或者说其"原型"是"家庭生产模式"或"基于家庭的企业"，以"家庭空间"（home）和"企业空间"（business）的高度重合为根本特征。典型的旅游小企业（如 home-stay、B&B）就是产生于普通家庭利用其居所内的多余房间来接待旅游者，以获取经济收益。一方面，企业的经营场所正是主人的家的基本生活空间：住宅被用于接待，厨房被用于提供饮食，而花园或农场则用于娱乐顾客。另一方面，旅游小企业服务提供往往依赖主人的家庭成员，也即，企业的员工正是家庭的成员。这就能解释为什么在这类企业中，管理在很多情况下总是依赖于非正式的、简单的方式（Page，et al.，1999）。

劳动力分离过程开始于非家庭成员作为薪资雇员的加入所导致的企业劳动力结构的改变。对于那些把旅游小企业经营当成"副业"的家庭来说，其成员并不需要将其时间完全投入游客接待工作中，而可以将一部分时间投入家庭事务和其他家庭生计来源（如农事活动）。但随着企业的成长，顾客接待工作所需要的时间变得更长，家庭成员不得不完全投入接待服务工作中。进一步的发展所带来的劳动力需求的增加则会导致有限的家庭成员数量无法满足服务提供的需求，此时雇用家庭外部的劳动力就成了必然选择。

劳动力的分离会逐渐在企业和家庭之间形成一条分界线。主要表现包括以下两个方面。

第一，雇员数量的增加、管理的复杂化带来家庭成员与企业员工之间的分割。随着更多雇员的加入，家庭生产模式中基于家庭关系的管理体系已经无法满足日益扩大和日益复杂的人力资源管理的要求，此时就需要建立经典的官僚层级制（bureaucratization），由此带来家庭成员从企业员工队伍退出，或者家庭成员的身份和企业员工的身份分割。这些都可能将企业人力资源从家庭中完全分离出来。

第二，家庭角色从"家庭涉入"（family involvement）转变为"家庭经营"（family run）（Lynch，2005）。在旅游小企业中，管理处在较低的发展层次，大多数管理过程都是独特的，与大型组织的管理大相径庭。随着小企业逐渐成长，企业创始人对企业的控制可能会被削弱，而这类企业的发展会更多地依赖外部雇员，而企业所有者甚至没有太多时间去认识自己的所有员工。由此，企业会进一步从一个小团队转变为非人格化的经济工具，甚至可以放到市场上进行出售。

经营场所的分离主要表现在主人家的生活空间、传统生计空间（如农场）与顾客接待空间的分离。

在生活空间的分离方面，Lynch 和 MacWhannell（2000）概括了这种空间分离的三个阶段。在第一阶段，旅游小企业是完全的"家庭生产模式"。接待场所是私人家庭空间，其所有者居住在其内，而公共空间由顾客和主人家共享。在第二阶段，经营场所开始初步分离。所有者居住在该场所内，而该场所也是家庭居住空间，但游客的公共空间与主人家的公共空间产生了分割（如小旅馆）。在第三阶段，经营场所完全分离。主人家不居住在接待场所内，该物业属于第二居所（second home）或投资的物业。

传统生计空间的分离也可以理解为传统生计空间功能的变化，这种变化导致这些空间由原本由接待家庭自己使用转变为仅供游客使用。这在 farm-stay 的成长中尤为典型。随着经营规模的扩大，农场逐渐从一个农业生产活动的场所变成游客娱乐场所。Busby 和 Rendle（2000）将这种转变形容为从"农场中的旅游"（tourism in farm）到"农场旅游"（farm tourism）的变迁，并进一步认为这个过程不是一蹴而就的，而是一个连续的状态区间，而每一个农场都在该连续发展状态上的某个位置。

对于传统的大酒店来说，经营场所与劳动力的分离已经完成了。但对于旅游小企业而言，将"家庭空间"（Hall，2009）作为"体验空间"仍然是其关键特征。根据国际旅馆专业协会（Professional Association of Innkeepers International）在 2012 年的统计，在旅店经营者中，72％都是已婚的夫妇，而 79％的经营者都居住在经营场所内。此外，一些国家和地区还会有意地设定旅游小企业（尤其是 home-stay）的客房量上限。根据泰国旅游与体育部（Ministry of Tourism and Sports of Thailand）2012 年的规定，寄宿家庭业主必须与顾客住在同一个屋檐下，并确保客房量在 4 间以下，而最大顾客接待容量不得超过 20 个。

5.2.2　目标的分离

家庭作为一个消费单位，其目标通常是获得更好的生活质量与幸福感。

这与追求利润和成长导向的企业是迥然不同的。企业经营者可能会以一种严酷的方式剥削雇员,以获取更大的利润,但在家庭中,同样的情况几乎不可能出现。

旅游小企业大多数是拥有混合目标的"生活方式型企业"。这种企业可以被认为具有企业和家庭双重性质,从而同时具有两种单位的目标。一方面,这类企业的经营者追求享受某种生活方式(McKercher & Robbins,1998;Bransgrove & King,1996),而将企业成长的目标视为次要。但同时,它们也需要确保企业能够保持持续经营(Smith,1967;Reijonen,2008)以支撑其理想的生活方式,并不会拒绝盈利的机会。这是具有双重功能的家庭生产模式的典型。

随着企业逐渐成长并独立于家庭,两者的目标也会相应分离,到一定程度,企业的目标与家庭的目标会完全分割,这个阶段的接待企业会以利润为主要追求目标,而生活方式目标则逐渐减弱或消失。这可以解释为什么生活方式动机在大型接待企业(如酒店企业)中很少被发现。Lynch(2005)在其文献元分析中也注意到这种目标分离的现象(表5-2)。

表5-2 不同规模旅游小企业的特征

特征	小规模	中等规模	大规模
客房数量/间	1~2	中等数量	15
主人的感知	私人家庭	混合	商业企业
进取导向	最无进取心	中等	最具进取心
家庭收入的依赖度	低	中等	高
产品商品化程度	最低	中等	最高

来源:Lynch(2005)。

企业与家庭目标的分离表现在以下几个方面。

第一,随着旅游小企业规模的扩大,经营者对接待企业的认知会从"私人家庭"(private home)向"企业实体"(business enterprise)转变,并且会变得更具有进取精神。可以说,这意味着企业的盈利目标更加显著,而生活目标则逐渐减弱。

第二,随着企业的增长,家庭对于经营收入的依赖会增强。目标的分离与家庭对经营收入来源的依赖程度是密切相关的。考虑到企业在家庭财务中的重要支持作用,经营者可能更多地会将接待经营视为一种生意,或者生计来源,而不是一种生活方式。实证研究已经发现,从"农场中的旅游"向"农场旅游"转变的关键节点是旅游收入超过农业收入成为家庭的主要收入来源。

第三,随着企业的增长,家庭接待的"商品化"程度会提升。一方面,经营者开始真正将旅游接待视为一种供交易的、构成其家庭生计来源的"商品",并开始酝酿旅游经营规划。另一方面,旅游者也会更多地将企业视为农场旅游企业。原始的、朴素的主客接待关系会逐渐变成商业化的接待,服务于商业目标。此外,即使是第三方机构(如政府部门),也会在企业规模增长到一定程度的时候将其视为"商业企业"。Clough(1997)在对农场寄宿进行研究之后指出,如果接待容量超过 6 个顾客,则经营者需要开始考虑进行经营税费、消防认证或经营登记等,从而进入市场监管的范围。这意味着不仅仅是主人自己,政府也会随着企业规模扩大更多地将其视为企业而非家庭。

5.3　旅游小企业成长假设模型

综合以上论述,旅游小企业的成长本质上是一个随着规模的扩张从家庭生产模式向资本主义生产模式过渡的纵向过程。在理想的状态下,规模的扩大会逐步导致企业与家庭的分离,这个分离表现在经营场所、劳动力和目标方面。最终企业完全脱离家庭,成为独立的、带有纯粹商业目标的经营实体(图 5-1)。

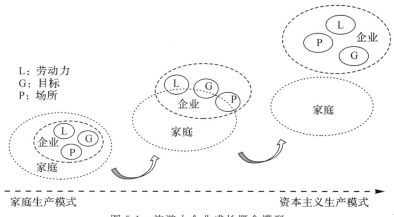

图 5-1　旅游小企业成长概念模型

需要注意的是,该模型是一个简化的、理想的模型。根据企业生命周期理论,旅游小企业不一定会以一种生物性的、线性的方式成长,也就是说它们不一定会从起点开始经历所有发展阶段。现实中,旅游小企业纵向成长的特点主要包括:(1)可能会以不同的规模进入经营,从而一开始就体现出不同的家庭分离水平;(2)它们也可能在一个规模水平上持续经营,直至倒闭;(3)发展过程可能是跳跃式的,会跳过一个或几个发展阶段;(4)不同的企业间成长的水平和速度也是不均衡的。

无论现实中的成长现象如何复杂,该概念模型都展现了可能的横向变异规律。在一个时间点上,不同规模的旅游小企业可能会表现出不同的家庭分离水平,从而可以认为处在企业发展生命周期的不同阶段。基于成长视角的基本观点,纵向成长的各个方面之间的关系可以通过观察多个同类企业的横向变异进行间接研究。正如很多实证研究所揭示的,不同旅游小企业的规模与特征存在较大的差异,其在规模坐标轴上的分布或多或少可以看作是连续的。根据企业成长理论,各个旅游小企业的当前状态都可以被看作位于其生命周期轴上的一个特定位置。如果规模与家庭分离两个方面的成长时间的纵向关系确实存在的话,则这个推论等同于一组旅游小企业的不同的规模与家庭分离度的关系。

由此,可以提出如下假设。

假设 1:旅游小企业的规模与家庭场所分离度成正相关。

假设 2:旅游小企业的规模与家庭劳动力分离度成正相关。

假设 3:旅游小企业规模与家庭目标分离度成正相关。

图 5-2 所示为旅游小企业成长的假设模型。

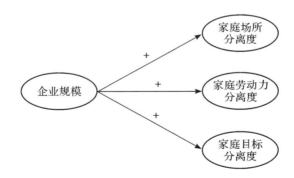

图 5-2　旅游小企业成长假设模型

需要注意的是,上述假设模型应在不同的成长路径下分别进行检验。旅游小企业的规模包括接待床位数、总投资量和员工数量三个指标,分别对应接待容量(生产规模)、资本要素和劳动力要素三个维度。企业规模增长在这三个维度上的不均衡会形成三种不同的成长路径,包括以接待容量增长为主导的粗放型(scale growth)、以投资量增长为主导的资金密集型(capital intensive growth)和以员工数量增长为主导的劳动密集型(labor intensive growth)。本研究将在不同成长路径下检验该模型与现实成长现象的匹配性。

5.4 变量操作化定义、测量与数据收集

在本研究中,旅游小企业的规模采用三个测量指标,即床位数量(NUMbed)、员工数量(NUMstf)、总投资量(NUMinv)。控制另外两个变量的变异后,三个指标的增长分别代表粗放型成长路径、劳动密集型成长路径和资金密集型成长路径。总投资量被操作化定义为自企业开张经营或重新开张之后在设计、建造、装修上所投资金的总量。考虑到旅游产业的季节性,以及由此造成的员工数量的波动,本研究仅测量旺季时的员工数。此外,之所以使用床位数而不是客房数作为接待容量的指标,原因是客房类型多种多样(包括单人房、双人房、家庭房、青年旅社),并不像大酒店那样有标准化的客房类型,因此,床位数更能体现接待容量。

场所分离度(SEPpremise)指的是主人与客人在生活空间上的分离程度。遵循 Lynch 和 MacWhannell(2000)的解释,场所分离度可以被操作化定义为主人及其家人与客人共享接待设施的程度,这些设施包括起居室、餐厅、厨房、花园和休闲娱乐设施。经营者被要求指出他们及他们家人在日常生活中使用经营场所内上述设施的频繁程度,在一个 5 点量表上进行打分,各设施得分越高表明使用越不频繁,从而设施的分离程度越高。

劳动力分离度(SEPlabor)衡量企业劳动力资源在多大程度上摆脱了对核心家庭成员的依赖。本研究将其操作化定义为经营旺季时员工队伍中非核心家庭成员员工的比例。旅游小企业经营者被请求提供旺季员工数量以及非家庭成员的员工数量,后者与前者的比值即劳动力分离程度,其分值越大表明员工分离度越高。

目标分离度(SEPgoal)指的是旅游小企业经营者在多大程度上是利润导向的。较高的目标分离度意味着企业的盈利目标与家庭的生活目标分离得越来越明显,逐渐变成经营接待生意的主要目的。基于此,目标分离度可

以被操作化定义为旅游小企业经营者的经营动机,即在多大程度上其经营是出于营利动机而非生活方式动机。考虑到动机属于心理构念,本研究采用间接测量方法,通过三个测量问项来反映。这三个测量问项包括:"您在多大程度上同意您经营民宿/农家乐是为了赚取更多的利润?""当民宿/农家乐经营效益不好时,您在多大程度上会感到担心?""您在多大程度上同意您经营民宿/农家乐是为了享受一种生活方式?"测量标度分5级,分别从"完全不重要"(编码为1)到"非常重要"(编码为5),"完全不担心"(编码为1)到"非常担心"(编码为5),"完全同意"(编码为1)到"完全不同意"(编码为5)。

目标分离度量表的信度通过收集到的200家旅游小企业样本进行检验。内部一致性反映了测量问项反映所测构念内涵的程度,通常通过Cronbach's alpha系数来反映(Churchill,1979)。经计算,量表Cronbach's alpha系数为0.85,反映了非常好的内部一致性(Kline,1990)。因此,目标分离度三个问项的信度是可以接受的,其值通过三个问项值的因子系数加权平均计算而得,其分数越高,则经营者越倾向于营利动机,进一步反映了更高水平的目标分离度。

为了排除其他变量的干扰,本研究也对与企业及经营者相关的控制变量进行了测量,并在数据分析过程中进行了控制,包括企业年营业收入(NUMrev)及占家庭总收入的比重(INC%)、支持性设施(餐厅、花园、休闲娱乐设施等)的数量(NUMsup)、企业商业年龄(AGEbuz),以及经营者个人特征,包括年龄(AGEowner)、性别(SEXowner)、婚姻状况(MARowner)、受教育水平(EDUowner)以及户籍(ORIowner)。需要注意的是,支持性设施数量的测量方法是询问企业经营者其企业所配备的支持性设施的种类。

上述变量测量的具体问题详见附件中的调查问卷,具体数据收集过程详见4.3节。问卷调研共回收问卷200份,其中8份在总投资量、年经营收入和床位数上存在严重的数据缺失问题,其原因是相关经营者不愿意提供信息。

5.5　数据分析方法

问卷调研数据采用多元线性回归(multiple linear regression)技术进行分析,以在不同的成长路径下验证"量"的成长(即企业规模)与"质"的成长

（即家庭分离度）之间关系的假设模型。

对应于家庭分离度的三个维度（即场所、劳动力和目标），首先构建三个回归数学模型。场所分离度、劳动力分离度和目标分离度的数学模型分别为公式(5.1)(5.2)(5.3)。

$$SEPpremise = \beta_{10} + \beta_{11}(NUMbed) + \beta_{12}(NUMsup) + \beta_{13}(NUMstf) + \beta_{14}(NUMinv) + \beta_{15}(NUMrev) + \beta_{16}(AGEbuz) + \beta_{17}(INC\%) + \beta_{18}(SEXowner) + \beta_{19}(AGEowner) + \beta_{110}(EDUowner) + \beta_{111}(MARowner) + \beta_{112}(ORIowner)$$
$$(5.1)$$

$$SEPlabor = \beta_{20} + \beta_{21}(NUMbed) + \beta_{22}(NUMsup) + \beta_{23}(NUMstf) + \beta_{24}(NUMinv) + \beta_{25}(NUMrev) + \beta_{26}(AGEbuz) + \beta_{27}(INC\%) + \beta_{28}(SEXowner) + \beta_{29}(AGEowner) + \beta_{210}(EDUowner) + \beta_{211}(MARowner) + \beta_{212}(ORIowner)$$
$$(5.2)$$

$$SEPgoal = \beta_{30} + \beta_{31}(NUMbed) + \beta_{32}(NUMsup) + \beta_{33}(NUMstf) + \beta_{34}(NUMinv) + \beta_{35}(NUMrev) + \beta_{36}(AGEbuz) + \beta_{37}(INC\%) + \beta_{38}(SEXowner) + \beta_{39}(AGEowner) + \beta_{310}(EDUowner) + \beta_{311}(MARowner) + \beta_{312}(ORIowner)$$
$$(5.3)$$

模型的参数估计与假设检验在 IBM SPSS 22.0 软件的协助下进行。在参数估计和假设检验之前首先进行模型诊断，包括总体适配度、多重共线性、残差正态性、自相关和异方差性的检验。所有的缺失数据在分析中采用成列删除(listwise deletion)的方式处理，最终用于参数估计和假设检验的样本数量为 192 个。

5.6　模型诊断

模型整体适配度检验结果如表 5-3 所示。总体而言，3 个模型都表现出良好的整体适配性。F 检验结果显示，所有模型的 R^2 值和调整后的 R^2 值的显著性均在 0.99 以上。其中，模型 1 的整体适配性最好，可以解释因变量 61.3％的变异。模型 2 和模型 3 的适配度稍弱，但其解释度也分别达到 44.5％和 25.9％。3 个模型调整后的 R^2 值均在 0.2 以上(其中模型 1 和模型 2 都超过 0.4),表明在除去自变量个数的效应之后,3 个模型仍具有较强的解释力。

表 5-3 模型整体适配度检验

	模型 1(n=192)因变量:SEPpremise	模型 2(n=192)因变量:SEPlabor	模型 3(n=192)因变量:SEPgoal
R^2	0.613***	0.445***	0.259***
调整后的 R^2	0.587***	0.408***	0.209***
F 值	23.766	12.05	5.240

注:*** 代表 P 值在 0.01 以下。

表 5-4 所示为模型多重共线性、正态性、异方差性以及自相关的检验结果。

多重共线性检验结果显示,在所有 3 个模型中,平均 VIF 值均为 1.745(小于 2),表明多重共线性对模型参数估计的影响处在可接受的范围内。需要注意的是,之所以 3 个模型的平均 VIF 值相同,是因为其自变量完全相同。

残差正态性检验结果显示,3 个模型的 P-P 散点图对角线拟合程度良好,Kolmogorove-Smirnov 检验统计量均接近 0 且不显著。模型 1 和模型 3 的 Shapiro-Wilk 检验结果良好,检验统计量接近 1 且不显著。但模型 2 的 Shapiro-Wilk 检验结果显著(达到 0.9 以上)。由于正态性检验对样本数量非常敏感,在大样本(接近 200)的情况下容易显著从而导致检验结果偏向于非正态分布,综合 P-P 散点图与 Kolmogorove-Smirnov 检验结果,可以认为 3 个模型的标准化残差符合正态分布。

表 5-4 回归模型质量诊断

	模型 1(n=192)因变量:SEPpremise	模型 2(n=192)因变量:SEPlabor	模型 3(n=192)因变量:SEPgoal
多重共线性检验			
平均 VIF 值	1.745	1.745	1.745
残差正态性检验			

续表

	模型 1（$n=192$） 因变量：SEPpremise	模型 2（$n=192$） 因变量：SEPlabor	模型 3（$n=192$） 因变量：SEPgoal
P-P 图	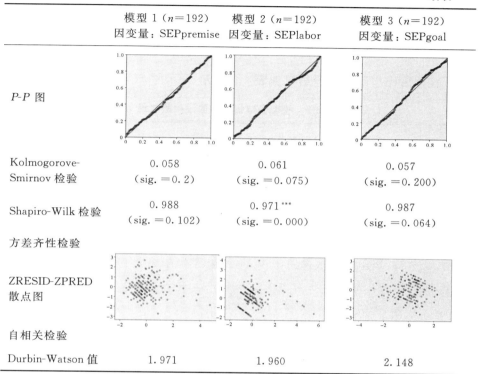		
Kolmogorove-Smirnov 检验	0.058 （sig. =0.2）	0.061 （sig. =0.075）	0.057 （sig. =0.200）
Shapiro-Wilk 检验	0.988 （sig. =0.102）	0.971*** （sig. =0.000）	0.987 （sig. =0.064）
方差齐性检验			
ZRESID-ZPRED 散点图			
自相关检验			
Durbin-Watson 值	1.971	1.960	2.148

注：*** 代表 P 值在 0.01 以下。

ZRESID-ZPRED 散点图通常用来检验异方差性，样本点分布越均匀分散，表明异方差性水平越低。检验结果显示，样本点分布的分散水平可以接受，可以认为异方差性对参数估计的影响在可接受的范围内。

Durbin-Watson 值通常用来检测自相关性，其值越接近 2，则自相关性越低。检验结果显示，3 个模型的自相关性处在合理的范围内。

综合上述模型诊断结果，可以认为 3 个模型对因变量均有较强的解释能力，并且符合多元线性回归的基本假设（即残差正态性、独立性和方差齐性）。同时，多重共线性的效应均不明显，其对参数估计的影响可以接受。可以认为，在满足上述条件的情况下，参数估计和假设检验的结果是强健、可靠的。

5.7 数据分析结果与解释

参数估计与假设检验结果如表 5-5 所示。

表 5-5 模型参数估计与假设检验结果

	模型 1($n=192$) 因变量：SEPpremise	模型 2($n=192$) 因变量：SEPlabor	模型 3($n=192$) 因变量：SEPgoal
主效应			
常数项	13.533***	0.592***	6.340
Beta	—	(0.165***)	—
NUMbed	0.076***		0.039***
Beta	(0.312***)		(0.217***)
NUMlabor		0.010**	
Beta		(0.209**)	
NUMinv	0.005***		
Beta	(0.235***)		
控制变量			
NUMrev			−0.017*
Beta			(−0.170*)
NUMsup	0.015*	0.001**	
Beta	(0.103*)	(0.165**)	
AGEbuz	−0.132***		0.137***
Beta	(−0.148***)		(0.210***)
INC%			0.690***
Beta			(0.303***)
SEXowner			
Beta			
AGEowner			−0.580**
Beta			(−0.207**)

	模型 1(n＝192) 因变量：SEPpremise	模型 2(n＝192) 因变量：SEPlabor	模型 3(n＝192) 因变量：SEPgoal
EDUowner	0.812***		
Beta	(0.194***)		
MARowner			
Beta			
ORIowner	−6.803***	−0.474***	
Beta	(−0.307***)	(−5.152***)	

注：* 代表 0.1 的显著性水平；** 代表 0.05 的显著性水平；*** 代表 0.01 的显著性水平；"Beta"代表标准化回归系数；考虑到简洁性，显著性水平低于 0.1 的参数均没有在以上表格中呈现。

在模型 1 中，可以发现床位数（NUMbed）、总投资量（NUMinv）均对场所分离度（SEPpremise）有显著的正向影响。这意味着随着接待容量、投资规模的扩大，经营者及其家人可能会更少地使用旅游小企业内的设施设备。其中，床位数（NUMbed）的影响较总投资量（NUMinv）的影响更强。员工数量（NUMstf）对场所分离度并没有显著影响。

在控制变量中，支持性设施数量（NUMsup）、企业商业年龄（AGEbuz）以及经营者的受教育水平（EDUowner）和户籍（ORIowner）均对场所分离度有显著影响。其中，经营者的受教育水平正向影响场所分离度，也就是说，经营者受教育水平越高，越倾向于保持设施设备的顾客专用性，而限制私人用途。相比之下，企业商业年龄和经营者户籍对场所分离度有负向影响。新创立的企业通常具有更高的场所分离度，更倾向于保持设施的顾客专用性。原因可能有两个：一方面这些新创立的企业往往是在目的地发展相对成熟、已有顾客市场已经确立的情况下进入经营，因此，他们并不需要完全经历从家庭向企业的变迁；另一方面，经营时间已久的企业为新进入的企业提供了样板参考，因此后来者可能拥有更加纯粹的商业目的。此外，本地经营者相对来说有更低的场所分离度。对于当地居民来说，企业的经营场所长久以来就是他们自己的居所，甚至几代人都在其中生活，因此，于他们而言，保持设备的顾客专用性是比较困难的。外来经营者则不存在这样的问题，他们往往没有很深地嵌入当地的社会关系中。同时，中国乡村地区土地产权的排外也造成了经营场所拥有权的不确定性，对于外来创业者来说，他们很难将该场所视作自己的家庭居所，而是更倾向于视作经营场所。

在模型 2 中可以发现，仅有员工数量（NUMlabor）会对劳动力分离度（SEPlabor）有显著正向影响，并且拥有较强的预测力。这意味着，随着员工数量的增加，受薪雇员的比重也会显著提升，原因是家庭成员的数量受到天然的限制，无法满足经营扩张的需要。

值得注意的是，支持性设施的数量（NUMsup），而不是床位数（NUMbed）对劳动力分离度有显著的正向影响。这可能是因为支持性设施通常包括一些劳动密集型的辅助服务，例如餐饮。因此，随着支持性设施数量的增加，对外来的、更加专业的劳动力的需求也会显著上升。经营者的出身（ORIowner）则对劳动力分离度有负向影响，意味着相较于外地经营者，本地经营者更不倾向于雇用受薪雇员。一个可能的解释是他们往往嵌入本地的社会关系网络中，可以从中方便地获取资源，而这种优势是外来经营者所不具备的。

在模型 3 中，床位数（NUMbed）对目标分离度（SEPgoal）有显著的正向影响。这就意味着随着企业接待规模的提升，经营者更倾向于商业动机而非生活方式动机，接待经营更多地被视为"生意"而不是"兴趣爱好"或"副业"。

在控制变量的效应方面，年经营收入（NUMrev）对目标分离度有显著的负向关系，拥有更多收益的企业其盈利目标反而被削弱，而生活方式动机则得到增强，并逐渐成为主导动机。这是一个很有意思的现象，可以认为此时经营者已经摆脱了"生计焦虑"，开始追求更高层次的目标。企业商业年龄（AGEbuz）对目标分离度有显著的正向影响，表明企业经营时间越长，越倾向于利润驱动经营，这意味着目标分离度可能随着时间变化而变化。经营收益占家庭总收入比重（INC%）也被发现会正向影响目标分离度，比重越高，则企业经营者越倾向于商业目标。企业经营者年龄（AGEowner）也被发现具有显著效应，相较于年纪大的经营者，年轻经营者更倾向于利润驱动。

企业规模及相应控制变量对家庭分离度的影响总结如图 5-3 所示。

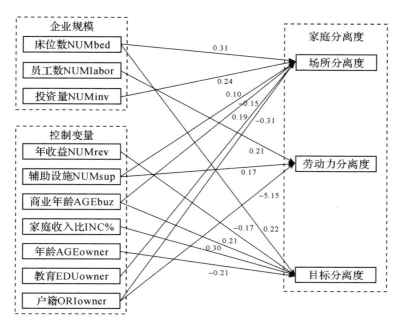

图 5-3　旅游小企业规模对家庭分离度的影响

5.8　假设检验结果

　　子研究 1 的目的在于构建并在不同成长路径下验证企业规模与家庭分离度之间的关系。需要注意的是,在控制住其他变量的情况下,企业规模的三个维度,即床位数、员工数和总投资量的变化分别对应了粗放型、劳动力密集型和资金密集型三种成长路径。

　　基于上述数据分析结果,各种成长路径下假设检验的结果如表 5-6 所示。实证检验结果显示,在不同的成长路径下规模对家庭分离度的影响有很大差异。具体来说,粗放型成长会导致场所和目标的分离,劳动密集型的成长则只会导致劳动力的分离,而资金密集型的成长则只会导致场所的分离。更详细的结论讨论详见 9.1.1 节。

表 5-6 不同成长路径下假设检验结果

粗放型成长:床位数作为企业规模指标	
假设 1:旅游小企业的规模与家庭场所分离度成正相关	支持
假设 2:旅游小企业的规模与家庭劳动力分离度成正相关	
假设 3:旅游小企业规模与家庭目标分离度成正相关	支持
劳动密集型成长:员工数量作为企业规模指标	
假设 1:旅游小企业的规模与家庭场所分离度成正相关	
假设 2:旅游小企业的规模与家庭劳动力分离度成正相关	支持
假设 3:旅游小企业规模与家庭目标分离度成正相关	
资金密集型成长:总投资量作为企业规模指标	
假设 1:旅游小企业的规模与家庭场所分离度成正相关	支持
假设 2:旅游小企业的规模与家庭劳动力分离度成正相关	
假设 3:旅游小企业规模与家庭目标分离度成正相关	

注:空白表格表示该假设不能被数据支持。

第6章 子研究2:社会资本、人力资本与旅游小企业的成长

已有研究发现,旅游小企业的规模会随时间而变化成长,其相互之间成长的不均衡导致规模的差异,同时不同规模指标增长的异步性又会形成不同的成长路径。然而,造成不同企业之间规模增长的不均衡以及不同规模指标成长的异步性的原因是什么?为什么有些旅游小企业能够成长到较大的规模,而其他企业只能在低水平上徘徊?为什么有些企业更偏向于采用密集型成长路径,拥有更高的要素密集度?

针对这些问题,子研究2的目的在于探究影响旅游小企业成长的因素,从而回答以下两个问题。

第一,从资源动员(resource mobilization)的角度,回答"哪些因素影响企业规模"。

第二,从资源配置(resource allocation)的角度,回答"哪些因素影响企业成长路径的选择"。

在旅游与接待领域,几乎没有涉及旅游小企业成长前因变量的研究。考虑到企业成长与创业之间的共同性(都是关于市场机会的识别与开发利用),有关旅游创业影响因素的理论和实证研究发现可以提供一些参考。总的来说,对旅游创业影响因素的研究可以分为两个研究角度(Liao & Welsch,2005)。其一是关注"人"的因素,即个人创业的意愿和能力。对创业意愿的研究主要关注创业者的心理和行为特征。有关创业能力的研究则主要关注人力资本以及社会网络资源的可获得性(Zhao,2009)。其二是关注"环境因素",强调环境对刺激创业积极性的影响,包括市场状况、政策干预和经济波动等因素。

本研究选取前一个研究角度,将关注点集中在"个人因素"上,强调旅游小企业经营者的企业发展意愿和企业发展能力。原因如下:第一,创业者在旅游小企业成长中扮演核心角色(Barney,Wright,& Ketchen,2001),其

个人与企业的成功往往被归功于个人能力以及社会关系网络所内嵌的资源(Lin,1999;Watson,2007);第二,在企业成长初期,其成长过程往往围绕个人进行,并且在很大程度上依赖于其知识、经验和社会关系,因此个人因素尤其关键;第三,与创业者个人有关的研究成果无论是对于创业者自身还是政府都更具有实践指导意义。

从经营者个人能力和社会网络资源角度出发,本研究引入社会资本和人力资本作为前因变量来解释小型企业的规模(business scale)和企业密集性(business intensity)。将社会资本与人力资本结合用以解释旅游企业行为并非本研究首创。例如,Zhao(2009)就将两者结合构建了模型,用以解释中国乡村旅游创业行为。

基于上述考虑,本研究借鉴了 Zhao(2009)对乡村旅游创业影响因素的研究,引入社会资本理论和人力资本理论,构建并验证了有关企业规模和企业密集度影响因素的两个模型。

6.1 亲缘社会资本与旅游小企业成长

6.1.1 社会资本和旅游小企业成长

企业成长以市场机会的识别和资源动员为主要特征。因此,信息与资源是企业成长的重要前提。亲缘社会资本则在其中扮演了信息和资源导管的作用,从而能够促进机会的识别以及稀缺资源的发现、获取和配置(Greene & Brown,1997;Uzzi,1999)。在认同建议(advice)和资源是社会资本带来的两大效用的同时,Renzulli 和 Aldrich(2005)还提出了第三个方面的效益,即情感支持(emotional support)。

由此,理论上来说,社会资本对企业成长主要有三个方面的作用。

第一,社会资本促进信息获取与流通。

与创业决策一样,企业成长决策也充满了模糊性(ambiguity)和风险(risk)(Morrison,Taylor,& Morrison,1999),经营者和资源所有者之间(Shane & Venkataraman,2000)以及市场供求双方之间存在信息不对称。通过获取充分、可信赖的有关科技创新、市场特征、市场可达性、产品和资源相关的信息,能够大大增强经营者感知和评估市场机会的能力。

在这个方面，社会资本可以帮助经营者个人，给他们提供新的、不同的信息、想法、观点，供其参考，以支持和培育新的潜在商业设想（Zimmer & Aldrich，1987；Aldrich & Sakano，1998）。Burt（1993）认为，社会资本可以带来信息的可获取性、及时性、相关性和信息下线（referrals）。

在这种情况下，社会网络可以被认为扮演了一个"建议网络"（advice network）的角色，充当有用信息的源头，以帮助创业者克服信息不对称问题，从而降低决策的不确定性。建议网络也可以帮助创业者识别市场机会，包括：（1）新的产品与服务或已有产品的新市场；（2）供应链和分销渠道的变化及不足；（3）新科技发展趋势；（4）顾客行为的最新趋势；（5）法律与规定的变化（Batjargal，2003，2007）。建议网络还可以促进专业知识的获取，包括产业趋势、研发状况、销售与营销战略以及财务决策。

在这些机制内，亲缘社会资本的作用最为突出。Aldrich 等（1998）曾经提到"家庭社交"（family socialization）的重要性，包括启发独立性、建立个人关系网络以提供有价值的资源。

第二，社会资本促进资源动员。

社会资本对于资源（包括资本、空间、设施设备和劳动力在内）的可获得性有显著的影响（Zimmer & Aldrich，1985）。要求创业者占有创立和发展其企业所需要的所有资源和能力是不现实的（Granovetter，1995；Stevenson & Jarillo，1990）。为了获取资本以及其他资源，创业者通常需要依赖其社会网络以支持其行为（Granovetter，1985，1995；Greve & Salaff，2003；Jack & Anderson，2002；Starr & MacMillan，1990）。

在这个意义上，创业者的社会网络可以被看成资源网络，使他们有能力整合分散的资源，包括财务资本、劳动力、供应商以及新技术（Batjargal & Liu，2004；Shane & Cable，2002；Stuart & Sorenson，2007）。强连带和弱连带对于资源的动员都会有影响，前者被认为效应更加显著。信息和知识的共享并不会导致原所有者任何损失，但分享个人物业或者其他有形资源则意味着原所有者被短暂或者永久剥离使用价值，带来不确定性和脆弱性的威胁。例如，向他人出借物品不可避免地会伴随着无法取回的风险，原因可能是损毁、违约或其他。

第三，社会资本提供情感支持。

企业成长过程总是伴随着不确定性和风险，可能会导致创业者面临一些无法预料的困难，从而使得创业者需要比原先预想更长的"试错"（experiment）时间（Sarason，Dean，& Dillard，2006；Singh，Tucker，&

House，1986)。来自社会网络成员的情感支持可以带来情绪上的稳定和精神上的补给，从而帮助创业者将他们的经历更多地集中于发展其事业，克服风险与困难(Anderson，Jack，& Dodd，2005；Bruderl & Preisendorfer，1998；Reynolds & White，1997)。

同其他企业一样，旅游小企业的成长在微观层面也表现在市场机会识别和资源动员两方面。相较于大型企业，旅游小企业更多地依赖个人社会关系网络(Shaw & Williams，2009)。其原因可能是大部分旅游小企业的资源和能力都很有限。例如，商业银行通常不愿意贷款给小微创业者，因为他们可供抵押的资产基础非常薄弱。这就导致大部分缺乏资源的创业者不得不依靠其社会网络来确保创业资金。

小企业一般依赖家庭、社会关系及其他商业联系来获取资本、劳动力、市场信息的支持(Fadahunsi，Smallbone，& Supri，2000)。Birley、Cromie 和 Myers(1991)进一步指出，企业在早期发展阶段会严重依赖于非正式的商业网络，包括朋友、家人以及邻里之间的社会接触。Greenbank(2000)，Thomson 和 Gray(1999)都发现，小企业中的决策过程会间接受到与个人、社会或者经济背景的互动的影响。同时，Down(1999)坚持认为，经营者是通过网络内或网络外的现存社会关系来开发自己的技能的。Thomson 和 Gray(1999)也指出，加入外部组织能够加强小企业对管理发展活动的参与。因此，社会网络是否储存了足量的声誉资源来满足小微创业者的需求决定了其商业潜力和商业雄心。

总结起来，旅游小企业创业者的社会资本很可能增强其商业野心，也会提升其能力，使他们更倾向于将公司发展壮大，也让他们偏好于更冒险但更有潜力的成长路径。一方面，企业成长需要成长意愿以及必要的资源，那些拥有更多社会资本的经营者更可能有能力和意愿来调配资源以扩大其企业规模。因此，从企业层面观察，可以认为那些拥有更多社会资本的旅游小企业更有可能成长到比较大的规模，但前提是市场条件、政治环境相同，并且企业具有相同的商业年龄。因此，可以提出初步假设4。

初步假设4：社会资本正向影响旅游小企业的规模。

另一方面，对于正在成长中的企业而言，不同的成长路径蕴藏着不同程度的风险。创业型成长(或密集型成长)，包括劳动力密集型和资金密集型成长路径，通常对于资源、能力和风险承受力的要求较之管理型成长(即粗放型成长)路径更高。因此，那些拥有更多社会资本的经营者倾向于选择更加密集型的成长路径。因此可以合理地提出初步假设5。

初步假设 5：社会资本正向影响旅游小企业的密集度。

6.1.2　社会资本的范畴界定和亲缘社会资本的效应

基于社会网络的特征对社会资本进行描述与分类是现有研究中较为普遍的做法。其中根据连带的强度可以将社会网络区分为强连带社会网络和弱连带社会网络。亲缘连带是指与家庭成员（通常是扩展的家庭成员）的社会联系，是典型的强连带（Granovetter，1973，1985）。

相较于弱连带，以亲缘关系为代表的强连带网络对于中国乡村旅游小企业来说更加重要。这主要有以下三个方面的原因。

第一，亲缘连带是中国乡村旅游小企业在开发新企业的过程中重要的资源导管（Birley & Westhead，1990；Birley，Cromie，& Myers，1991；Hite & Hesterly，2001）。它是所有创业者个人社会网络的永恒组成部分（Anderson，Jack，& Dodd，2005；Dodd & Patra，2002），能够低风险、低成本地提供独特和有针对性的资源（Aldrich & Cliff，2003；Anderson，et al.，2005；Bruderl & Preisendorfer，1998；Greve & Salaff，2003；Sanders & Nee，1996）。旅游小企业实际上位于生命周期的早期阶段，对于其他市场参与者来说它还是陌生人，尚未开发企业外的重要连带，因此，家庭亲属关系是其主要资源依托。

第二，中国乡村社会的人际关系以个人自我为核心，以宗法群体为本位，以亲属血缘关系为主轴，形成一种"差序格局"（Fei，1970）。在差序格局下，每个人都以自己为中心结成网络，亲属关系的远近往往代表个人关系的亲疏。在这种社会格局大背景下，亲属之间更容易结成相互信任、相互扶助的关系。

第三，出于保密性和保持个人控制的需要，旅游小企业特别依赖亲近的朋友或亲戚的意见建议（Bennett & Robson，1999），而非向关系较为疏远的同行、咨询机构寻求帮助。

基于上述考虑，本研究主要关注嵌入亲缘连带（family ties）或关系连带（relative ties）中的亲缘社会资本。同一般社会资本一样，亲缘社会资本也是一个多维度的构念，包括结构型社会资本（structural social capital）、关系型社会资本（relational social capital）和认知型社会资本（cognitive social capital）（Nahapiet & Ghoshal，1998）。结构型社会资本是指社会关系的广度和多样性。关系型社会资本是指社会关系的持续性、情感亲密性的程度以及互惠行为的频率。其中,结构型社会资本强调的是社会网络的广度,或者说连带的数量,而相比之下,关系型社会资本强调的是社会网络的深度,或者说连带的质量。此外,认知型社会资本则是指各方之间的共同表征(shared representations)、共同解读(shared interpretation)和共同意义系统(shared system of meaning)。它强调将这些共同的价值观、态度、信仰和愿景形成一种资源。

本研究主要关注结构型社会资本和关系型社会资本两个维度,而不将认知型社会资本考虑在内。主要原因如下。

第一,在乡村旅游小企业的成长过程中,亲缘关系作为资源导管更多地依赖互惠关系,而非共同的价值观与信仰,毕竟,"生意归生意"(business is business)。这种资源的共享更多的是一种理性行为,而同理心(empathy)所起的作用很有限。

第二,在乡村地区,相较于认知型社会资本所强调创业文化和态度,具体的、现实的资源和协助对于旅游创业和经营更有实际意义(Zhao, et al.,2011)。已有实证研究并没有发现认知型社会资本在乡村旅游创业中有显著影响。Zhao 等(2011)在针对中国广西乡村旅游小企业创业的研究中发现,认知型社会资本对于旅游小企业主的创业意愿没有任何显著影响。

综合以上论述,本研究在旅游小企业成长的情境下将社会资本的定义限定在亲缘社会资本的范畴内,并主要关注其结构型社会资本维度和关系型社会资本维度。由此,初步假设 4 和初步假设 5 可以进一步发展为如下两点。

假设 4:亲缘社会资本正向影响旅游小企业的规模。

假设 5:亲缘社会资本正向影响旅游小企业的资源密集度。

6.2　人力资本与旅游小企业成长

Penrose(1959)将企业成长视为经营者人力资本,尤其是创业能力(entrepreneurial capability)和管理能力(managerial capability)的体现。其效应主要体现在两方面。

第一,在机会的识别和开发的过程中,创业者的智力表现,尤其是其信息处理和逻辑思考能力扮演了重要的角色。市场机会识别是一个信息的收集、筛选和整合的复杂过程,而市场机会的利用需要精心的商业策划和可行性研究（Gartner，1985；Shane，2000）。因此，成长机会并不是对所有潜在创业者都是同样明显和有价值的。机会出现的时候，拥有更多或更高质量的人力资本的人必然更容易感知到。一旦参与成长过程，这些个人也应该在成功识别和利用机会方面拥有更加卓越的能力（Davidsson ＆ Honig，2003）。

第二，创业者已有的知识和能力能够协助其进行新知识的整合和积累，开启人力资源积累的良性循环。小企业经营者被广泛认为是积极的知识建构者，通过非正式的方式向同行、顾客和供应商学习，这些方式包括实践、探索、试错、模仿、解决问题并向错误学习（Gibb，1997；Beaver ＆ Lashley，1998；Dalley ＆ Hamilton，2000）。如果要让企业成长，则经营者必须要不断调整和适应企业生命周期的各个阶段（Cope ＆ Watts，2000）。当前已有的知识很可能会协助其进行新知识的整合和积累，能够适应新情况和新问题（Weick，1996），从而开启一个良性的循环。

创业者的人力资本（包括显性资本和隐性资本）与企业创业、企业成长之间的关系已经为很多研究所发现（Cooper，Gimeno-Gascon，＆ Woo，1994；Davidsson ＆ Honig，2003；Kangasharju ＆ Pekkala，2002）。在旅游与接待研究中，一些学者（Zhao，2009）也注意到了创业者人力资本对旅游创业的影响。

需要注意的是，这些判断是基于一个假设，即创业者的动机并不会随着知识积累而改变。然而，社会系统往往会使个人或是过度投资，或是不充分利用其投资。先前在人力资本上的投入很可能会通过多种方式影响其事业的选择，包括对于创业活动的态度。那些有经验的、受过良好教育的创业者更善于利用市场机会，对风险的承受能力也更强。尽管有很多实证研究支持这种影响关系，但其影响程度在不同的行业有不同的表现（Bates，1995；Honig，1998）。因此，有必要通过实证研究来验证人力资源的效应是否在旅游小企业领域存在。

与社会资本一样，人力资本也会影响旅游小企业成长的两个方面。一方面，拥有更多人力资本的创业者更倾向于也更有能力扩大其企业规模。因此，可以提出如下假设。

假设 6：经营者的人力资本正向影响旅游小企业的规模。

另一方面，拥有更多的人力资本通常意味着有更强的风险承受力，并且更有野心选择一种更有创新性的成长路径。因此，他们可能更倾向于选择密集型的成长路径，从而导致其企业密集度更高。可以合理地提出以下假设。

假设 7:经营者的人力资本正向影响旅游小企业的密集度。

6.3 假设模型

图 6-1 和图 6-2 所示为基于上述讨论的假设模型,分别描绘社会资本、人力资本与企业规模、企业成长路径(企业密集度)之间的关系。其中,社会资本包含结构型社会资本(包括与企业创业者、其他旅游小企业以及政府的亲缘连带数量)和关系型社会资本(包括亲缘关系基础上的信息交流、资金和顾客资源共享的频度)两个维度。同时,人力资本则包括显性人力资本(即受教育水平)和隐性人力资本(包括企业工作经验、创业经验和旅行经验)。

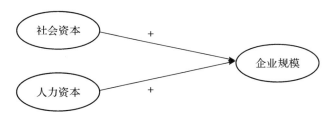

图 6-1　社会资本、人力资本和企业规模关系假设模型

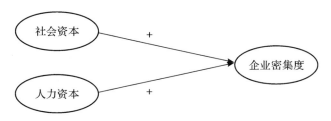

图 6-2　社会资本、人力资本和企业密集度关系假设模型

与此同时,企业规模体现在床位数、总投资量和员工数量三个方面,而企业密集度则包括劳动力密集度和资金密集度。因此,上述假设模型在检验时需要将这些多维度性考虑在内。

6.4　变量操作化定义与假设模型细化

根据 Zhao(2009)对乡村旅游小企业创业的研究,结构型亲缘社会资本可以进一步分解为"与其他创业者的亲缘连带的数量"、"与其他同类企业(旅游小企业)的亲缘连带的数量"以及"与政府的亲缘连带的数量"。"与其他创业者的亲缘连带的数量"对于引发创业兴趣的重要性在很多创业研究文献中都有体现。嵌入社会网络中的行业知识同样也是促进机会识别与开发的宝贵财富。此外,在中国乡村地区,如果有亲属在政府部门工作,或者作为村委会负责人,很可能会带来创业和经营上的竞争优势,因为他们可以更及时地获得政府政策和规定的信息与解读,并且能够更方便地获得政府支持,例如政府补贴。与此同时,关系型社会资本则可以由经营者与其亲属之间信息(建议)、资本和顾客资源共享的频度来体现。

考虑到社会资本的复杂内在结构,假设 4 和假设 5 可以进一步细化。其中假设 4 可以细化如下。

假设 4a:与其他创业者的亲缘连带数量(STRbuz)正向影响旅游小企业的规模。

假设 4b:与其他旅游小企业的亲缘连带数量(STRstb)正向影响旅游小企业的规模。

假设 4c:与政府的亲缘连带数量(STRgov)正向影响旅游小企业的规模。

假设 4d:与亲属的信息共享频度(RELinfor)正向影响旅游小企业的规模。

假设 4e:与亲属的资金共享频度(RELcap)正向影响旅游小企业的规模。

假设 4f:与亲属的顾客资源共享频度(RELgue)正向影响旅游小企业的规模。

同样,假设 5 也可以进一步细化如下。

假设 5a:与其他创业者的亲缘连带数量(STRbuz)正向影响旅游小企业的资源密集度。

假设 5b:与其他旅游小企业的亲缘连带数量(STRstb)正向影响旅游小企业的资源密集度。

假设 5c:与政府的亲缘连带数量(STRgov)正向影响旅游小企业的资源密集度。

假设 5d:与亲属的信息共享频度(RELinfor)正向影响旅游小企业的资源密集度。

假设 5e:与亲属的资金共享频度(RELcap)正向影响旅游小企业的资源密集度。

假设 5f:与亲属的顾客资源共享频度(RELgue)正向影响旅游小企业的资源密集度。

经营者人力资本则包括显性人力资本和隐性人力资本。显性人力资本一般被操作化定义为受教育水平,而隐性人力资本一般包括企业工作经验和创业经验(Davidsson & Honig,2003)。另外,由于旅游小企业所有者处在旅游与接待行业内,其自身的旅行经历也能够帮助他们更好地把握最新的行业趋势以及游客需求。因此,旅游经验也应当被视为隐性人力资本。

由此,假设 6 可以进一步细化如下。

假设 6a:经营者的受教育水平(EDUowner)正向影响旅游小企业的规模。

假设 6b:经营者的企业工作经验(EXPwork)正向影响旅游小企业的规模。

假设 6c:经营者的创业经验(EXPbuz)正向影响旅游小企业的规模。

假设 6d:经营者的旅游经验(EXPtra)正向影响旅游小企业的规模。

同样,假设 7 可以进一步细化如下。

假设 7a:经营者的受教育水平(EDUowner)正向影响旅游小企业的密集度。

假设 7b:经营者的企业工作经验(EXPwork)正向影响旅游小企业的密集度。

假设 7c:经营者的创业经验(EXPbuz)正向影响旅游小企业的密集度。

假设 7d:经营者的旅游经验(EXPtra)正向影响旅游小企业的密集度。

6.5　变量测量与数据收集

与子研究 1 一样,企业规模采用三个指标进行测量,即床位数(NUMbed)、总投资量(NUMinv)和员工数量(NUMlabor)。资金密集度(INTinv)为总投资量与床位数的比值,而劳动力密集度(INTlabor)则为员工数量与床位数的比值。

社会资本各个指标的测量参考了 Zhao(2009)所开发的测量工具。在结构型社会资本方面,由经营者提供其具有创业经验的亲戚(STRbuz)、经营旅游小企业的亲戚(STRstb)以及在政府部门(包括村委会)工作的亲戚(STRgov)的数量,在 6 个测量区间中选择一个,包括"0"(编码为 1)、"1 到 3个"(编码为 2)、"4 到 6 个"(编码为 3)、"7 到 10 个"(编码为 4)、"11 到 15个"(编码为 5)以及"15 个以上"(编码为 6)。在关系型社会资本方面,由经营者回忆并就以下几个陈述通过 5 点量表衡量其频度:"在创业和经营的过程中,您的亲戚是否经常向您提供管理和经营的建议"(RELinfor);"在创业和经营的过程中,您的亲戚是否经常向您提供资金上的帮助"(RELcap);"在创业和经营的过程中,您的亲戚是否经常为您提供客源上的支持"(RELgue)。频度共分 5 级测量,分别为"几乎没有"(编码为 1)、"较少"(编码为 2)、"一般"(编码为 3)、"较频繁"(编码为 4)、"很频繁"(编码为 5)。

人力资本的测量区分显性人力资本和隐性人力资本。显性人力资本测量为其受正式教育的水平(EDU),由经营者提供其最高学历,从"小学"(编码为 1)到"研究生"(编码为 5)。隐性人力资本通过以下几个问题测量:"在经营农家乐/民宿前,您有多少年的创业(做生意)经历"(EXPbuz);"在经营农家乐/民宿前,您有多少年的企业工作经历"(EXPwork);"在过去三年里,您平均每年到县域外旅游几次"(EXPtra)。

为了排除其他因素的影响,研究也测量了一系列的控制变量,并在数据分析过程中予以控制。这些变量包括政府支持力度(SUPgov)、行业协会支持力度(SUPass)、企业商业年龄(AGEbuz),也包括经营者个人的一些特质,包括其年龄(AGEowner)、户籍(ORIowner)。政治环境(包括政府和行业协会)已经被证明对企业成长有深远的影响。那些能够得到更多诸如政府补贴的政策支持、信息支持的企业通常更能得到成长所需的信息和资源。政府支持和行业支持的测量由经营者评价政府及行业协会的支持力度,从"完全没有支持"(编码为 1)到"有非常强的支持"(编码为 6)之间进行选择。

此外,企业商业年龄也与企业规模存在密切关系。学者们已经达成一个共识,即年轻的企业通常比年老的企业成长得更快(Almus & Nerlinger,1999;Glancey,1998;Wijewardena & Tibbits,1999)。同时,成长的自相关性(autocorrelation)(Ijiri & Simon,1967)或者说自我加速(self-enforcing)(Botazzi & Secchi,2003),以及类似的"正向反馈"(Arthur,1994)已经被很多实证研究所发现。一个企业开发新机会的可能性也许会取决于其已经抓住的机会的数量。这个现象的解释包括规模经济效应、广度经济效应(economies of scope)、网络外部性效应(network externalities)以及知识积累效应(Botazzi & Secchi,2003)。因此,企业商业年龄也在调研中进行了测量,主要由经营者提供其民宿/农家乐持续经营的年数。

与子研究 1 一样,子研究 2 的数据收集也通过问卷调研的方式进行,具体测量问题见附件调查问卷。具体数据收集过程详见 4.3 节。问卷调研共收集了 200 个样本。

6.6 数据分析方法

问卷数据采用多元线性回归技术进行分析。企业规模和企业密集度的数据在分析之前进行对数转换以消除测量单位差距的影响。

公式(6.1)(6.2)(6.3)分别为床位数、员工数和投资量的影响因素数学模型。

$$\lg(NUMbed) = \beta_{10} + \beta_{11}(STRbuz) + \beta_{12}(STRstb) + \beta_{13}(STRgov) + \beta_{14}(RELinfor) + \beta_{15}(RELcap) + \beta_{16}(RELgue) + \beta_{17}(EXPbuz) + \beta_{18}(EXPwork) + \beta_{19}(EXPtra) + \beta_{110}(EDU) + \beta_{111}(SUPgov) + \beta_{112}(SUPass) + \beta_{113}(AGEbuz) + \beta_{114}(AGEowner) + \beta_{115}(ORIowner)$$

$$(6.1)$$

$$\lg(NUMlabor) = \beta_{20} + \beta_{21}(STRbuz) + \beta_{22}(STRstb) + \beta_{23}(STRgov) + \beta_{24}(RELinfor) + \beta_{25}(RELcap) + \beta_{26}(RELgue) + \beta_{27}(EXPbuz) + \beta_{28}(EXPwork) + \beta_{29}(EXPtra) + \beta_{210}(EDU) + \beta_{211}(SUPgov) + \beta_{212}(SUPass) +$$

$$\beta_{213}(\text{AGEbuz}) + \beta_{214}(\text{AGEowner}) + \beta_{215}(\text{ORIowner}) \tag{6.2}$$

$$
\begin{aligned}
\lg(\text{NUMinv}) = {} & \beta_{30} + \beta_{31}(\text{STRbuz}) + \beta_{32}(\text{STRstb}) + \beta_{33}(\text{STRgov}) + \\
& \beta_{34}(\text{RELinfor}) + \beta_{35}(\text{RELcap}) + \beta_{36}(\text{RELgue}) + \\
& \beta_{37}(\text{EXPbuz}) + \beta_{38}(\text{EXPwork}) + \beta_{39}(\text{EXPtra}) + \\
& \beta_{310}(\text{EDU}) + \beta_{311}(\text{SUPgov}) + \beta_{312}(\text{SUPass}) + \\
& \beta_{313}(\text{AGEbuz}) + \beta_{314}(\text{AGEowner}) + \beta_{315}(\text{ORIowner})
\end{aligned}
\tag{6.3}
$$

资金密集度、劳动力密集度影响因素数学模型分别为公式(6.4)(6.5)。

$$
\begin{aligned}
\lg(\text{INTinv}) = {} & \beta_{40} + \beta_{41}(\text{STRbuz}) + \beta_{42}(\text{STRstb}) + \beta_{43}(\text{STRgov}) + \\
& \beta_{44}(\text{RELinfor}) + \beta_{45}(\text{RELcap}) + \beta_{46}(\text{RELgue}) + \\
& \beta_{47}(\text{EXPbuz}) + \beta_{48}(\text{EXPwork}) + \beta_{49}(\text{EXPtra}) + \\
& \beta_{410}(\text{EDU}) + \beta_{411}(\text{SUPgov}) + \beta_{412}(\text{SUPass}) + \\
& \beta_{413}(\text{AGEbuz}) + \beta_{414}(\text{AGEowner}) + \beta_{415}(\text{ORIowner})
\end{aligned}
\tag{6.4}
$$

$$
\begin{aligned}
\lg(\text{INTlabor}) = {} & \beta_{50} + \beta_{51}(\text{STRbuz}) + \beta_{52}(\text{STRstb}) + \beta_{53}(\text{STRgov}) + \\
& \beta_{54}(\text{RELinfor}) + \beta_{55}(\text{RELcap}) + \beta_{56}(\text{RELgue}) + \\
& \beta_{57}(\text{EXPbuz}) + \beta_{58}(\text{EXPwork}) + \beta_{59}(\text{EXPtra}) + \\
& \beta_{510}(\text{EDU}) + \beta_{511}(\text{SUPgov}) + \beta_{512}(\text{SUPass}) + \\
& \beta_{515}(\text{AGEbuz}) + \beta_{514}(\text{AGEowner}) + \beta_{515}(\text{ORIowner})
\end{aligned}
\tag{6.5}
$$

Green(1991)，Abachnick 和 Fidell(2007)认为，多元线性回归分析所需的最小样本量要求为 $50+8\times k$，其中 k 代表自变量的个数。在五个模型中，自变量的个数均为 15，因此最小样本量要求应为 170。同子研究 1 一样，缺失数据采用列表删除的方式处理。在调研的 200 个样本中，模型 1 到模型 5 的有效样本量分别为 200、196、200、189 和 198，均超过 170，因此能够满足最低样本量要求。

6.7 模型诊断

模型诊断包括总体适配度检验和模型质量（包括多重共线性、自相关、正态性和方差齐性）检验。

　　企业规模影响因素相关的三个模型(模型1、模型2、模型3)总体适配度检验结果如表6-1所示。三个模型的R^2均达到0.2以上,F检验显著,表明3个模型解释力均超过20%。其中模型1的解释力最强,达到27.8%;模型3的解释力最弱,但也达到20.1%。调整后R^2分别为0.219、0.184和0.135,表明除去自变量个数的影响,模型1和模型2仍有不错的解释力。但模型3的解释力偏弱,仅有13.5%。

表6-1　企业规模影响因素模型总体适配度

	模型1($n=200$) 因变量: lg(NUMbed)	模型2($n=196$) 因变量: lg(NUMlabor)	模型3($n=200$) 因变量: lg(NUMinv)
R^2	0.278***	0.246***	0.201***
调整后的R^2	0.219***	0.184***	0.135***
F值	4.728	3.940	3.079

注:*** 代表P值在0.01以下。

　　企业密集度影响因素模型(模型4和模型5)的总体适配度检验如表6-2所示。两个模型解释力均达到37%以上。除去自变量数量的影响,其解释力也均能超过30%。

表6-2　企业密集度影响因素模型总体适配度检验

	模型4($n=189$) 因变量:lg(INTSinv)	模型5($n=198$) 因变量:lg(INTSlabor)
R^2	0.430***	0.371***
调整后的R^2	0.384***	0.323***
F值	9.357	7.706

注:*** 代表P值在0.01以下。

　　5个模型的多重共线性、残差正态性、自相关和异方差性检验结果如表6-3和表6-4所示。

表 6-3　企业规模影响因素模型检验

	模型 1($n=200$) 因变量: lg(NUMbed)	模型 2($n=196$) 因变量: lg(NUMlabor)	模型 3($n=200$) 因变量: lg(NUMinv)
多重共线性检验			
平均 VIF 值	1.383	1.383	1.383
残差正态性检验			
P-P 散点图			
Kolmogorove-Smirnov 检验	0.045 (sig. 0.200)	0.057 (sig. 0.200)	0.050 (sig. 0.200)
Shapiro-Wilk 检验	0.985**	0.989 (sig. 0.123)	0.972***
异方差性检验			
ZRESID-ZPRED 散点图			
自相关性检验			
Durbin-Watson 值	1.626	2.006	1.615

注:*** 代表 P 值在 0.01 以下。

表 6-4　企业密集性影响因素模型检验

	模型 4($n=189$) 因变量: lg(INTSinv)	模型 5($n=198$) 因变量: lg(INTSlabor)
多重共线性检验		
平均 VIF 值	1.383	1.383
残差正态性检验		
P-P 散点图		

续表

	模型 4(n=189) 因变量: lg(INTSinv)	模型 5(n=198) 因变量: lg (INTSlabor)
Kolmogorove-Smirnov 检验	0.058	0.056
Shapiro-Wilk 检验	0.980 ***	0.245
异方差性检验		
ZRESID-ZPRED 散点图		
自相关性检验		
Durbin-Watson 值	1.597	1.538

注:*** 代表 P 值在 0.01 以下。

多重共线性检验结果显示,所有模型的平均 VIF 值均在 1.5 以下,表明共线性水平在可以接受的范围内,不会对参数估计造成偏差。

残差正态性检验结果显示,样本点在 P-P 散点图上的分布都较为贴近对角线,Kolmogorove-Smirnov 检验和 Shapiro-Wilk 检验结果均不显著,表明残差并没有显著偏离正态分布。

异方差性检验结果显示,样本点在 ZRESID-ZPRED 散点图中分散状况良好,表明异方差性在可以接受的范围内,对参数估计不会造成严重影响。

自相关性检验结果显示,所有模型的 Durbin-Watson 值都没有严重偏离 2.0,因此可以认为自相关水平也是可以接受的。

总的来说,模型诊断结果显示数据符合多元线性回归的基本假设,即残差正态性、独立性(即自相关程度可接受)、方差齐性。同时,多重共线性水平也在合理范围内,不会对参数估计造成严重偏差。

6.8　分析结果与解读

6.8.1　社会资本、人力资本对企业规模的影响

模型 1、模型 2 和模型 3 检验了社会资本、人力资本对企业规模的影响,

其参数估计结果如表 6-5 所示。

表 6-5　企业规模影响因素模型参数估计和假设检验结果

	模型 1($n=200$) 因变量：lg(NUMbed)	模型 2($n=196$) 因变量：lg(NUMlabor)	模型 3($n=200$) 因变量：lg(NUMinv)
常数项	1.083***	0.647***	2.131***
STRbuz			
Beta			
STRstb	0.050***		
Beta	(0.304***)		
STRgov	-0.038^{*}		
Beta	(-0.119^{*})		
关系型社会资本			
RELinfor			
Beta			
RELcap	0.023*	0.019**	
Beta	(0.119*)	(0.137**)	
RELgue			
Beta			
隐性人力资本			
EXPbuz			0.024**
Beta			(0.148**)
EXPwork	-0.029^{***}		
Beta	(-0.195^{***})		
EXPtra		0.064***	
Beta		(0.245***)	
显性人力资本			
EDU			
Beta			
控制变量			
SUPgov			0.031**
Beta			(0.161**)

续表

	模型 1(n=200) 因变量:lg(NUMbed)	模型 2(n=196) 因变量:lg(NUMlabor)	模型 3(n=200) 因变量:lg(NUMinv)
SUPass	0.033**	0.017*	0.034*
Beta	(0.196**)	(0.136*)	(0.158*)
AGEbuz			
Beta			
AGEowner		−0.028**	
Beta		(−0.165**)	
ORIowner			
Beta			

注:* 代表 P 值在 0.1 以下,** 代表 P 值在 0.05 以下,*** 代表 P 值在 0.01 以下;Beta 为标准化回归系数;表格仅显示了显著性水平在 0.1 以上的效应。

模型 1 检验了社会资本指标、人力资本指标对床位数指标的影响效应。检验结果发现,仅有与其他旅游小企业(STRstb)、政府(STRgov)的亲缘连带数量,亲戚的资金支持(RELcap)以及经营者的企业工作经验(EXPwork)对床位数(NUMbed)有显著影响。其中,经营旅游小企业的亲戚的数量以及亲戚的资金支持对床位数有正向影响。这意味着越多的亲戚从事接待经营活动,或从亲戚中得到的资金支持越充足,则旅游小企业的接待容量越大。原因在于,扩大接待容量往往需要较大的投资量,在自有资金不足的情况下,外部资金就显得至关重要。与此同时,越多的亲戚从事接待经营,则亲戚之间往往能够共享客源,由此带来的客流量激增会对接待容量提出更高要求。与政府的亲缘连带(STRgov)以及经营者自身的企业工作经验则对接待容量有显著的负向影响。这意味着那些有更多亲戚在政府部门工作的,或者在企业工作年限越长的经营者越倾向于控制自己的接待容量。

在控制变量中,数据分析结果发现,行业协会的支持(SUPass)对床位数(NUMbed)有正向影响,其解释力接近 20%。行业协会支持的重要性可以体现在客源的介绍以及其他基础服务(例如车队)等方面,由此带来的客流量也会对接待容量提出更高要求。

模型 2 检验了社会资本指标、人力资本指标对员工数量的影响效应。检验结果影响发现,亲戚的资金支持(RELcap)以及经营者自身的旅行经历(EXPtra)对员工数量有显著的正向影响。由此可以推断,拥有更多亲戚资金支持的,以及那些旅行经验更丰富的经营者往往倾向于雇用更多的员工。在控制变量方面,行业协会的支持也被发现会正向影响员工数量,而经营者的年龄则有负向影响。考虑到行业协会的支持对于接待容量的正向作用,由此带来劳动力需求的增加也是正常的。但年纪较大的经营者往往比较保守,倾向于亲力亲为。

模型 3 检验了相关变量对总投资量的影响,其中仅有创业经历(EXPbuz)对总投资量有显著正向影响。原因可能是那些已经有多年商业经历的经营者对风险有更大的承受力,对自己的经营能力也有更大的信心,从而愿意做比较大的投资。

在控制变量方面,政府支持(SUPgov)和企业支持(SUPass)都对总投资量有显著正向影响。

上述社会资本指标和人力资本指标对旅游小企业规模的影响检验的显著结果总结如图 6-3 所示。

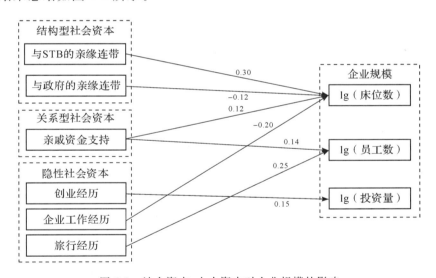

图 6-3　社会资本、人力资本对企业规模的影响

6.8.2　社会资本、人力资本对企业密集性的影响

模型 4 和模型 5 检验社会资本、人力资本对企业密集性的影响效应,参数估计和假设检验结果如表 6-6 所示。

表 6-6　企业密集性影响因素模型参数估计和假设检验结果

	模型 4（$n=189$） 因变量：lg(INTSinv)	模型 5（$n=198$） 因变量：lg(INTSlabor)
常数项	1.267***	−0.612***
结构型社会资本		
STRbuz		
Beta		
STRstb	−0.034***	−0.065***
Beta	(−0.193***)	(−0.363***)
STRgov		
Beta		
关系型社会资本		
RELadv		
Beta		
RELcap		
Beta		
RELgue		
Beta		
隐性社会资本		
EXPbuz		
Beta		
EXPwork	0.027***	
Beta	(0.170***)	
EXPtra	0.066***	0.085***
Beta	(0.180***)	(0.230***)
显性社会资本		
EDU		0.043*
Beta		(0.156*)
控制变量		
SUPgov		
Beta		

续表

	模型 4(n＝189) 因变量:lg(INTSinv)	模型 5(n＝198) 因变量:lg(INTSlabor)
SUPass		
Beta		
AGEowner	−0.038**	
Beta	(−0.153**)	
ORIowner	−0.584***	
Beta	(−0.381***)	

注:* 代表 P 值在 0.1 以下,** 代表 P 值在 0.05 以下,*** 代表 P 值在 0.01 以下;Beta 为标准化回归系数;表格仅显示了显著性水平在 0.1 以上的效应。

模型 4 检验了社会资本、人力资本对旅游小企业资金密集度的影响。检验结果发现,经营者的企业工作经验(EXPwork)、旅行经验(EXPtra)对资本密集性(INTSinv)有显著正向影响。这意味着那些拥有更多企业工作经验和旅行经验的经营者通常更倾向于选择资本密集型的成长路径,从而更愿意以更加精致的方式来扩张经营规模。相比之下,与其他旅游小企业的亲缘关系数量(STRstb)以及经营者的年龄(AGEowner)和户籍(ORIowner)都对企业资本密集性有显著的负向影响。可以推断,那些拥有更多经营旅游小企业的亲戚的经营者更不倾向于选择资本密集型的成长路径。同时,相较于年轻的、非本地的经营者,年纪大的、本地的经营者更不倾向于选择资本密集型的成长路径。

模型 5 检验了社会资本、人力资本对劳动力密集性的影响。检验结果发现,经营者个人的旅行经历(EXPtra)和受教育水平(EDUowner)都对企业劳动力密集性有显著正向影响。这意味着那些拥有更多旅行经验和更高学历的经营者更可能选择劳动力密集型的成长路径。与其他旅游小企业经营者的亲缘关系(STRstb)则被发现与劳动力密集性显著负相关。可以推断,那些拥有更多涉及旅游小企业经营的亲戚的企业往往其劳动力密集度更低。

上述检验显著的影响关系总结如图 6-4 所示。

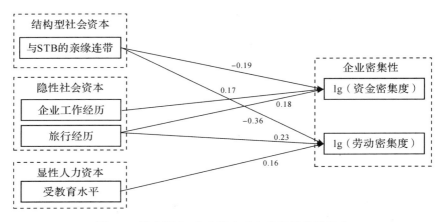

图 6-4　社会资本、人力资本对企业密集性的影响

6.9　假设检验结果

本研究对有关社会资本、人力资本对旅游小企业规模影响的假设模型在三个规模指标(即床位数、总投资和员工数)上都进行了检验。假设模型检验结果如表 6-7 所示。

表 6-7　社会资本、人力资本对旅游小企业规模影响假设检验结果

假设	企业规模指标		
	床位数	员工数	总投资量
结构型社会资本的影响			
假设 4a:与其他创业者的亲缘连带数量(STRbuz)正向影响旅游小企业的规模			
假设 4b:与其他旅游小企业的亲缘连带数量(STRstb)正向影响旅游小企业的规模	支持		
假设 4c:与政府的亲缘连带数量(STRgov)正向影响旅游小企业的规模	相反结果		
关系型社会资本的影响			
假设 4d:与亲属的信息共享频度(RELinfor)正向影响旅游小企业的规模			

续表

假设	企业规模指标		
	床位数	员工数	总投资量
假设 4e：与亲属的资金共享频度（RELcap）正向影响旅游小企业的规模	支持	支持	
假设 4f：与亲属的顾客资源共享频度（RELgue）正向影响旅游小企业的规模			
显性人力资本的影响			
假设 6a：企业经营者的受教育水平（EDUowner）正向影响旅游小企业的规模			
隐性人力资本			
假设 6b：企业经营者的企业工作经验（EXPwork）正向影响旅游小企业的规模	相反结果		
假设 6c：企业经营者的创业经验（EXPbuz）正向影响旅游小企业的规模			支持
假设 6d：企业经营者的旅游经验（EXPtra）正向影响旅游小企业的规模		支持	

注：留白部分表明该假设未得到数据支持；"相反结果"表示数据分析显示与假设关系相反的显著结果。

有关社会资本、人力资本对企业密集性影响的假设检验结果如表 6-8 所示。

表 6-8　社会资本、人力资本对旅游小企业密集性影响假设检验结果

假设	企业密集性指标	
	资本密集性	劳动力密集性
结构型社会资本的影响		
假设 5a：与其他创业者的亲缘连带数量（STRbuz）正向影响旅游小企业的资源密集度		
假设 5b：与其他旅游小企业的亲缘连带数量（STRstb）正向影响旅游小企业的资源密集度	相反结果	相反结果
假设 5c：与政府的亲缘连带数量（STRgov）正向影响旅游小企业的资源密集度		
关系型社会资本的影响		
假设 5d：与亲属的信息共享频度（RELinfor）正向影响旅游小企业的资源密集度		

续表

假设	企业密集性指标	
	资本密集性	劳动力密集性
假设5e：与亲属的资金共享频度（RELcap）正向影响旅游小企业的资源密集度		
假设5f：与亲属的顾客资源共享频度（RELgue）正向影响旅游小企业的资源密集度		
显性人力资本的影响		
假设7a：企业经营者的受教育水平（EDUowner）正向影响旅游小企业的密集度		支持
隐性人力资本的影响		
假设7b：企业经营者的企业工作经验（EXPwork）正向影响旅游小企业的密集度	支持	
假设7c：企业经营者的创业经验（EXPbuz）正向影响旅游小企业的密集度		
假设7d：企业经营者的旅游经验（EXPtra）正向影响旅游小企业的密集度	支持	支持

注：留白部分表明该假设未得到数据支持；"相反结果"表示数据分析显示与假设关系相反的显著结果。

　　假设检验结果显示，社会资本和人力资本对企业规模以及成长路径选择的确存在影响。然而，社会资本和人力资本的不同方面可能会对企业规模和成长路径的不同方面造成不同的影响。

　　就社会资本的影响效应而言，结构型社会资本与接待容量（即床位数）存在显著正向关系，关系型社会资本则与接待容量和员工数量都存在显著正相关。但是，社会资本对企业密集性的影响均没有被证实。从人力资本的影响效应来说，只有隐性人力资本（创业经验、旅行经验）对企业规模（总投资量、员工数量）有显著正向影响。但显性人力资本和隐性人力资本都对企业密集性有显著正向效应。这个发现意味着扩大一个企业的规模在很大程度上主要依赖于社会网络，但选择以何种方式扩大其规模则更多的是基于经营者个人喜好和能力的个人决策过程。毕竟，成长路径选择的本质是资源的配置，而规模成长的本质则是对关键资源的获取能力。

　　子研究2的研究结论与讨论详见9.1.2节。

第7章 子研究3:旅游小企业的
顾客体验模型与测量

现有研究发现,顾客体验是一个复杂的构念,由不同的维度构成。全面顾客体验范式要求以更加完整的视角来描述和分析乡村接待体验,不仅要关注功能层面的服务质量,也要关注情绪层面的体验质量和符号层面的体验真实性。然而,各个层面的顾客体验的具体内涵可能更多地取决于行业及其产品和服务性质,相应的测量工具也会在不同的服务情境下有所差异。因此,构建旅游小企业的顾客体验模型并开发相应的测量工具有较强的理论和显示意义。

基于上述考虑,子研究3作为子研究4的先导研究,主要目的在于构建和完善旅游小企业顾客体验构成模型,并开发相应的测量量表。

7.1 顾客体验测量的研究回顾与不足

1.服务质量测量量表

大量的旅游与接待研究文献主要关注服务体验的不同测量方法(Briggs, Sutherland, & Drummond, 2007; Erto & Vanacore, 2002; Hsieh, Lin, & Lin, 2008)。实际上,服务质量的测量也是市场营销研究的主要研究课题之一。

最为经典的服务质量测量工具是 SERVQUAL 量表(Parasuraman, Zeithaml, & Berry, 1994),其被广泛用于旅游与接待行业的服务质量测量中。同样被广泛使用的还有 Cronin 和 Taylor(1992)开发的"基于表现的服务质量测量模型"(SERVPERF)。然而一些学者认为,这些量表并不足以反映旅游与酒店行业的服务质量的独特性(Albacete-Saez, Fuentes-Fuentes, &

Lloréns-Montes，2007；Ekinci & Riley，1999；Frochot & Hughes，2000；Nadiri & Hussain，2005），因此他们将这些经典量表引入接待行业并进行情境化调整（Frochot & Hughes，2000；Getty & Thompson，1994）。Getty和Thompson(1994)基于SERVQUAL的测量模型开发了LODGQUAL量表，用于测量接待业的服务质量。Mei等（1999）针对酒店服务质量开发了更加简约的HOLSERV量表。该表仅包含三个维度，即员工、有形性和可靠性。

需要注意的是，上述针对接待行业开发的量表大多是针对大型商业化酒店的服务质量的。

2.体验质量和体验真实性测量量表

体验质量和体验真实性在旅游研究中也有一些测量量表的开发工作（Oh，et al.，2007；Loureiro，et al.，2014）。这些研究主要有两个特点。第一，测量模型大多没有完全覆盖本研究概念框架中的维度。第二，这些测量量表往往用于不同的情境，其对概念的操作化定义也有较大差别，目前还没有一个被广泛接受的测量量表（Fellix，Broad，& Griffiths，2008）。对于体验真实性的测量而言，情况更是如此，大多数相关研究都采用定性设计，相关的测量量表开发较为罕见。

3.测量量表情境化的必要性

相比于大型商业化酒店，乡村旅游小企业处在其产品生命周期的早期阶段。其服务类型与特点有其独特性，主要表现在：(1)低廉的价格和更多自助式的服务；(2)不注重奢华的硬件设施，而更追求安全、整洁的设施设备；(3)可能并不提供完全服务（full scale service），但侧重好客性、地方特色和家庭氛围。Morrison等(1996)也识别出乡村旅游小企业的五个关键特征：(1)主客之间的个人互动；(2)位置、建筑特色及所提供的服务与众不同；(3)为顾客提供特殊的活动；(4)所有者与经营者合二为一；(5)较小的顾客接待规模（通常在25间客房以下）。可以说，旅游小企业在其功能、商业模式和本质上都与大型酒店存在较大的差别。因此，其服务质量的测量势必要考虑其特殊性。

本研究认为，考虑到顾客体验的高度主观性和情境特异性的特点，以及"全面体验范式"所要求的顾客体验的完整性，有必要在已有测量工具的基础上，结合旅游小企业产品和服务的特殊性，开发情境化、系统化的顾客体验测量量表，以适用于乡村旅游小企业的服务情境，更好地把握顾客体验的结构和内容。

7.2　量表开发的关键步骤与安排

本研究的量表开发过程严格遵循 Churchill(1979)所推荐的测量工具开发程序,即概念域的详述(domain specification)、测量问项生成、量表净化、问卷前测、数据收集、信度和效度检验。主要步骤安排如下。

第一,基于"全面顾客体验范式"提出包含服务质量、体验质量和体验真实性的完整顾客体验初始概念模型,并详述其所包含的各个层面的概念维度。

第二,基于此初始概念框架进行文献回顾与质性探索,生成测量顾客体验各个维度的测量问项,同时完善初始概念模型。

第三,基于实证数据对开发的测量问项进行探索性因子分析(exploratory factor analysis,EFA),以进一步探索各个理论维度的内在结构,形成最终的测量模型。

第四,基于实证数据对该测量模型的内部一致性进行检验,并通过验证性因子分析(confirmatory factor analysis,CFA)进行效度检验。

7.3　概念界定与初始理论模型构建

从体验的结果视角(outcome view)来看,接待体验可以被定义为顾客消费后对主客接触(host-guest encounter)的全过程的评价。主客接触可以被认为包含三个方面的要素,即服务要素(service elements)、体验性要素(experiential elements)和真实性要素(authenticity elements),其分别对应体验的认知性维度、情感性维度和符号性维度。需要注意的是,这些要素以及主客接触的属性一方面由服务接触的性质决定,另外一方面也取决于顾客的期望,即其需要和需求(Ekini, et al. ,2008)。

"全面体验范式"(见 3.2.3 节)认为,顾客对其与旅游小企业接触全过程的评价呈现一个层级结构,从下往上、由表及里可以分为服务质量(service quality)、体验质量(experience quality)和体验真实性(experience authenticity)三个层次。

7.3.1 服务质量

服务质量处于顾客体验的最基本层面，是对服务要素的评价。其本质上衡量的是顾客的最基本需求（通常是生理需求）以安全、有效、高效和舒适的方式被满足的程度。在这个意义上，它属于顾客体验的认知、普通和技术层面。

旅游小企业的服务质量可以被定义为其所提供的服务的感知优越性（perceived superiority），是顾客对服务的特质满足他们需求的程度的一种消费后评价。Kotler、Armstrong 和 Saunders 等（1996）将服务定义为"一方对另外一方的好处。服务通常是无形的，并且不会造成任何所有权的转移。其生产和提供可以摆脱物理产品"。

已有研究大多同意，服务质量是感知到的，并且是一个评价过程的结果（Gronroos，1984）。在这个过程中，顾客被认为是理性的决策者，能够清楚地知道自己的需求以及服务的哪种属性可以满足自己的需求。而这些需求通常都是最基本的、生理层面的。接待方承担了所谓的"问题解决者"的角色，追求接待的实用性功能、遮风避雨的处所和使顾客免于饥渴折磨的饮食。通过满足这些生理需求，接待方能够创造一个安全的环境，让旅行者感到放松，像是回到自己家里一样感到安宁。

服务质量被广泛认为对顾客满意度以及忠诚度有显著的影响（Chen，Ekinci，& Riley，et al.，2001），因此吸引了市场营销和旅游接待研究领域学者的大量关注。其中一个最核心的关注点集中在服务质量模型的构建和构念的测量。由此形成不同的服务质量内部维度划分，而这些划分主要依据服务属性的不同特征。

在 Gronroos（1989）的模型中，服务质量包括技术层面和功能层面的评价。技术层面的质量指的是"提供什么"，而功能层面的质量则关注"如何提供"。Rust 和 Oliver（1994）提出的接待服务要素结构包含三个维度，即服务产品、服务提供和服务环境。服务产品指的是实际的服务本身，包括实际的住宿设施、餐食等。服务提供则是指服务体验中包含顾客与服务提供者之间直接互动的部分，例如客房预订、入住登记等。服务环境则是指设施的外观和条件、家具以及氛围。Mossberg（2007）也指出，接待产品和服务的体验在某种程度上可以被认为是饮食、物理环境和服务的体验。

很多研究（如 Oliver，1994；Homburg，Koschate，& Hoyer，2006）也

进一步确证影响服务体验的不仅包括建筑、位置、设施、价格、氛围、服务档次、食品质量等技术性、功能性的属性，同时也包括诸如员工的友善程度（Callan & Kyndt，2001；Lockyer，2003；Choi & Chu，2001）、好客程度等关系性、态度性的属性。实证研究已经注意到，主客互动会直接影响 B&B 的接待体验，尤其是在乡村社区（Oppermann，1996；Tucker，2003）。Reuland、Choudry 和 Fagel(1985)将接待服务的要素区分为三类，即物质产品、员工行为与态度，以及环境。Czepie、Solomon 和 Surprenant 等(1985)区分了功能性要素（如食品和饮品）和表演传递要素（performance-delivery elements，即服务）。Chen、Chen 和 Lee(2013)将产品和环境纳入物理环境要素，而态度和行为则纳入人际互动要素类别。根据 Ekinci 等(1998)以及 Nadiri 和 Hussain(2005)的分类，产品和环境属于有形要素，而服务提供者的态度和活动则属于无形要素。

本研究采用 Parasuraman、Zeithaml 和 Berry(1991)对服务质量的维度划分，将服务质量划分为有形性（tangibles）、可靠性（reliability）、响应性（responsiveness）、保证性（assurance）和移情性（empathy）五个维度。这个维度结构以及基于此开发的测量量表（SERVQUAL）在市场营销和旅游接待管理中都得到广泛运用。在旅游小企业研究领域，Tichaawa 和 Mhlanga(2015)也曾利用该维度结构来测量 B&B 的顾客体验。

有形性指的是服务的物理展示（Parasuraman，et al.，1985，1991），包括物理设施、人员的外表、提供服务所使用的工具或设备、服务的物理呈现（如塑料卡片），以及在服务设施中的其他顾客（Parasuraman，et al.，1985）。有形要素的评价是根据其优越程度及使用合格与否，通常是基于其可及性（accessiblity）、完备性（integrity）、整洁程度和维护状况四个方面得出的。

可靠性与服务提供者的行为活动有关，主要是指其表现的一致性。它意味着服务提供一次到位，并且遵守其承诺（Parasuraman，et al.，1985）。在这个意义上，它意味着服务在既定或承诺的时间按照既定或承诺的方式提供。

响应性与服务提供者的态度和行为活动有关，主要关注其提供服务的乐意程度（willingness）和及时程度（promptness）（Parasuraman，et al.，1985；Knutson，et al.，1991）。也就是说，如果员工能够快速地响应需求，而且其能被感知到是乐于助人的，则服务的响应性是良好的。

保证性同样与服务提供者的态度和行为活动有关系，强调服务应该以专业、娴熟、有技巧的方式来提供。它要求提供服务所需要的技能和知识，也要求在行为举止上要符合礼仪(Getty & Getty,2003)。

移情性与服务提供者的态度有关,强调服务提供者要努力去理解顾客的需求,并且要给予顾客足够的关心和个性化的关注(Parasuraman, et al.,1991;Getty & Getty,2003;Frochot & Hughes,2000;Knutson, et al.,1991)。

在 Ekinci 等(1998)的模型中,可靠性、响应性、保证性和移情性可以被归纳为无形要素的特征,与有形性相对应。质量的有形方面也被称为技术方面,而无形方面也被称为功能方面(Reichel, Lowengart, & Milman,2000)。可见,上述五个维度的划分与其他维度划分也是有内在的联系的。

7.3.2 体验质量

体验质量(Crompton & Love,1995)属于顾客体验的第二层次,指的是对主客接触中情感性、体验性要素的消费后评价。体验质量涉及顾客体验的情绪方面(emotional aspect),强调满足享乐、美感、共睦感和成就感之类的情绪需求(Holbrook & Hirschman,1982;Morgan,2006)。因此,体验质量可以被定义为这些情绪需求被满足的程度。

体验质量的概念可以追溯到 Pine 和 Gilmore(1998)。他们认为"当一个公司有意地将服务作为一个舞台,产品作为道具,让顾客以一种难忘的方式参与进来的时候",体验就发生了。服务质量指的是服务属性的优越性,是在提供者的掌控之中的。与此不同,体验质量"不仅包括供应者提供的各项属性,还包括来访者或休闲者自己带来的属性"(Crompton & Love,1995)。

服务质量和体验质量都对购后行为、顾客忠诚有直接的影响。但 Pine 和 Gilmore(2011)认为,体验质量可能会形成更深的记忆和更积极的行为。例如,Tung 和 Ritchie(2011)就发现享乐性、娱乐性、顿悟性的体验可能会形成积极的记忆,并进一步促成积极的购后行为,如重访(re-visit)和推荐(recommendation)。Oh 等(2007)以及 Hosany 和 Witham(2010)在 B&B 和游轮旅游的情境下都发现了类似的关系。Ali 等(2014)也在马来西亚的度假村中证实了体验质量对顾客记忆和顾客忠诚的积极影响。

Pine 和 Gilmore(2011)以及 Tung 和 Ritchie(2011)等都认为,体验质量包含四个维度的评价,即娱乐性(entertainment)、教育性(Educational)、美学性(esthetic)和逃离性(escapist)。Otto 和 Ritchie(1996)基于 339 个样本

的实证研究,发现了体验质量的六个基本维度,包括享乐维度、互动或社交维度、新奇追求或逃离维度、舒适维度、安全维度以及刺激或挑战追求维度。Aho(2001)则把体验质量的核心要素划分为四个类别,分别为情感性体验、学习性体验、实践性体验和重塑性体验。Otto 和 Ritchie(1996)也识别出了酒店服务的四个体验性维度,包括享乐、内心的安宁、涉入和认可,将其对应于马斯洛的需要层次模型(Maslow,1943,1970)。

尽管体验质量有不同的维度划分,但这些维度结构都不是在乡村旅游小企业的情境下发现的。既然体验质量是高度主观和高度基于情境的,就需要在现有框架的基础上进一步探索其内在结构。因此,本研究首先为体验质量建立一个初步的维度框架,包含三个维度,分别为教育性(education)、审美性(aesthetic)和娱乐性(entertainment)。这三个维度已经被 Oh 等(2007)和 Loureiro 等(2014)在乡村旅游的情境下所确证。作为乡村旅游体验在点层次的体现,可以合理地认为这三个要素较为符合乡村旅游小企业的情境。

教育性是指顾客所评价的其经历的对象或事件所具有的教育意义的程度。顾客通常需要一种"顿悟""有所学"的感受与体验。

审美性则是指这些对象或事件在多大程度上提供了美学享受。顾客通常会评价其接触的有形要素(例如房间的装饰)的美学价值(Juwaheer,2004)。

娱乐性是指顾客所评价的其经历的对象或事件在多大程度上具有娱乐性和享乐性。需要注意的是,在历史上,接待通常与主、客之间的娱乐性互动紧密相连(Palmer,1992;King,1995)。Telfer(2000)就认为接待包含了使顾客快乐的责任

7.3.3 体验真实性

体验真实性位于顾客体验的第三层次,属于符号性体验,可以被认为是一种精神需求的满足。就其定义而言,体验真实性是指顾客所评价的其与主人家的整个接触过程的"真实"程度。具体来说,其评价对象包括其所遇到的乡村生活方式、主客互动关系以及自身的存在状态(state of being)。

操作化定义和实证地体验真实性这个概念是很困难的,目前相关的研究也较为有限。Kolar 和 Zabkar(2010)沿用 Wang(1999)的分类将体验真实性划分为客观真实性、建构真实性和存在真实性,并进行操作化定义和测

量。这个分类也为很多实证研究所采用，但大多数都是在文化遗产旅游的情境中。本研究将这个分类引入接待业情境，用于构建乡村旅游小企业体验真实性的初始维度结构。

客观体验真实性可以定义为顾客所评价的旅游小企业提供物（包括住宿、饮食和活动）的"地道程度"（genuineness），即它们反映真实的乡村生活或家庭生活的程度。这个定义与 McIntosh（2004）所提出的"真实性意味着亲身涉入体验中，不仅仅是体验自然环境，还包括真实的日常生活"相似。

建构体验真实性可以定义为顾客感知到的乡村旅游小企业在多大程度上能够激发他们特别的想法和情感，强调其"启发性"（inspiring）。

体验真实性的内涵可以分为个人层面和人际层面。个人层面的体验真实性是指顾客所感知到的与"真实自我"接触的程度，而人际层面的体验真实性则是指顾客在多大程度上可以让自己摆脱源于不真实的社会层级关系和地位差别的压力，从而感觉到主客关系是"真实的"。

7.3.4 顾客体验初始理论模型

本研究的目的在于探索乡村旅游小企业顾客体验的内在结构并开发测量量表。基于上述文献回顾和理论推演，可以将顾客体验的内部结构描述为包含三个层次的多维阶梯式结构。其初始概念模型如图 7-1 所示。该模型将作为测量量表开发的初步指导框架，并在量表开发过程中逐渐完善。

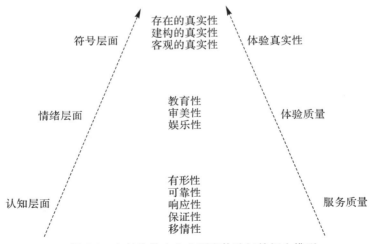

图 7-1　乡村旅游小企业顾客体验初始概念模型

7.4 生成测量问项

服务质量、体验质量和体验真实性测量问项的生成通过三个步骤完成，即文献回顾、质性探索、问项比对。

7.4.1 步骤 1:文献回顾

在旅游与接待研究的英文文献中,有不少试图为服务质量、体验质量和体验真实性开发量表的努力,其中尤以前两者为甚。本项目研究者在 2016 年 12 月对已有测量量表开发文献进行全面回顾,以收集相关测量问项并进行筛选。

文献回顾和量表筛选工作成果包括 45 个接待服务质量测量量表,13 个接待体验质量测量量表和 9 个体验真实性测量量表。随后,研究者对这些测量量表的问项进行深入分析,根据其与本研究情境的关联性以及量表之间的重复性进行筛选,从中得到 29 个服务质量测量问项、20 个体验质量测量问项和 8 个体验真实性的测量问项。

在此基础上,研究者将所得到的测量量表按照图 7-1 所示的顾客体验概念模型进行分类,并翻译成中文。为确保翻译的准确性,由一名香港理工大学的博士研究生将译文重新翻译成英文,进行核对,以确保语义没有被翻译所曲解。

7.4.2 步骤 2:质性探索

已有研究中很少有测量乡村旅游小企业的体验质量和体验真实性的相关工作。考虑到研究现象的特殊性,在文献回顾的同时,研究者开展质性探索,以生成高度情境化的测量问项。数据资料通过深度访谈和网络点评抽取来获得。深度访谈、顾客点评摘取的具体过程及样本、数据资料特征详见 3.3.1 节。

访谈和顾客点评抽取工作结束后,研究者对所有访谈记录和顾客点评进行内容分析。在通读所有文本后,将其拆分,以句为单位进行逐句分析,保留内容相关的语句并分别归入服务质量、体验质量和体验真实性三个大类。按照 Churchill(1979)的建议,所有的句子的表达都改成"陈述"

(statement)的形式。研究者随后对这些陈述进行比对,排除意义重复的陈述,并对表达晦涩模糊的陈述进行重新编辑以使其意义清晰。最终得到 25 条服务质量评价的陈述、16 条体验质量评价的陈述和 22 条体验真实性评价的陈述。

服务质量、体验真实性类别内的所有陈述都可以归入概念模型所展示的维度中。

体验质量中有四条陈述无法被归入教育性、娱乐性和审美性三个维度内。这些陈述包括:

(1)"我们(与主人家)交流得很愉快";

(2)"我认为我们(我和民宿主人)有很多共同点,就像朋友一样";

(3)"民宿主人让我感到不孤独";

(4)"与他们(民宿主人)一起确实是一种享受"。

这些陈述与顾客和主人之间的互动、社交有关,是一种归属感的表达。类似的体验曾经被 Holbrook 和 Hirschma(1982)、Arnould 和 Price(1993)、Klaus 和 Maklan(2011)、Morgan(2006)等学者称为"共睦感"(sense of communitas)。这种共睦感也是乡村小型接待体验的元素之一,是体验质量的一个维度。

相较于新出现的"共睦感"维度,Pine 和 Gilmore(1999)的体验质量框架中所提到的"逃离"(escapism)维度并没有在内容分析结果中体现。各种原因可能是逃离作为一种体验更多的是与整个旅程有关,而难以构成留宿在民宿或农家乐的动机。毕竟后者只是整个旅程的一小部分。

7.4.3 步骤 3:问项比对

在此阶段,研究者将质性探索所发现的新问项与文献回顾所收集到的问项进行比对,以得到更加全面而简约,同时又高度情境化的测量"问项池"。研究者对同一个构念的同一个维度下所有问项之间都进行了仔细的比对,以删除重复项目,合并同义项目。此外,研究者还对各个问项与其所在的维度在意义上的关联性进行严格分析,并将那些意义关联较弱的问项剔除,或者重新归类。

问项比对结果形成 22 个服务质量测量问项、16 个体验质量测量问项以及 30 个体验真实性测量问项,分别归类在 5 个服务质量维度、4 个体验质量维度(新增共睦感维度)和 3 个体验真实性维度下。

调整以后的顾客体验概念框架如图 7-2 所示。

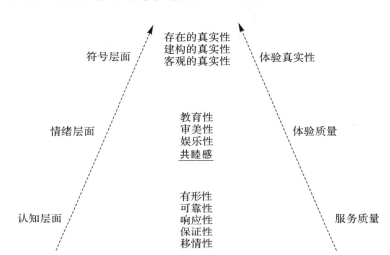

图 7-2　调整后的乡村旅游小企业顾客体验概念模型

7.5　量表净化

　　量表净化的目的在于进一步确保所生成测量问项的内容效度、表面效度和简约性。Churchill（1979）认为，测量问项应当能够体现相应构念或维度的含义，也就是说，其内容效度应当要得到保证。同时，测量问项的表达应清晰明确，不能引起受访者的误解，即具有表面效度。另外，测量问项的设置和表达应简洁精练，避免信息冗余，即具备简约性特征。本研究通过三个步骤进行量表净化，包括专家小组评估、调研对象评估和问卷前测（pilot test）。

　　1. 专家小组评估

　　研究者在香港理工大学交流期间组织了一个专家评估小组，由 1 名来自香港理工大学的副教授和 9 名来自香港理工大学和浙江大学的旅游与酒店管理专业博士研究生组成。研究者首先向评估小组成员详细解释服务质量、体验质量和体验真实性的定义，以及其下属各个维度的定义。随后要求所有成员独立就相应测量问项与相应维度和构念的相关性、表达的精确性和简约程度进行评估。如果一个问项被 3 个以上的成员判定为冗余、表达不清晰或意义无关,则研究者对该项进行重新评估,并在征得大多数成员同意后删除。根据评估结果,一些问项被删除,而部分问项的表达被重新调整。其中,从服务质量量表中删除了 2 个问项,分别为"设施设备很有视觉吸引力"(来源:Mei, et al,1999)和"员工提供服务总能一次到位,没有差错"(来源:Mei, et al., 1999)。体验质量量表中删除了 3 个问项,分别为"我深入体验了当地文化"(来源:Kim & Ritchie, 2014)、"住在这里让我感觉一切都很和谐"(来源:Oh, et al., 2007;Ali, et al., 2014;Loureiro,2014)和"周围环境让我感到安心"(来源:Loureiro & Kastenholz, 2011)。体验真实性量表中也删除了 3 个问项,包括"建筑与乡村环境很协调"(来源:Zhou 等, 2013)、"整体感觉很现代化"(来源:访谈)和"内部装饰很特别"(来源:Kolar & Zabkar,2010)。

2. 调研对象评估

经专家小组评估后的剩余问项被纳入问卷设计,采用 Likert 7 点量表进行测量。为评估问卷的表面效度,研究者有选择地将问卷发放给 15 个拥有民宿或农家乐住宿体验的调研对象,并要求他们:(1)识别并标记出那些他们感到无法理解或意义很模糊的问项;(2)评价问卷各个组成部分(包括问卷形式、答题说明等)设置的合理性,并给出建议。根据其反馈,研究者对问卷的设计和问项的表达进行了部分调整。

3. 问卷前测

随后,研究者印制了经过调整后的问卷并在浙江北部乡村地区在民宿或农家乐有住宿经历的游客中进行初步发放。共回收问卷 87 份。根据 Pett、Lackey 和 Sullivan(2003)的建议,问卷前测样本量至少要达到最终样本量的 1/10。在本研究中,最终样本量为 876,因此前测样本量符合要求。研究者分别对三个主要构念下的各个维度所包含的测量问项计算 Cronbach's alpha 系数,结果显示所有系数均在 0.8 以上,说明问项具有良好的内部一致性。

经净化后的最终测量问卷包括 20 个服务质量测量问项、13 个体验质量测量问项和 27 个体验真实性测量问项。详细问卷设计见附件,具体问项及其来源见表 7-1。

表 7-1　顾客体验测量问项及来源

编号	问项	来源
SQ_服务质量		
B_有形性		
B11	建筑及内部设施整体干净整洁	Ali, et al.(2014);Loureiro 和 Kastenholz(2011)
B12	建筑及内部设施完好无损,能正常使用	调整自 Walls(2013)
B13	菜品、食品、饮料干净卫生,质量可靠	顾客点评
B14	客房设施设备(如热水器,电视机等)、客用品(如洗漱用品、拖鞋等)配备齐全,能满足我的需求	Hsiao & Chuong(2015)
B21	建筑及内部装修精致,档次高	调整自 Walls(2013)
B22	客房内各类设备、客用品品质好,使用舒适	调整自 Walls(2013)
B23	休闲娱乐设施配备齐全、种类丰富	顾客点评
C_可靠性		
C1	设施、设备、服务与广告宣传一致	顾客点评
C2	按时、保质保量提供了所有承诺的服务	调整自 Tichaawa 和 Mhlanga(2015)
C3	服务人员很守信用,对我做出的承诺都能做到	HOLSERV
D_响应性		
D1	服务人员总能迅速回应我的要求	调整自 HOLSERV
D2	服务人员总能快速解决我的问题	访谈
D3	服务人员反应很快,效率很高	顾客点评
E_保证性		
E1	服务人员有专业的服务技能	HOLSERV
E2	服务人员有足够的知识回答我的问题	HOLSERV
E3	服务人员有丰富的服务经验	LODGSRV
E4	服务人员行为举止礼貌优雅,符合礼仪规范	HOLSERV
F_移情性		
F1	我感到这里的服务很温暖,有人情关怀	Felix, Broad & Griffiths(2008)
F2	我感到服务人员总是能理解、关心我	Akbaba(2006)
F3	我感到服务人员总是很为我考虑	HOLSERV
EQ_体验质量		

续表

编号	问　项	来　源
G_教育性		
G1	这家民宿/农家乐里的很多东西都让我感到很好奇	Oh,et al.(2007)；Ali, et al.(2014)；Loureir (2014)
G2	这家民宿/农家乐满足了我的兴趣和好奇心	访谈
G3	这家民宿/农家乐让我了解到了很多新东西	Oh,et al.(2007)；Ali, et al.(2014)；Loureir (2014)
H_娱乐性		
H1	这家民宿/农家乐提供了很好玩的活动	Oh,et al.(2007)；Ali, et al.(2014)；Loureir (2015)
H2	这家民宿/农家乐提供了很有趣的活动	Oh,et al.(2007)；Ali, et al.(2014)；Loureir (2016)
H3	这家民宿/农家乐让我感到欢乐	顾客点评
I_审美性		
I1	我感觉这家民宿/农家乐的设计很有创意	访谈
I2	我感觉这家民宿/农家乐的设计很吸引人	调整自 Walls,2013
I3	我感觉这家民宿/农家乐经过了精心设计	Oh,et al.(2007)；Ali, et al.(2014)；Loureir (2016)
I4	这家民宿/农家乐的设计塑造出让我愉悦的氛围	调整自 Oh,et al.(2007)；Ali et al.(2014)；Loureir (2016)
J_共睦感		
J1	我与民宿/农家乐的主人及其家人交流互动得很愉快	访谈
J2	我与民宿/农家乐的主人及其家人像朋友一样交流	访谈
J3	我与民宿/农家乐的主人及其家人关系很亲密	访谈
EA_体验真实性		
客观的真实性		
K1	这家民宿/农家乐展现了真正的乡村生活	调整自 Kolar & Zabkar (2010)
K2	这家民宿/农家乐的建筑、菜品、饮料很有乡村特色	Robinson 和 Clifford (2012)
K3	住在这里让我感觉自己是真实乡村生活的一部分	访谈
L1	这家民宿/农家乐是一个真实的乡村家庭	访谈

编号	问　项	来　源
L2	这家民宿/农家乐展现了乡村家庭的日常生活	访谈
L3	我感觉自己成了乡村家庭的一部分	顾客点评
建构的真实性		
N1	住在这家民宿/农家乐的体验很普通,没有特别之处	调整自 Naoi(2003)
N2	我可以在很多民宿/农家乐得到同样的体验	访谈
N3	住在这家民宿/农家乐的体验是标准化、千篇一律的	调整自 Littrell、Anderson 和 Brown(1993)
O1	我从民宿/农家乐的设计看出了主人的独特审美	访谈
O2	我从民宿/农家乐的设计看出了主人的个性	访谈
O3	我从民宿/农家乐的设计看出了主人的生活乐趣	访谈
P1	这家民宿/农家乐激发了我的很多情感	访谈
P2	这家民宿/农家乐激发了我的很多想象	访谈
P3	这家民宿/农家乐让我联想起了很多经历	访谈
存在的真实性_人际方面		
Q1	我觉得主人热情款待我是希望我多来光顾、消费	访谈
Q2	我觉得主人热情款待我是因为害怕失去我这个顾客	访谈
Q3	我觉得主人热情款待我是因为害怕被投诉	访谈
R1	我感觉主人只是把招待我看成一份工作在做	访谈
R2	我感觉自己只是主人的服务对象	访谈
R3	我感觉自己只是主人接待的众多客人中普通的一个	访谈
S1	我与民宿/农家乐主人相处得像一家人	访谈
S2	我与民宿/农家乐主人相互信任	访谈
S3	我很感激民宿/农家乐主人的招待	访谈
存在的真实性_个人方面		
T1	住在这里感觉很自由,没有干涉和限制	访谈
T2	住在这里让我感到心无杂念	访谈
T3	住在这里让我感觉心境很纯净,平和	访谈

注:每个问项前的编号为数据分析完成以后方才指定,仅为报告方便使用;在后续分析中,每个问项用该编号指代,例如:"B11"指代"建筑及内部设施整体干净整洁";问项的编号依据探索性因子分析结果。

7.6 数据收集

在得到净化后的量表后,研究者利用大样本数据来进一步确证测量模型维度结构,并检验其信度和效度。服务质量、体验质量和体验真实性三个构念的内在维度结构将利用探索性因子分析来进一步探索已挖掘潜在的复杂结构。由此得到的测量模型将利用 Cronbach's Alpha 系数来检验各个维度的内部一致性,并利用验证性因子分析来检验其效度。

数据通过问卷调研进行收集,详细问卷调研过程详见 4.3.2 节。调研共回收问卷 873 份,其中有 437 份于 2016 年 3 月份收集,剩余的 436 份在同年 4 月份完成收集。在这两批数据中,第一批数据用于探索性因子分析,而第二批数据则用于内部一致性检验和验证性因子分析。

7.6.1 测量模型内部结构探索

Churchill(1979)建议,根据已有理论或质性探索结果得出的构念维度结构有必要用探索性因子分析进行进一步确证。同时,探索性因子分析也可以进一步探索已经识别出的维度下可能存在的更复杂结构。这种对测量模型结构的深入探索被认为是信度和效度检验的前提。本研究基于 437 个旅游小企业顾客样本数据对经过净化的测量问项进行探索性因子分析。

由于探索性因子分析假设数据呈现正态分布,因此应首先检验数据的正态性。Kline(2005)认为,如果变量偏度值在 3 以下,同时峰度值在 8 以下,可以认为该变量的样本数据呈正态分布。表 7-2 所示的正态性检验结果显示,所有问项数据的偏度系数为 $0.085 \sim 1.245$,而峰度系数则为 $0.003 \sim 1.110$,符合 Kline(2005)所提的要求。可以认为,样本数据呈现正态分布,符合探索性因子分析的要求。

表 7-2 数据特征及正态性检验结果(第一批 437 个样本)

问项	频数	均值	标准差	偏度	标准误	峰度	标准误
B11	437	5.776	1.251	−1.004	0.117	0.659	0.233
B12	437	5.854	1.210	−1.105	0.117	1.110	0.233
B13	437	5.799	1.181	−0.762	0.117	−0.108	0.233

续表

问项	频数	均值	标准差	偏度	标准误	峰度	标准误
B14	437	5.574	1.273	−0.696	0.117	0.024	0.233
B21	437	4.831	1.415	−0.361	0.117	−0.085	0.233
B22	437	5.110	1.408	−0.468	0.117	−0.162	0.233
B23	437	4.899	1.448	−0.320	0.117	−0.398	0.233
C1	437	5.368	1.342	−0.609	0.117	0.003	0.233
C2	437	5.535	1.300	−0.657	0.117	0.068	0.233
C3	437	5.719	1.221	−0.822	0.117	0.404	0.233
D1	437	5.584	1.361	−0.760	0.117	−0.041	0.233
D2	437	5.568	1.356	−0.729	0.117	−0.057	0.233
D3	437	5.586	1.351	−0.757	0.117	0.062	0.233
E1	437	4.773	1.312	−0.157	0.117	−0.267	0.233
E2	437	5.025	1.342	−0.407	0.117	−0.060	0.233
E3	437	5.190	1.335	−0.334	0.117	−0.414	0.233
E4	437	5.231	1.356	−0.303	0.117	−0.656	0.233
F1	437	5.698	1.234	−0.718	0.117	−0.026	0.233
F2	437	5.494	1.330	−0.672	0.117	0.019	0.233
F3	437	5.469	1.395	−0.628	0.117	−0.264	0.233
G1	437	4.757	1.398	−0.108	0.117	−0.248	0.233
G2	437	4.780	1.449	−0.085	0.117	−0.577	0.233
G3	437	4.696	1.453	−0.090	0.117	−0.461	0.233
H1	437	4.810	1.457	−0.414	0.117	−0.074	0.233
H2	437	4.744	1.465	−0.399	0.117	−0.098	0.233
H3	437	5.153	1.437	−0.438	0.117	−0.352	0.233
I1	437	4.600	1.532	−0.126	0.117	−0.441	0.233
I2	437	4.574	1.572	−0.140	0.117	−0.572	0.233
I3	437	4.737	1.529	−0.185	0.117	−0.522	0.233
I4	437	4.927	1.547	−0.333	0.117	−0.521	0.233
J1	437	5.661	1.488	−1.104	0.117	0.718	0.233
J2	437	5.593	1.514	−1.048	0.117	0.542	0.233

续表

问项	频数	均值	标准差	偏度	标准误	峰度	标准误
J3	437	5.492	1.520	−0.888	0.117	0.178	0.233
K1	437	5.458	1.368	−0.774	0.117	0.328	0.233
K2	437	5.542	1.353	−0.891	0.117	0.547	0.233
K3	437	5.352	1.398	−0.676	0.117	0.037	0.233
L1	436	5.635	1.394	−0.967	0.117	0.542	0.233
L2	437	5.540	1.380	−0.886	0.117	0.374	0.233
L3	437	5.256	1.435	−0.625	0.117	−0.175	0.233
N1	437	4.293	1.707	−0.168	0.117	−0.715	0.233
N2	437	4.586	1.601	−0.331	0.117	−0.526	0.233
N3	437	4.449	1.665	−0.281	0.117	−0.650	0.233
O1	437	4.330	1.617	−0.132	0.117	−0.503	0.233
O2	437	4.341	1.635	−0.170	0.117	−0.537	0.233
O3	437	4.396	1.634	−0.172	0.117	−0.605	0.233
P1	437	4.682	1.527	−0.214	0.117	−0.396	0.233
P2	437	4.675	1.516	−0.192	0.117	−0.365	0.233
P3	437	4.753	1.575	−0.359	0.117	−0.384	0.233
Q1	437	4.732	1.698	−0.383	0.117	−0.581	0.233
Q2	437	4.391	1.753	−0.287	0.117	−0.724	0.233
Q3	437	3.895	1.847	−0.091	0.117	−0.950	0.233
R1	437	4.284	1.808	−0.281	0.117	−0.817	0.233
R2	437	4.362	1.813	−0.256	0.117	−0.857	0.233
R3	437	4.540	1.820	−0.312	0.117	−0.849	0.233
S1	437	5.302	1.457	−0.741	0.117	0.097	0.233
S2	437	5.437	1.393	−0.768	0.117	0.181	0.233
S3	437	5.558	1.346	−0.842	0.117	0.418	0.233
T1	437	6.149	1.091	−1.245	0.117	1.033	0.233
T2	437	6.009	1.135	−0.925	0.117	−0.021	0.233
T3	437	6.027	1.153	−1.037	0.117	0.222	0.233

注：所有问项都用表 7-1 中的问项编号来替代。

7.6.2 探索性因子分析：服务质量

为检验数据是否适用于探索性因子分析，首先对其服务质量测量问项的相关系数矩阵进行诊断。Bartlett 球形检验和 KMO 值计算结果如表 7-3 所示。其中 KMO 值达到 0.942，而检验结果显著，说明服务质量问项的数据适用于探索性因子分析。

表 7-3 **Bartlett 球形检验结果及 KMO 值：服务质量测量问项**

KMO 值		0.942
Bartlett 球形检验	近似卡方值	8770.360
	自由度	190
	显著性	0.000

利用主成分分析法抽取初始因子，并保留 6 个特征根在 0.7 以上的因子（Jolliffe，1972，1986）（见表 7-4）。结果显示，提取出的 6 个因子能解释 85.023% 的变量共同度（communality）。经旋转后，每个因子都能够解释超过 10% 的变量共同度。因此，可以认为抽取出的这 6 个因子都是有意义的。

表 7-4 **总方差解释率贡献度：服务质量**

主成分	初始特征根			载荷平方旋转和		
	总值	解释方差百分比/%	累计解释方差百分比/%	总值	解释方差百分比/%	累计解释方差百分比/%
1	11.572	57.860	57.860	3.302	16.508	16.508
2	1.699	8.494	66.353	3.134	15.668	32.177
3	1.171	5.856	72.209	2.997	14.983	47.159
4	1.007	5.037	77.247	2.671	13.356	60.515
5	0.810	4.052	81.299	2.534	12.672	73.187
6	0.745	3.724	85.023	2.367	11.835	85.023

变量抽取方法：主成分分析法。

简化后的未旋转的因子载荷矩阵如表 7-5 所示。

表 7-5　旋转前的因子载荷矩阵:服务质量

问项	主成分					
	1	2	3	4	5	6
B11	0.715					
B12	0.759					
B13	0.740					
B14	0.703					
B21	0.715					
B22	0.776	0.403				
B23	0.713					
C1	0.805					
C2	0.825					
C3	0.801				−0.409	
D1	0.731	−0.489				
D2	0.690	−0.535				
D3	0.720	−0.487				
E1	0.759					
E2	0.777					
E3	0.790					
E4	0.761					
F1	0.814					
F2	0.802					
F3	0.795					

因子抽取方法:主成分分析法。共抽取 6 个因子。表格中仅显示 0.4 以上的因子载荷。

为提高因子的可解释性,初始因子载荷矩阵通过方差极大旋转法(Varimax Rotation Method)(Kaiser,1958)进行旋转。旋转后的因子载荷矩阵如表 7-6 所示。根据 Pett、Lackey 和 Sullivan(2003)的建议,从特定因子中剔除因子载荷在 0.4 以下的问项。

表 7-6 旋转后的因子载荷矩阵:服务质量

问项	主成分					
	1	2	3	4	5	6
B11		0.761				
B12		0.782				
B13		0.745				
B14		0.671				
B21				0.784		
B22				0.778		
B23				0.796		
C1						0.721
C2						0.733
C3						0.743
D1			0.858			
D2			0.892			
D3			0.838			
E1	0.793					
E2	0.796					
E3	0.748					
E4	0.707					
F1					0.721	
F2					0.801	
F3					0.800	

因子抽取方法:主成分分析法。旋转方法:Kaiser 标准化的方差极大旋转法。旋转在 7 次迭代后收敛。

旋转后的因子载荷矩阵显示,每一个问项都只显著负载于一个因子,表明抽取出的因子之间有明显的区分度。总的来说,抽取出的因子结构符合 6.4 节中关于服务质量的理论维度设想。问项 C1 到 C3,D1 到 D3,E1 到 E4,F1 到 F3 分别显著负载于因子 6、因子 3、因子 1 和因子 5,对应服务质量的可靠性、响应性、保证性和移情性。然而,问项群 B11 到 B14 和问项群

B21 到 B23 分别显著负载于因子 2 和因子 4。这意味着服务质量理论框架中的"有形性"维度内部有更复杂的结构。

在经典的 SERVQUAL 量表中，测量有形性的问项数量通常比其他维度的问项要多，但其内部可能存在的结构却很少被注意到。通过对这两组问项的分析可以发现，问项 B11 到 B14 强调的是有形要素的完备性（adequacy），亦即设施设备、餐饮产品是否能够满足最基本的使用要求。与此相对，问项 B21 到 B23 则是测量有形要素的"优越性"（superiority），关注的是设施设备等是否优质，是否能带来使用上的舒适性。因此，有形性维度可以进一步区分为"硬件完备性"和"硬件优越性"两个维度。

基于上述分析，可以判断服务质量由 6 个维度构成，包括硬件完备性、硬件优越性、可靠性、响应性、保证性和移情性。其测量模型如图 7-3 所示。

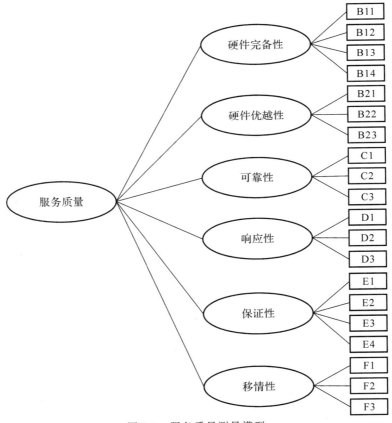

图 7-3　服务质量测量模型

7.6.3　探索性因子分析：体验质量

体验质量测量问项数据的 KMO 值和 Bartlett 球形检验结果如表 7-7 所示。结果显示，KMO 值高达 0.904，Bartlett 球形检验结果显著，可以认为数据的相关系数矩阵符合探索性因子分析的要求。

表 7-7　KMO 值和 Bartlett 球形检验结果：体验质量

KMO 值		0.904
Bartlett 球形检验	近似卡方值	7042.888
	自由度	78
	显著性	0.000

初始因子通过主成分分析法抽取，并保留特征根在 0.7 以上的 4 个因子，能够解释总计 90.385% 的方差共同度（表 7-8）。旋转后，各因子对方差共同度的解释均达到 20% 以上，表明抽取的所有因子都有意义。

表 7-8　总方差解释率贡献度：体验质量

主成分	初始特征根			载荷平方旋转和		
	总值	解释方差百分比/%	累计解释方差百分比/%	总值	解释方差百分比/%	累计解释方差百分比/%
1	8.273	63.642	63.642	3.508	26.983	26.983
2	1.520	11.692	75.333	2.925	22.497	49.481
3	1.081	8.312	83.646	2.685	20.652	70.133
4	0.876	6.739	90.385	2.633	20.252	90.385

因子抽取方法：主成分分析法。

简化的旋转前因子载荷矩阵如表 7-9 所示。

表 7-9　未旋转的因子载荷矩阵：体验质量

问项	主成分			
	1	2	3	4
G1	0.790			0.401
G2	0.804			

续表

问项	主成分			
	1	2	3	4
G3	0.816			
H1	0.797			
H2	0.791			
H3	0.804			
I1	0.818			
I2	0.810			
I3	0.842			
I4	0.825			
J1	0.778	0.496		
J2	0.764	0.554		
J3	0.727	0.569		

因子抽取方法:主成分分析法。共抽取 4 个因子。表格中仅显示 0.4 以上的因子载荷。

旋转后的因子载荷矩阵如表 7-10 所示。所有问项均显著负载于一个因子上,表明 4 个因子之间区分度良好。抽取出的 4 个因子符合文献回顾和质性探索所发现的体验质量的维度结构,除了已有的教育性、娱乐性、审美性和共睦感四个维度以外,不存在更加复杂的结构。

表 7-10　旋转后的因子载荷矩阵:体验质量

问项	主成分			
	1	2	3	4
G1			0.854	
G2			0.831	
G3			0.803	
H1				0.841
H2				0.859
H3				0.758
I1	0.859			

续表

问项	主成分			
	1	2	3	4
I2	0.863			
I3	0.839			
I4	0.793			
J1		0.862		
J2		0.898		
J3		0.895		

因子抽取方法:主成分分析法。旋转方法:Kaiser 标准化的方差极大旋转法。旋转在 7 次迭代后收敛。

上述分析所确证的体验质量测量模型如图 7-4 所示。

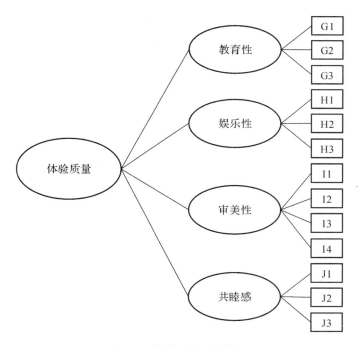

图 7-4　体验质量测量模型

7.6.4 探索性因子分析:体验真实性

体验真实性测量问项数据的 KMO 值和 Bartlett 球形检验结果如表 7-11所示。KMO 值高达 0.887,接近 0.9,Bartlett 球形检验结果显著,表明数据的相关系数矩阵满足探索性因子分析的需要。

表 7-11　KMO 值和 Bartlett 球形检验结果:体验真实性

KMO 值		0.887
Bartlett 球形检验	近似卡方值	12890.022
	自由度	435
	显著性	0.000

初始因子同样通过主成分分析法抽取,并保留了特征根大于 0.7 的 9 个因子,能够解释工具 85.331% 的方差共同度(表 7-12)。旋转后,抽取出的所有因子所能解释的方差共同度相近,解释度均不低于 7%,表明抽取出的因子具有显著意义。

表 7-12　总方差解释率贡献度:体验真实性

主成分	初始特征根			载荷平方旋转和		
	总值	解释方差百分比/%	累计解释方差百分比/%	总值	解释方差百分比/%	累计解释方差百分比/%
1	9.556	31.853	31.853	5.117	17.056	17.056
2	6.219	20.729	52.582	2.926	9.753	26.809
3	2.611	8.702	61.284	2.682	8.939	35.748
4	1.772	5.908	67.192	2.555	8.518	44.266
5	1.383	4.609	71.802	2.550	8.501	52.767
6	1.218	4.061	75.863	2.515	8.382	61.149
7	0.993	3.309	79.172	2.510	8.365	69.515
8	0.973	3.245	82.417	2.465	8.217	77.731
9	0.874	2.915	85.331	2.280	7.600	85.331

因子抽取方法:主成分分析法。

旋转前的因子载荷矩阵如表 7-13 所示。

表 7-13　旋转前的因子载荷矩阵:体验真实性

问项	主成分								
	1	2	3	4	5	6	7	8	9
K1	0.788								
K2	0.770								
K3	0.797								
L1		0.586		0.623					
L2		0.662		0.618					
L3		0.551		0.643					
N1		0.773							
N2		0.720							
N3		0.760							
O1	0.571		0.658						
O2	0.572		0.689						
O3	0.597		0.652						
P1	0.739								
P2	0.733								
P3	0.706								
Q1		0.597							
Q2		0.721							
Q3		0.703							
R1		0.820					0.407		
R2		0.829					0.431		
R3		0.814					0.414		
S1	0.754								
S2	0.757								
S3	0.765								
T1	0.675		−0.452						
T2	0.713		−0.405						
T3	0.709								

因子抽取方法:主成分分析法。共抽取 9 个因子。表格中仅显示 0.4 以上的因子载荷。

旋转后的因子载荷矩阵如表 7-14 所示。旋转后的因子载荷矩阵显示，每一个问项都只显著负载于一个因子,表明抽取出的因子之间有明显的区分度。

表 7-14　旋转后的因子载荷矩阵:体验真实性

问项	主成分								
	1	2	3	4	5	6	7	8	9
K1	0.799								
K2	0.728								
K3	0.798								
L1					0.856				
L2					0.865				
L3					0.858				
N1							0.827		
N2							0.841		
N3							0.830		
O1		0.910							
O2		0.926							
O3		0.896							
P1						0.828			
P2						0.844			
P3						0.822			
Q1								0.834	
Q2								0.871	
Q3								0.781	
R1			0.847						
R2			0.866						
R3			0.847						
S1									0.768
S2									0.811

问项	主成分								
	1	2	3	4	5	6	7	8	9
S3									0.754
T1				0.800					
T2				0.839					
T3				0.833					

因子抽取方法:主成分分析法。旋转方法:Kaiser 标准化的方差极大旋转法。旋转在 7 次迭代后收敛。

在体验真实性的初始概念模型中,仅识别出四个维度,即客观真实性、建构真实性、个人层面的存在真实性、人际层面的存在真实性。探索性因子分析的结果却发现,这四个方面的真实性内部可能还存在更加复杂的结构。

问项 K1 到 L3 原本被纳入客观真实性的范畴。但探索性因子分析结果显示,这些问项内部还存在较大的区分度。其中问项 K1 到 K3 显著负载于因子 1,而问项 L1 到 L3 则显著负载于因子 5。由此,因子 1 包含了 3 个陈述,即"这家民宿/农家乐展现了真正的乡村生活""这家民宿/农家乐的建筑、菜品、饮料很有乡村特色""住在这里让我感觉自己是真实乡村生活的一部分"。就其内涵而言,这三个问项指的是顾客所体验到的生活方式在多大程度上是"地道"的、原真性的乡村生活方式。因此,因子 1 可以命名为"乡村性"。相比之下,因子 5 则包含了"这家民宿/农家乐是一个真实的乡村家庭""这家民宿/农家乐展现了乡村家庭的日常生活""我感觉自己成了乡村家庭的一部分"3 个陈述。这 3 个陈述的共同点在于都强调"家庭"特性。也就是说,顾客所接触到的接待方是否是真正的"家庭",是否是主人家的居住场所,而非表演、伪装出来的"家庭氛围"。后者往往在场所和其他要素上是高度商业化的。基于此,因子 5 可以命名为"家庭性"(feel at home)。就其定义而言,家庭性指的是在多大程度上顾客感知到他们是投宿在一个真正的乡村家庭里,而不是为了商业目的而包装出来的虚假的家庭氛围。

建构真实性包含了从 N1 到 P3 的所有问项。探索性因子分析的结果也区分了其内在的维度。其中问项 N1("住在这家民宿/农家乐的体验很普通,没有特别之处")、N2("我可以在很多民宿/农家乐得到同样的体验")、N3("住在这家民宿/农家乐的体验是标准化、千篇一律的")显著负载于因子 7。这三个陈述就其内在含义而言也是高度一致的,都衡量了在多大程度上顾客感到他们与旅游小企业的接触是独一无二的，而不是标准化的、司空见惯的现代化大生产的产物。基于此，因子 7 可以命名为"独特性"（uniqueness）。独特性这个维度应当从属于建构的真实性，原因在于它与现代酒店业充斥的"批量生产的体验"形成了鲜明的对比。现代人越来越倾向于追求这种带有前工业化时代色彩的独特性，而越来越排斥标准化的生产。这大概是出于某种怀旧感，而这种怀旧感通常是社会互动、媒体传播所建构出来的想象中的图景。这些前工业化社会的想象在很大程度上要归功于诸如小说、诗歌之类的文学创作，现代人往往以为它们是"真实"（authentic）、"原真"（genuine）的，并一直不懈追求着。

问项 O1（"我从民宿/农家乐的设计看出了主人的独特审美"）、O2（"我从民宿/农家乐的设计看出了主人的个性"）、O3（"我从民宿/农家乐的设计看出了主人的生活乐趣"）显著负载于因子 2。这三个陈述所表达的共同意义与旅游小企业经营者嵌入有形要素（特别是建筑设计）中的意识形态有关。其共同衡量的是旅游小企业可以在多大程度上以可视要素而不是语言为媒介，向顾客传递主人的思想、世界观、人生观和价值观。在这个意义上，旅游小企业的这些可见要素可以类比为"镜子"，能够"反射"出主人的思想和人格特征。正如一个受访者所说的："（我的体验）是真实的，它是实实在在存在的，是真实的……我的意思是，你可以从这栋房子、这些装饰，甚至是挂在墙上的这幅画看出主人自己的兴趣和爱好……它们都是真实存在的，让人很舒服。"因此，因子 2 可以命名为"反射性"（reflexivity）。

问项 P1（"这家民宿/农家乐激发了我的很多情感"）、P2（"这家民宿/农家乐激发了我的很多想象"）、P3（"这家民宿/农家乐让我联想起了很多经历"）显著负载于因子 6。"反射性"指的是在多大程度上顾客与主人的接触能够激发起顾客对"他人"（即主人）的想象。相比之下，这三个问项反映的是"顾客"对自我的反省和反思，这种反思包括对过往的追忆、对当下情绪的感受以及对未来的想象。如果仍然把顾客的逗留经历及主客互动过程比喻成一面镜子的话，此时顾客从镜子当中看到的是自己，包括当下的自己、过往的自己和未来的自己。顾客自己反思的这些"自我"虽然是其建构的，但却是自己真真切切感受到的："我跟他们（指主人家）聊天，我看到了这些花花草草，我也品尝了这里的美食……这些都让我回想起一些久远的时光。怎么说呢，应该是我小的时候吧，那时候我和我的爷爷奶奶住在一个很小的山村里，他们给我讲故事，给我做好吃的……我知道我在这里吃到的东西只是味道像而已，并不是我爷爷奶奶做的，他们已经去世了。但这不重要，重

要的是味道一样,这是童年的味道,是真实的味道!"(匿名受访者)

可以说,真实性的这个维度(因子 6)虽然是通过激发某种记忆或想象而建构出来的,但顾客自己却认为这也是一种真实。因此,因子 6 可以命名为"反思性"(reflectiveness)。

人际层面的存在真实性包含了从 Q1 到 S3 的问项,但其内部也存在更加复杂的结构。问项 Q1("我觉得主人热情款待我是希望我多来光顾、消费")、Q2("我觉得主人热情款待我是因为害怕失去我这个顾客")、Q3("我觉得主人热情款待我是因为害怕被投诉")显著负载于因子 8。其共同意义在于,都与顾客对主人热情好客的动机的感知有关,或者说,这三个问项判断的是主人的热情到底有多"真诚"(sincere)。在这个意义上,顾客会判断主人所表现出来的好客是出于他自己内心的意愿,还是受到外在的某些压力(如行业监管)或某些诱惑(如盈利)。换句话说,主人关心顾客是因为他真的在意顾客吗?顾客会根据这个判断来得出他与主人的关系是否"真实"的结论。因此,因子 8 可以命名为"真诚性"(sincerity)。

问项 R1("我感觉主人只是把招待我看成一份工作在做")、R2("我感觉自己只是主人的服务对象")、R3("我感觉自己只是主人接待的众多客人中普通的一个")显著负载于因子 3。通过这三个问项,顾客衡量的是他们与主人的关系是否与众不同。他们要判断主人表现出欢迎和友好的架势到底是因为他们是专业的接待行业从业人员,还是出于一种朴素的本能。他们需要避免自己成为"专业化接待"的"受害者"。相反,他们认为自己应该是"独一无二"的人,能够得到特殊的对待,而不是生产流水线上的加工对象。基于这个考虑,因子 3 可以命名为"特殊性"(specialty)。"特殊性"维度与建构真实性中的"独特性"维度有本质的不同。虽然两者都是某种"后现代思潮"的产物,但"独特性"强调的是顾客与主人家接触的整个过程与别处体验不同,是认知层面的。与此相对,"特殊性"强调的是主客关系的特殊性,强调每个客人都是独一无二的个体,应该要得到特殊的对待,因此可以认为是情感层面的。

问项 S1("我与民宿/农家乐主人相处得像一家人")、S2("我与民宿/农家乐主人相互信任")、S3("我很感激民宿/农家乐主人的招待")显著负载于因子 9,其意义也非常明显,衡量的是顾客与主人之间关系的亲密程度,因此可以命名为"亲密性"(intimacy)。

相较于人际层面的存在真实性的复杂内部结构,个人层面的存在真实性相对较为简单,所有问项都负载于一个因子(因子 4)上。根据这三个问项的意义,以及个人层面的存在真实性的定义,因子 4 可以命名为"自由性"(freedom)。

基于上述分析,可以发现体验真实性的内部结构远比 Wang(1999)等学者提出的概念框架复杂,它包含了 4 个方面的 9 个维度。其最终测量模型如图 7-5 所示。

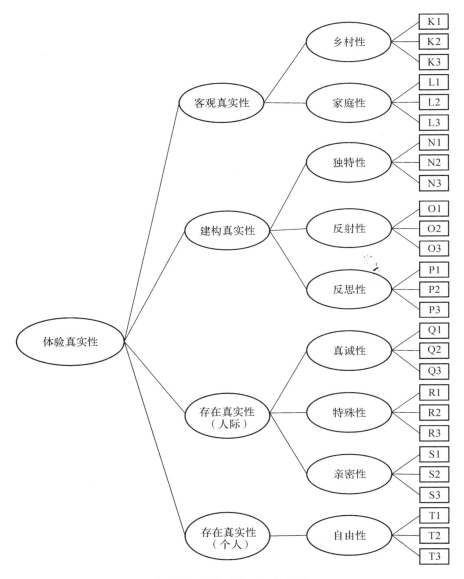

图 7-5　体验真实性测量模型

7.7 信度与效度检验

为检验上述服务质量、体验质量和体验真实性的测量模型是否具有信度和效度，研究者基于第二批 436 个样本数据对探索性因子分析发现的测量模型进行内部一致性检验和构念效度（construct validity）检验。内部一致性检验参考 Cronbach's Alpha 系数。构念效度指的是由理论推导或探索性研究所得到的构念内部结构是否符合实际的构念结构。构念效度包括聚合效度和区分效度，均通过验证性因子分析进行检验。

第二批数据的特征和正态性检验如表 7-15 所示。偏度的绝对值（在0.055 和 1.512 之间）和峰度绝对值（在 0.020 和 0.907 之间）显示，所有变量数据可以认为是符合正态分布的，符合 Cronbach's Alpha 系数计算和探索性因子分析的要求。

表 7-15 数据特征及正态性检验结果（第二批 436 个样本）

问项	频数	均值	标准差	偏度	标准误	峰度	标准误
B11	436	5.7592	1.31631	−0.995	0.117	0.669	0.233
B12	436	5.8716	1.16146	−1.039	0.117	0.767	0.233
B13	436	5.7661	1.15683	−0.77	0.117	0.138	0.233
B14	436	5.5138	1.34841	−0.637	0.117	−0.336	0.233
B21	436	4.805	1.42750	−0.287	0.117	−0.152	0.233
B22	436	5.1307	1.38593	−0.475	0.117	−0.209	0.233
B23	436	4.8922	1.36789	−0.275	0.117	−0.212	0.233
C1	436	5.3899	1.32675	−0.452	0.117	−0.523	0.233
C2	436	5.6009	1.24158	−0.591	0.117	−0.299	0.233
C3	436	5.7385	1.17267	−0.769	0.117	0.158	0.233
D1	436	5.5688	1.42307	−0.787	0.117	−0.034	0.233
D2	436	5.5252	1.44534	−0.812	0.117	−0.024	0.233
D3	436	5.4427	1.49295	−0.773	0.117	−0.155	0.233
E1	436	4.7431	1.46156	−0.142	0.117	−0.492	0.233
E2	436	4.9908	1.39124	−0.195	0.117	−0.569	0.233

续表

问项	频数	均值	标准差	偏度	标准误	峰度	标准误
E3	436	5.2500	1.38278	−0.482	0.117	−0.309	0.233
E4	436	5.2179	1.52248	−0.643	0.117	−0.157	0.233
F1	436	5.7294	1.28122	−0.828	0.117	0.237	0.233
F2	436	5.5252	1.31019	−0.631	0.117	−0.02	0.233
F3	436	5.5436	1.33061	−0.703	0.117	0.065	0.233
G1	436	4.7133	1.40538	−0.055	0.117	−0.327	0.233
G2	436	4.8005	1.40740	−0.124	0.117	−0.361	0.233
G3	436	4.6858	1.50398	−0.077	0.117	−0.573	0.233
H1	436	4.805	1.45462	−0.36	0.117	−0.151	0.233
H2	436	4.8326	1.47685	−0.359	0.117	−0.27	0.233
H3	436	5.2959	1.40838	−0.709	0.117	0.14	0.233
I1	436	4.5596	1.62555	−0.141	0.117	−0.711	0.233
I2	436	4.5528	1.61586	−0.138	0.117	−0.808	0.233
I3	436	4.7248	1.56615	−0.237	0.117	−0.646	0.233
I4	436	4.9495	1.49704	−0.401	0.117	−0.302	0.233
J1	436	5.7271	1.33608	−0.961	0.117	0.517	0.233
J2	436	5.6491	1.37240	−1.054	0.117	0.856	0.233
J3	436	5.4817	1.47847	−0.811	0.117	0.062	0.233
K1	436	5.4564	1.37980	−0.684	0.117	0.129	0.233
K2	436	5.5115	1.36200	−0.784	0.117	0.156	0.233
K3	436	5.3028	1.41262	−0.651	0.117	−0.023	0.233
L1	436	5.5986	1.48460	−1.021	0.117	0.567	0.233
L2	436	5.5046	1.43278	−0.923	0.117	0.453	0.233
L3	436	5.1628	1.58109	−0.659	0.117	−0.132	0.233
N1	436	4.4771	1.59509	−0.281	0.117	−0.393	0.233
N2	436	4.7592	1.55933	−0.497	0.117	−0.178	0.233
N3	436	4.5505	1.58578	−0.247	0.117	−0.467	0.233
O1	436	4.3784	1.70770	−0.163	0.117	−0.792	0.233

问项	频数	均值	标准差	偏度	标准误	峰度	标准误
O2	436	4.3326	1.77128	−0.211	0.117	−0.87	0.233
O3	436	4.422	1.75666	−0.215	0.117	−0.834	0.233
P1	436	4.7913	1.51165	−0.376	0.117	−0.115	0.233
P2	436	4.7569	1.52995	−0.263	0.117	−0.321	0.233
P3	436	4.7798	1.56460	−0.286	0.117	−0.469	0.233
Q1	436	4.7683	1.65509	−0.461	0.117	−0.403	0.233
Q2	436	4.3945	1.78122	−0.275	0.117	−0.712	0.233
Q3	436	3.9358	1.80051	0.044	0.117	−0.798	0.233
R1	436	4.3073	1.85126	−0.24	0.117	−0.846	0.233
R2	436	4.2959	1.88694	−0.253	0.117	−0.899	0.233
R3	436	4.4931	1.88215	−0.299	0.117	−0.907	0.233
S1	436	5.2821	1.57005	−0.71	0.117	−0.041	0.233
S2	436	5.4564	1.44967	−0.793	0.117	0.134	0.233
S3	436	5.539	1.43065	−0.848	0.117	0.16	0.233
T1	436	6.1628	1.12182	−1.512	0.117	0.257	0.233
T2	436	6.055	1.16725	−1.109	0.117	0.529	0.233
T3	436	6.1055	1.11947	−1.138	0.117	0.632	0.233

注：所有问项都用表格 7-1 中的问项编号来替代。

7.7.1　内部一致性检验结果

Churchill(1979)建议，在进行验证性因子分析之前应先进行内部一致性检验。三个构念的测量模型中各个维度的 Cronbach's Alpha 系数计算结果如表 7-16 所示。检验结果显示，服务质量、体验质量和体验真实性三个构念所包含的所有维度的 Cronbach's Alpha 系数均大于 0.7，表明内部一致性好(Kline,1990)。

表 7-16　顾客体验测量量表内部一致性检验结果

构念	维度	Cronbach's Alpha 系数值
SQ： 服务质量	B1 硬件完备性	0.904
	B2 硬件优越性	0.899
	C 可靠性	0.921
	D 响应性	0.965
	E 保证性	0.914
	F 移情性	0.949
EQ： 体验质量	G 教育性	0.952
	H 娱乐性	0.939
	I 审美性	0.960
	J 共睦感	0.952
EA： 体验真实性	K 乡村性	0.913
	L 家庭性	0.947
	N 独特性	0.917
	O 反射性	0.969
	P 反思性	0.956
	Q 真诚性	0.890
	R 特殊性	0.945
	S 亲密性	0.941
	T 自由性	0.938

7.7.2　验证性因子分析结果

验证性因子分析在 Amos 17.0 软件的协助下进行，参数估计采用最大似然估计法（maximum likelihood method）。三个测量模型的总体适配度以及相关的适配指标如表 7-17 所示。

表 7-17　顾客体验测量模型验证性因子分析结果

	测量模型 1: 服务质量	测量模型 2: 体验质量	测量模型 3: 体验真实性
	$n=436$	$n=436$	$n=436$
绝对适配度指标			
χ^2	343.417 ($P=0.000$)	159.856 ($P=0.000$)	420.904 ($P=0.000$)
d. f.	144	50	277
RMR	0.06	0.098	0.08
GFI	0.927	0.947	0.933
AGFI	0.894	0.904	0.909
RMSEA	0.056	0.071	0.035
基线比较指标			
NFI	0.962	0.977	0.966
TLI	0.970	0.975	0.985
CFI	0.978	0.984	0.988
简约适配度指标			
PGFI	0.636	0.521	0.684
PNFI	0.729	0.626	0.762
PCFI	0.741	0.631	0.780
AIC	475.417	241.856	622.904

在验证性因子分析中,卡方值(χ^2)通常作为评价模型适配度的主要指标。卡方检验显著表明模型与数据之间存在显著不匹配。然而,卡方检验的结果对样本数量的依赖非常明显,在大样本的时候很容易显著(Harrington,2009)。因此有学者指出,在大样本的情况下忽略显著的卡方值似乎是一种标准的做法(Leach,et al.,2008)。Kline(2005)认为,样本数量在 200 个以上可以称之为大样本。在本研究中,样本量超过 400 个,而三个测量模型也较为复杂,自由度较高。因此,模型的总体适配度还应参考其他指标,综合判断。

在三个模型中,RMR 值都在 0.1 以下,RMSEA 值在 0.8 以下,而 GFI 值都在 0.9 以上,说明模型具有良好的绝对适配度(Kline,2005)。再比较适配度指标(comparative fitness indices),NFI、TLI 和 CFI 值都在 0.95 以上,表明三个模型都比基线模型适配度更好(Kline,2005)。PGFI、PNFI 和 PCFI 值都在 0.5 以上,因此可以推断,三个模型的简约度良好,在可以接受的范围内(吴明隆,2010)。

三个测量模型的参数估计结果如表 7-18、表 7-19 和表 7-20 所示。可见,所有因子载荷系数都显著,并且标准误都较小,表明模型的拟合度良好。标准化的因子载荷值为 0.750~0.974,表明因子能够解释问项变量的绝大部分变异,同时,没有一个问项变量会显著负载于多个因子上,表明模型的区分效度良好(吴明隆,2010)。

表 7-18　服务质量测量模型参数估计结果

	参数	SE	CR	P	标准化参数
B11 ← SQ-B1（硬件完备性）	1				0.827
B12 ← SQ-B1（硬件完备性）	0.91	0.039	23.472	***	0.854
B13 ← SQ-B1（硬件完备性）	0.95	0.048	19.931	***	0.892
B14 ← SQ-B1（硬件完备性）	0.98	0.056	17.59	***	0.791
B21 ← SQ-B2（硬件优越性）	1				0.830
B22 ← SQ-B2（硬件优越性）	1.075	0.045	23.628	***	0.917
B23 ← SQ-B2（硬件优越性）	0.985	0.046	21.434	***	0.852
C1 ← SQ-C（可靠性）	1				0.882
C2 ← SQ-C（可靠性）	0.983	0.035	28.387	***	0.924
C3 ← SQ-C（可靠性）	0.882	0.034	25.786	***	0.878
D1 ← SQ-D（响应性）	1				0.929
D2 ← SQ-D（响应性）	1.069	0.024	44.714	***	0.974
D3 ← SQ-D（响应性）	1.078	0.027	40.075	***	0.948
E1 ← SQ-E（保证性）	1				0.828
E2 ← SQ-E（保证性）	1.044	0.043	24.559	***	0.908
E3 ← SQ-E（保证性）	0.984	0.052	18.899	***	0.861
E4 ← SQ-E（保证性）	1.029	0.059	17.311	***	0.817
F1 ← SQ-F(移情性)	1				0.891
F2 ← SQ-F(移情性)	1.096	0.033	33.485	***	0.953
F3 ← SQ-F(移情性)	1.101	0.033	33.293	***	0.942

注:*** 代表 P 值在 0.01 以下。

表 7-19　体验质量测量模型参数估计结果

	参数	SE	CR	P	标准化参数
G1 ← EQ-G（教育性）	1				0.929
G2 ← EQ-G（教育性）	1.009	0.028	35.734	***	0.935
G3 ← EQ-G（教育性）	1.077	0.030	35.624	***	0.934
H1 ← EQ-H（娱乐性）	1				0.953
H2 ← EQ-H（娱乐性）	1.011	0.024	42.591	***	0.961
H3 ← EQ-H（娱乐性）	0.824	0.030	27.606	***	0.831
I1 ← EQ-I（审美性）	1				0.937
I2 ← EQ-I（审美性）	0.965	0.026	37.039	***	0.909
I3 ← EQ-I（审美性）	0.957	0.035	27.262	***	0.931
I4 ← EQ-I（审美性）	0.832	0.037	22.652	***	0.866
J1 ← EQ-J（共睦感）	1				0.927
J2 ← EQ-J（共睦感）	1.073	0.027	39.729	***	0.968
J3 ← EQ-J（共睦感）	1.084	0.033	32.885	***	0.908

注:*** 代表 P 值在 0.01 以下。

表 7-20　体验真实性测量模型参数估计结果

	参数	SE	CR	P	标准化参数
K1 ← EA-K（乡村性）	1				0.901
K2 ← EA-K（乡村性）	0.964	0.036	26.883	***	0.888
K3 ← EA-K（乡村性）	0.978	0.038	25.561	***	0.860
M1 ← EA-L（家庭感）	1				0.847
M2 ← EA-L（家庭感）	1.026	0.044	23.288	***	0.878
M3 ← EA-L（家庭感）	1.029	0.042	24.362	***	0.908
N1 ← EA-N（独特性）	1				0.856
N2 ← EA-N（独特性）	1.055	0.041	25.901	***	0.922
N3 ← EA-N（独特性）	1.029	0.042	24.434	***	0.884
O1 ← EA-O（反射性）	1				0.951
O2 ← EA-O（反射性）	1.041	0.022	46.989	***	0.964
O3 ← EA-O（反射性）	1.015	0.023	44.611	***	0.952

续表

	参数	SE	CR	P	标准化参数
P1 ← EA-P（反思性）	1				0.943
P2 ← EA-P（反思性）	1.025	0.025	41.813	***	0.957
P3 ← EA-P（反思性）	1.001	0.028	35.441	***	0.914
Q1 ← EA-Q（真诚性）	1				0.754
Q2 ← EA-Q（真诚性）	1.355	0.065	20.912	***	0.949
Q3 ← EA-Q（真诚性）	1.251	0.064	19.67	***	0.872
R3 ← EA-R（特殊性）	1				0.890
R2 ← EA-R（特殊性）	1.086	0.032	34.28	***	0.968
R1 ← EA-R（特殊性）	1.009	0.033	30.342	***	0.917
S3 ← EA-S（亲密性）	1				0.897
S2 ← EA-S（亲密性）	1.08	0.033	33.223	***	0.951
S1 ← EA-S（亲密性）	1.124	0.037	30.513	***	0.912
T1 ← EA-T（自由性）	1				0.864
T2 ← EA-T（自由性）	1.15	0.039	29.671	***	0.955
T3 ← EA-T（自由性）	1.071	0.038	28.126	***	0.925

注：*** 代表 P 值在 0.01 以下。

综合内部一致性检验结果和验证性因子分析结果，可以认为服务质量、体验质量和体验真实性的三个测量模型具有充分的信度和效度。

7.8 结果与解读

子研究 3 作为子研究 4 的先导研究，旨在"全面体验范式"框架下开发旅游小企业顾客体验的测量量表。在讨论和澄清体验的概念及其不同方面的内涵的基础上，本研究建立了一个乡村旅游小企业的全面顾客体验概念模型，包含服务质量、体验质量和体验真实性三个方面。该概念模型随后通过质性探索来发展和完善，形成完整的测量模型，并通过大样本数据和因子分析来进行确证，其信度与效度皆满足要求。

　　本研究基于体验营销理论，从全面的视角来分析顾客体验的概念，将顾客体验定义为对整个服务接触过程的消费后评价。其认知层面、情绪层面和符号层面的内容都被认为对体验管理有重要意义。相应的，乡村旅游小企业的顾客体验可以分解为服务质量、体验质量和体验真实性。基于文献回顾和质性探索，分别构建和完善了三个测量模型。研究结果发现，这三个方面的体验都可以进一步分解为不同的维度。具体来说，服务质量包含了硬件完备性、硬件优越性、可靠性、响应性、保证性和移情性五个维度，而体验质量则包含了教育性、娱乐性、审美性和共睦感四个维度。体验真实性最为复杂，其中客观的体验真实性包含了乡村性和家庭性两个维度，建构的客观真实性则包含了独特性、反射性和反思性三个维度，存在的真实性则涵盖真诚性、特殊性、亲密性和自由性四个维度。基于该维度结构，本研究开发了三个测量量表，可用于子研究 4 中顾客体验的测量。

　　有关本子研究的研究结论及讨论详见 9.1.3 节。

第8章 子研究4:旅游小企业成长与顾客体验

目前,旅游与接待领域的研究者们对旅游小企业成长对顾客体验的影响关注很少,而已有的少数研究则大多关注成长的负面影响效应,尤其关注真实性和极致体验的丧失。乡村旅游小企业通常被认为是"家庭的商业化"(Lynch,2003)。从社会学和现象学的角度来看,商业化的过程通常被认为会造成"真实性"的丧失。同时,一些学者也在实证研究中观察到,在商业化的过程中,顾客会成为"支持性体验"的受害者,逐渐失去极致体验。Lynch(2003,2009)和 Moscardo(2009)提出旅游小企业规模的扩大可能会造成顾客体验的变化,使其在整个旅行体验中的角色从核心体验降格到支持性体验。

总的来说,相关研究的局限性主要表现在以下两个方面。

第一,尽管对成长所伴随的商业化过程的负面效应已经有了一些讨论,但这些讨论仍然局限在"真实性"这个层面上。成长与商业化是否会对其他层面的顾客体验(服务质量和体验质量)有影响?商业化过程是否也会对顾客体验的其他层面有一些正面效应?还是说如同 MacCanell(1973)指出的那样,仅会导致游客或顾客成为"表演的真实的受害者"(victim of staged authenticity)?更进一步,这种表演的真实只有负面作用吗?是否可能会在某些方面提升顾客的体验?这些问题都还没有得到充分的回答。

第二,尽管已有模型(如 Lynch,2003,2009;Moscardo,2009)是从实证观察中归纳总结出来的,但是还停留在概念模型的阶段,并没有深入了解其中的作用机制。其不完备性有几个方面的体现。首先,其仅仅将企业规模视为接待容量,因此仅关注粗放型成长路径,而忽略了密集型成长路径的影响。其次,其对旅游小企业顾客体验的定义并不完整,在描述极致体验随着企业规模扩大而降低的时候,没有对极致体验的具体内容进行说明。最后,这些模型没有对支持性体验做明确的定义,也没有说明支持性体验将如何随企业规模扩大而变化。

子研究 4 基于子研究 3 开发的测量量表,以及"全面体验范式"框架,系统地探究旅游小企业不同成长路径对顾客体验各个层面的不同影响。本研究首先通过理论回顾和逻辑演绎构建和完善旅游小企业规模对服务质量、体验质量和体验真实性的影响模型,随后通过大样本数据进行检验。

8.1　旅游小企业成长与顾客体验:初始概念模型

与制造业不同,接待业并没有有形产品作为体验提供的媒介。顾客体验是通过直接与接待企业经营场所(设施设备和环境)、员工(或经营者)及其他顾客互动所产生的。因此,接待企业本身就构成了体验场景,其属性(包括物理要素和人的要素)的任何变化都可能直接带来顾客体验的差异。

Lynch(2003)将旅游小企业形容为"商业化家庭",并且注意到大多数相关研究所发现的企业的客房量都在 11 间以下,其中绝大多数接待容量在 3～6 间客房。在那些拥有 11 间客房上限的商业化家庭中,研究发现关键的家庭维度(或家庭要素)退化得较为严重。随后,Lynch(2009)又提出了一个描述不同规模旅游小企业的特征谱,位于其左端的企业往往以家庭元素为主导,右端则是以商业元素为主导。这个变化过程已经为子研究 1 所详细描述和论证,称之为"家庭分离过程"。根据子研究 1 的发现,旅游小企业成长可以分为量的成长(即规模扩张)和质的成长(即家庭分离)。两者之间总体上呈现正相关关系。家庭分离过程的本质实际上是从家庭生产模式向资本主义生产模式转变,而后者往往强调的是专用性资产和专业化员工队伍。因此,规模相对较大的旅游小企业通常会提供"商业化的接待",这种接待服务以专业化为特点,要求员工了解相关的技能,拥有服务行业所需的各种服务态度和个人特质(Pizam & Shani,2009)。

需要注意的是,家庭分离过程会在物理层面和社会层面重塑体验场景,从而间接影响顾客体验。因此可以推断,旅游小企业的成长会对顾客体验造成潜在的影响。已有研究已经部分描述了这个效应,但主要停留在理论和概念的层面。例如,Butler(1980)就提出,乡村目的地旅游的发展可能会产生城市化的效应,从而摧毁乡村特色(或游客对乡村的幻想),带来游客体验的扭曲和衰退,形成一个恶性循环。

Lynch(2003)的模型详细描述了接待企业成长对顾客体验的影响。他认为规模的扩大会带来家庭元素的衰减,而商业元素会逐渐占据主导,从而使得旅游小企业的逗留体验在游客旅程中的角色由核心体验降格为支持性体验。Moscardo(2009)也认为,商业化家庭的产品可能会落在一个区间内,这个区间的左端是提供某次度假的支持性服务(例如自助公寓或客房),右端则是顾客旅游体验中最核心、最重要的、形成其出行动机的体验。由此可以合理地推论,旅游小企业的成长会带来支持性的、普通体验的提升,而同时会导致极致的、超凡体验的弱化。

基于 Lynch(2003)和 Moscardo(2009)等学者的研究发现,本研究首先构建一个初步的概念模型,用于描述旅游小企业成长与顾客体验之间的关系(图 8-1)。

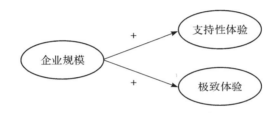

图 8-1　旅游小企业规模与顾客体验的关系:初始模型

子研究 3 发现,顾客体验是评价性的,包括对服务要素、体验要素和真实性要素的评价,形成服务质量、体验质量和体验真实性的感知。其中服务质量是功用层面的、功能性和支持性的体验,而体验质量和体验真实性都是情感层面的、符号性的体验,并且通常是顾客出行的核心追求点。虽然 Lynch(2003,2009)描述了接待企业规模与支持性体验、极致体验之间的关系,但他并没有详细说明到底哪些体验属于支持性体验,而哪些体验又可以归入极致体验的范畴。在其描述中,商业化家庭中的极致体验基本等于真实性,并且假设顾客留宿在 B&B 中主要是为了深入体验当地的生活方式,而非出于其他娱乐性的、享乐性的动机。而需要注意的是,娱乐性、享乐性的体验通常是旅游的极致体验。另外,在 Lynch(2003,2009)的概念中,仅仅考虑企业规模的其中一个指标(即接待容量),而忽略了投资量和劳动力的增长。其描述还大体停留在概念性的层面。

基于上述考虑,有必要对初始概念模型进行进一步分析、修正和细化。一方面需要对顾客体验的三个方面(服务质量、体验质量和体验真实性)逐一考虑,另一方面也需要全面审视企业成长的不同路径的不同效应。

8.2 模型修正与发展

8.2.1 旅游小企业成长与服务质量

家庭生产模式虽然在运营上相对灵活，在资源配置上也有较大的可替代性（fungibility），但在产品和服务质量的控制上却天然地处于劣势。相比之下，资本主义生产方式所推行的资产专用化和员工专业化、全职化使得提供专业化服务变得更加容易，从而带来更好的服务表现。因此，随着旅游小企业的成长及由此带来的生产模式的变化，其服务质量很有可能会有所提升。

从经营者的角度来说，企业规模的扩张也会带来提升服务质量的压力。这种压力主要有两个来源。

其一为顾客的需求。McIntosh 和 Siggs（2005）以及 Johnston-Walker（1999）都注意到，顾客的动机和期望在变化，更加偏向于高质量的、高度个性化的服务。这就驱使旅游小企业提高服务质量，在游客体验中扮演更重要的角色。为了取悦顾客，经营者们会不断改进其接待设施的设计和内部装饰，塑造与顾客的城市家庭相似的氛围。这些做法其实是一个姿态和符号，是为了向顾客传达一个信息："这里如你家里一般舒适。"通过对时间和空间的控制，经营者可以创造一种安定感。

第二个压力来源于外部的监管机构和组织，包括政府和行业协会。当企业规模达到一定程度，就会进入行政监管规定的管辖范围。这些规定可能会对接待设施设备、服务和内部管理提出要求，而这些要求很可能是与家庭小作坊式的生产模式不兼容的，从而可能会削弱原本"商业化家庭"的个人化和真实性的性质。为此，经营者不得不在专业化管理上花费心思，而不能仅仅凭借经验和直觉提供朴素的接待（Clarke，1996；Gladstone & Morris，2000）。除了强制性的监管规定外，一些自愿参与的评级机制（例如乡村旅游示范点、星级民宿的评定）也会提出同样的要求。而经营者为了扩大自己企业的知名度，或者获得一种第三方的能力认证，也往往会参与这些项目。这些外在压力的结果就是企业自发地或者被迫适应一些标准化的要求，虽然这些要求可能会削弱其独特的个性，但对于提高其服务质量、满足最基本的顾客需求是有帮助的。

基于上述考虑,可以合理地做以下假设。

假设 8:旅游小企业的规模正向影响顾客的感知服务质量。

由于服务质量包含 6 个维度,因此假设 8 可以进一步细化如下。

假设 8a:旅游小企业的规模正向影响顾客的感知硬件完备性。

假设 8b:旅游小企业的规模正向影响顾客的感知硬件优越性。

假设 8c:旅游小企业的规模正向影响顾客的感知服务可靠性。

假设 8d:旅游小企业的规模正向影响顾客的感知服务响应性。

假设 8e:旅游小企业的规模正向影响顾客的感知服务保证性。

假设 8f:旅游小企业的规模正向影响顾客的感知服务移情性。

8.2.2 旅游小企业成长与体验质量

体验质量是顾客体验在情绪、享乐层面的内容。正如 Maffesoli(2006)
所指出的,顾客是情绪化的行动者,追求感官的、享乐性的消费体验。因此,
体验质量应该也是构成顾客入住旅游小企业的要素之一,可以说是极致体
验的一部分。根据 Lynch(2003,2009)的概念模型,极致体验会随着企业规
模的扩大而逐渐衰减,但他在定义极致体验时并没有将诸如教育性、娱乐
性、审美性和共睦感这些体验元素考虑在内。就此认为规模成长会带来所
有极致体验的衰退似乎尚显武断。

现实中,大型接待企业,如一些度假村、主题酒店和精品酒店通常会为
其顾客提供一些娱乐活动,顾客也可以由此获得感官上的愉悦。因此,很难
说娱乐性等体验性元素会为扩大的规模以及由此带来的商业化所侵蚀。相
反,接待企业为了获得市场区分度,以在日益商品化、竞争日益白热化的商
业环境中获得竞争优势,引入体验要素是必然的选择(Pine & Gilmore,
1999;Schwartz,1991;Lugosi,2008)。如此,企业可以实现"逃离商品化陷
阱",获得"接待运营的市场差异性"(Gilmore & Pine,2002)。在"体验经济
时代",情感性、体验性元素已经被学者们认为是继产品和服务之后的第三
种市场供应品(Pine & Gilmore,1999)。

商业化和资本主义生产方式不仅不会导致体验元素的衰减,相反还可
能是体验元素提供的一种更加高效的方式。20 世纪 80 年代末"迪士尼模
式"的成功可以说是一个例子。迪士尼公司通过规模化的方式提供非凡体
验,并将现代企业的管理在主题公园中发挥到极致,取得了顾客体验和运营

效率上的双赢。究其本质,体验与场景中的设施和人有关。从这个角度来看,企业在接待容量、投资和劳动力上的扩张在理论上也应该是提高而非降低体验质量的。

综上所述,可以合理地做以下假设。

假设 9:旅游小企业的规模正向影响顾客的体验质量。

由于体验质量包含 4 个维度,因此假设 9 可以进一步发展如下。

假设 9a:旅游小企业的规模正向影响顾客的教育性体验。

假设 9b:旅游小企业的规模正向影响顾客的娱乐性体验。

假设 9c:旅游小企业的规模正向影响顾客的审美性体验。

假设 9d:旅游小企业的规模正向影响顾客的共睦感体验。

8.2.3　旅游小企业成长与体验真实性

考虑到旅游小企业成长所伴随的商业化和资本化过程,其对体验真实性可能会有更深远的影响。由于体验真实性包括客观的体验真实性、建构的体验真实性、人际层面的存在体验真实性和个人层面的存在体验真实性,成长的效应需要具体问题具体分析。

1. 旅游小企业成长与客观体验真实性

客观的体验真实性指的是对"真实的乡村生活方式"的体验。这种乡村生活方式包括乡村家庭的日常活动,以及与此相关的工具和环境。乡村旅游小企业的顾客可能通过两种方式体验乡村生活方式。一方面,他们可能会直接参与到主人家的日常活动中。例如,马来西亚的 home-stay 项目就给顾客一个体验村庄原始生活的机会,让他们能够参与到村里的日常活动中。另外一方面,主人家可能会展示出一种原真的、地道的乡村生活方式,从而顾客能够通过自然的互动来观察和感知。这种自然的互动在以商业关系为主导的酒店住宿中是不可能存在的,它可以是共进早晚餐的时候几句简单的谈话,也可以是静静地观察。

然而,企业规模的成长却很可能会侵蚀顾客所处的这个真实生活方式的情境。子研究 1 已经发现,企业规模的扩大与场所分离度和目标分离度正向相关。这意味着主人家庭会越来越少地和顾客共用设施设备,同时也越倾向于盈利目标。由此,客用设施设备对于主人及其家人而言会失去原本的意义,逐渐变成客人专用,主客之间的互动机会也越来越少。

此外,随着经营者对接待收入的依赖性越来越强,其他生计来源(例如农业收入)会变得次要甚至消失,或者被融入接待经营中(例如农事体验),而这些生产活动原本就是真实生活方式的一部分。针对欧美的农场旅游的实证研究已经发现,随着旅游在农场经营收入占比的提高,农场旅游产品的独特性逐渐消失。在农场情境下开发旅游似乎很难保留原本的农业生产传统氛围。其结果也许不一定会像一些学者所发现的那样(Morris & Romeril,1986;Iwai & Taguchi,1998),导致农业完全融入旅游产业中成为其一部分,但这个变化肯定会带来一些影响。

这就是 Cohen(1979)所说的"商业化"或 Crouch(2007)所说的"商品化"过程。商品化过程与个人在消费过程中的能力有关,会带来一些作为商品或以商品形式出现的乡村旅游吸引物。由此,"乡村性"也会变成一种产品,被旅游经销商打包、展示和销售(Urry,1995)。Cohen(1979)就批评了旅游的这种内在的经济属性,即将当地文化和历史遗迹商品化,侵蚀其真实性。

在随企业成长而发生的家庭商业化过程中,接待设施变得不再是家庭生活的必需品,家庭场所越来越难被感知为是纯正的乡村家庭。随着旅游小企业从家庭中分离,它们越来越关注顾客的需求,所有原本提供家庭成员的东西(住宿、餐食、饮品、休闲场所)逐渐对家庭成员自己失去了使用意义。由此,"家庭"成了"表演的家庭",而顾客就成了 MacCanell(1979)所说的"表演的真实"的受害者。

这种"表演出来的"乡村家庭和乡村生活方式可能会阻碍顾客了解主人家的真实生活状态。为了体验乡村生活方式,与物理环境以及主人家庭的互动是必需的,这两类要素构成了体验场景。在接待点,物理空间包括建筑、花园、内饰以及布景,而人文环境则包括接待(食品、饮料和服务)以及与主人、其他客人的互动(Carmichael & McClinchey,2009)。一方面,随着雇用的员工的增加,主客互动的程度可能会更低,顾客深入了解乡村家庭生活的机会可能会更小。Hsieh(2010)、McIntosh 和 Siggs(2005)都认为,"家庭"体验只有通过近距离接触才能产生。另一方面,企业规模的扩张会导致企业与家庭的分离,也会导致家庭其他生计的剥离或退出,这些分离体现在物理资源、劳动力资源和目标上。也就是说,随着旅游小企业的成长,顾客与"真实的家庭空间"(Di Domenico & Lynch,2007)互动的机会越来越少。

已有研究已经发现,"家庭场景"和家庭建筑在塑造顾客体验的过程中有重要作用(Lynch,2000,2005;Lynch & MacCannell,2000),它会形成一种"家庭氛围"(Stringer,1981),或一种"住在别人家里的感觉"(Pearce,

1990)。然而,空间上的分离,即招待顾客的商业空间同主人家居住的家庭空间的分割降低了主客互动频度。经营者会有意识地去满足顾客的需要,从而改造接待空间,让顾客感到熟悉,与其家里的生活空间相像。如此,接待空间就变成了"前台"(front stage),而主人家自己真正的生活空间则与接待空间分离,隐藏入"后台"(backstage)。如此,顾客便很难了解到主人家的真实生活状态。

企业成长和客观体验真实性的关系已经为一些接待研究文献所发现。例如,Zeng、Go 和 Vries(2012)就发现,中国的一些餐厅在扩张的过程中会面临真实性和标准化的两难。

基于上述讨论,可以合理地做以下假设。

假设 10:旅游小企业的规模负向影响顾客的客观体验真实性。

具体假设如下。

假设 10a:旅游小企业的规模负向影响顾客的感知乡村性。

假设 10b:旅游小企业的规模负向影响顾客的感知家庭性。

2. 旅游小企业成长与建构的体验真实性

建构的体验真实性衡量的是整个主客接触过程在多大程度上能够激发顾客的某些想法、记忆、情绪和想象。这些想法、记忆、情绪和想象可能与接待企业主人及其家庭有关(反射性),也可能与自己有关(反思性),同时也可能是关于主客相处的各个片段(独特性)。究其定义而言,建构的真实性是通过接待企业主人与客人之间的社会互动来建构的。正如 De Kadt(1979)所指出的,这种个人之间的互动可能在不同的场合下发生,包括顾客接受产品或服务、双方共用设施设备,或者双方交流信息与想法。

旅游学者们已经注意到,主客之间的社会互动对于乡村旅游体验至关重要,会影响游客的满意度及重游意愿(Carneiro & Eusébio,2010;Pizam & Mansfeld,2000;Reisinger & Turner,2003;Zhang,Inbakaran,& Jackson,2006)。这种个人之间的互动可以说是"顾客与主人家庭及其活动的整合"(Lynch,2005)。它是顾客体验乡村主人家庭生活方式的一种途径(Kastenholz & Sparrer,2009)。主客之间在乡村接待场所的个人接触和互动实际上是主文化与客文化之间的碰撞(Tucker,2003),也属于文化交流的范畴。旅游小企业的独特之处在于,顾客可能对这种互动抱有期待。Alletorp(1997)的实地调研发现,主客关系是农场旅游的主要优势。然而,当前研究对于如何评估这种"共享旅游体验"(shared tourism experience)的解答还较为欠缺,也没有广泛的共识(Reisinger & Turner,2003)。Pizam 和 Mansfeld(2000)建议利用互动的集中程度来衡量这种社会接触,而 Andereck 等(2005)则建议采用互动的频度。

这些互动主要集中在一些形式性的场合里,如到达、早餐和离开。餐厅的环境就是一个常见的互动场所,通过座次的安排就可以掌控主客之间的互动。因此,高度的互动只能在小的企业规模下,在有家庭成员参与时才能得到保证(Stringer,1981)。规模的成长及由此带来的家庭分离(主要是场所分离和劳动力分离)会对主客之间这种个人化的互动造成物理的阻碍(Kastenholz & Sparrer,2009;Tucker,2003)。

需要注意的是,人们对于他人的感知往往是片面、肤浅,并且通常是不准确的(Veal,2000)。在双方互动很少的情况下尤其如此。旅游小企业的成长实际上会大大减少顾客与主人及其家庭成员之间的互动机会。

综上所述,可以合理地做以下假设。

假设 11:旅游小企业的规模负向影响建构的体验真实性。

具体假设如下。

假设 11a:旅游小企业的规模负向影响建构的独特性体验。

假设 11b:旅游小企业的规模负向影响建构的反射性体验。

假设 11c:旅游小企业的规模负向影响建构的反思性体验。

3. 旅游小企业成长与存在的体验真实性

存在的体验真实性包括人际层面和个人层面的内容。个人层面的体验真实性是指"真实自我"的体验,是一种摆脱了日常角色束缚的感受。人际层面的体验真实性是一种与主人之间的"真实的、真诚的、友好的关系"的体验。在这种关系中,顾客可以将自己从不真实的社会阶层和社会地位差异中(Wang,1999)解脱出来,摆脱现代的、商业化的、利益嵌入的关系。

伴随旅游小企业成长的商业化过程不仅包括有形要素的商品化,也包括主客关系的商业化。在此过程中,主人家所提供的一切都变成商品,而主人与客人之间的关系也由纯粹的接待关系演变为一种经济关系和交易关系。这可能会在两个方面影响人际层面的体验真实性。

第一,乡村家庭场所往往规模小,有家的氛围,没有猜忌和怀疑,其在本质上提供了建立"真实关系"的理想空间。因此,旅游小企业从家庭场所中分离出来很可能会造成真实的人际关系体验的降低。

第二,企业目标与家庭目标的分离可能进一步导致接待关系本质的变化,使其变得"不真诚"。

传统的家庭接待并不是简单的邀请和招待(Di Domenico & Lynch,2007),不单意味着提供一个场所,提供一些饮食,或者提供一些服务。它还包括一种非营利性,即所有的提供都是出于利他之心,是出于友善、友谊或者是道德义务。但对于接待企业来说,接待作为一种商业产品是为交易获利而生的,具有内在的工具性(Wang,2007)。同传统接待的"慷慨"(generosity)原则不同,商业接待并不在合法合同规定的付费范围之外提供任何产品或服务(Heuman,2005)。基于非金钱义务的互惠关系是家庭接待的主要特点,但在商业接待情境里则不然。

在主客关系的商业化过程中,接待关系越来越建立在金钱交易之上,逐渐进入商业领域,仅为付费顾客提供服务(Lashley & Rowson,2005)。家庭与企业在目标上的分离导致企业目标从非营利性的"生活方式目标"逐渐向利润驱动的目标转变,从而对原本的存在于主客之间的纯粹关系造成损害,从而影响关系的真实性。

顾客很难把商业化的接待当成真正的"好客",而更多地会认为是一种表演,一种缺乏真实的伪"热情"(Wang,2007)。因此,主客之间的接待关系可能也会存在一个周期,这个周期与企业的生命周期相关。在商业化过程开始之前,主人家的好客是传统道德和情感的真实表达。随着商业化的深入,他们的热情好客逐渐变成表演,并日益偏向于获利,从而向"商业化的接待"靠拢。与此同时,顾客所体验到的互动真实性也在变化,一些顾客开始感受到主人的做作和市侩,于是他们自己也开始戴上面具表演。在后期,顾客无法感受到主人的真诚(Wang,2007),而主人也无法感受到客人的善意,双方开始逐渐疏远。

需要注意的是,并不是所有的顾客都会最终感受到虚伪的接待,也并不是说接待的商业化必然导致顾客的流失,尽管这确实会使一部分追求真实和追求纯粹关系的理想主义者离开(Wang,2007)。顾客仍然可能会乐于享受虚伪的热情,但这并不影响他们对真实性的判断。

基于以上论述,可以合理地做以下假设。

假设 12:旅游小企业的规模负向影响人际层面的体验真实性。

具体假设如下。

假设 12a:旅游小企业的规模负向影响人际层面的感知真诚性。

假设 12b:旅游小企业的规模负向影响人际层面的感知特殊性。

假设 12c:旅游小企业的规模负向影响人际层面的感知亲密性。

旅游小企业的成长对个人层面的体验真实性也会有影响，这主要是由于接待空间与家庭空间的分离。家庭空间通常被认为是个人在外历经风雨后的栖息所（Rybczynski，1988）。于个人而言，这是一个可以与自己相处、真正做自己的空间。不过，家庭本就是一个复杂的概念。Lynch（2005）认为家庭既是一个世俗构念、文化构念，也是个人化的、情感的构念。Douglas（1991）将家庭形容为一个"反思之所"（reflection of ideas）、一个充满感情又有暴政的空间、一个集体善意所在、一个虚拟的社区，也是一个与注重效率的酒店形成鲜明对比的容许"规模冗余"（massive redundancy）的虚拟市场。作为一个接待空间，家庭能够给顾客带来一种自由的感受和休憩恢复的机会。因此，如果接待空间从家庭分离，则顾客的自由感势必降低。

乡村家庭同时也是一个亲近乡村自然环境的天然理想场所。乡村地区通常被认为与城市地区迥然相异：小规模的定居点，小规模的建筑，大面积的被动植物群覆盖的开阔空间（Lane，1994）。到访者可以自由地进行户外活动，亲近自然，获取自由感，这正是大量乡村旅游研究文献所揭示的旅游动机（Frochot，2005；Kastenholz，2004；Kastenholz，Davis & Paul，1999；Molera & Albaladejo，2007；Park & Yoon，2009）。旅游小企业的氛围对顾客体验的影响体现在服务和接待所开展的建筑内（Hernández-Maestro & González-Benito，2013）。小规模和相对分散的位置使得顾客能够感受到对自然的亲近。大规模的接待区域则很难有这种感受。

由此，可以合理地做以下假设。

假设13：旅游小企业的规模负向影响个人层面的体验真实性。

具体假设如下。

假设13a：旅游小企业的规模负向影响个人层面的体验自由性。

总结起来，随着企业规模的扩张，顾客可能会感知到更少的体验真实性，但其感受的服务质量的体验质量却会有所提升。调整后的模型如图8-2所示。

需要注意的是，旅游小企业规模可以从接待容量、总投资量和员工数量三个方面来衡量，而这三个指标增长的不均衡性又会形成不同的成长路径。因此，有必要针对不同的规模指标，在不同的成长路径背景下验证假设模型。

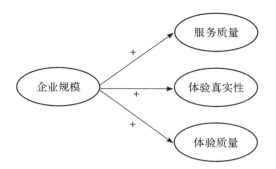

图 8-2　旅游小企业成长与顾客体验：假设模型

8.3　变量测量、数据收集和数据分析方法

8.3.1　变量测量

企业规模所包含的三个指标分别为床位数（NUMbed）、总投资量（NUMinv）和员工数量（NUMlabor），其测量同子研究 1 和子研究 2 完全相同。

顾客体验（EXP）包括服务质量、体验质量和体验真实性三个方面。其内部的各个维度分别利用子研究 3 中开发的测量模型进行测量。问项的测量采用 Likert 7 级量表，各个维度的分值为其所包含的问项分值的平均值。需要注意的是，独特性（N）、真诚性（Q）和特殊性（R）三个维度内的问项采用反向测量的方式，因此在计算维度分值之前，其问项分值需要进行反转，反转方法为：最终得分＝7－测量所得分值。

为了排除干扰，本子研究在数据分析时对相关变量进行了控制，主要是顾客的人口统计学特征、过往经历以及动机。这是因为顾客体验是高度主观的评价，会受到个人特征的深刻影响。换句话说，不同顾客在同一个民宿或农家乐中所得到的体验可能是迥然不同的，虽然其中有服务表现稳定性的影响，但更多的是与顾客个体之间的差异有关。人口统计学特征控制变量包括年龄（AGE）、受教育水平（EDU）、年收入（INC）。过往经历控制变量包括在乡村居住的年数（YOC）、乡村旅游经历（RUTOUR）、在民宿或农家乐逗留的夜数（DUR）。动机控制变量有两个，即休闲动机（MOTrec）和猎奇动机（MOTnov）。

上述变量的测量方式详见附件调查问卷。需要注意的是，休闲动机和猎奇动机采用间接测量方式。用于测量休闲动机的问项包括"在民宿/农家乐休息、放松身心""在民宿/农家乐体验平静的乡村生活""在民宿/农家乐体验主人的热情好客"。猎奇动机的测量问项则包括"在民宿/农家乐得到特殊的体验""通过民宿/农家乐结识新朋友""通过民宿/农家乐了解当地的文化习俗"。受访者需要就其入住民宿/农家乐的动机回答他们对上述陈述的同意程度。所有问项采用 Likert 7 点量表测量。两种动机的最终分值为其问项分值的平均值。数据收集完成后，首先对两组问项进行内部一致性检验。检验结果显示，休闲动机问项和猎奇动机问项的 Cronbach's Alpha 系数分别达到 0.82 和 0.85，显示两组测量问项有高度的内部一致性，因此具有较高的信度。

8.3.2 数据收集

数据通过问卷调研的方式进行收集，具体收集过程及样本信息详见第 4.3.2 节。

8.3.3 数据分析方法

本子研究的假设模型为跨层次模型，其中规模属于企业层面的变量，而顾客体验则属于个人层面的变量，最终数据结构将是"嵌套式"（nested）的结构。在旅游与接待研究的大多数情境下都会出现类似的嵌套结构，但这种嵌套效应却很少被纳入研究设计（Sibthorp, et al., 2004）。研究设计及数据分析中对嵌套效应的忽视可能会带来两种负面影响，即无法解释重要的变异源和违反统计中的独立性假设。由于组效应（group effect）的存在，组内样本之间的同质性比组间样本要强，通常会共享一些特征，因此抽样并不是完全独立的。这些共享的特征可能并不是研究的兴趣所在，因此会进入残差部分，从而导致组内样本之间残差相关。

由于同一个旅游小企业会在与不同的顾客的接触过程中表现出一定程度上的一致性效应，因此在同一个企业中抽取的顾客样本之间并不是独立的。鉴于此，本子研究的数据分析将采用 2 层线性模型（2-level hierarchical linear modelling）（Bryk & Raudenbush, 1992）。其中，顾客样本属性为第一层变量，而旅游小企业的属性则为第二层变量。

　　数据分析过程采用"递升策略"（step-up strategy）（Garson，2013），先后构建、估计和检验一组 2 层线性模型，依次为零模型（null model）、随机截距协方差模型（random intercept covariance model，以下简称 RIC 模型）和截距因变量模型（intercept-as-outcome model，以下简称 IaO 模型）。零模型用于检验组层面的集聚效应是否存在，以及使用分层线性模型的必要性。在随后构建的随机截距协方差模型中，将与顾客属性有关的个人层面的控制变量纳入层 1 模型中，并检验其效应。最后检验的截距因变量模型则在随机截距协方差模型中加入层 2 的变量，亦即床位数、总投资量和员工数量，以检验组层面的变量的效应。在分析过程中，个人属性变量对体验的效应被假定为在不同的企业具有一致性，因此，其回归系数被设定为在层 2 上没有随机效应。

　　此外，考虑到对床位数、总投资量和员工数量的测量采用了差别较大的单位，造成数据跨度差异过大，因此在分析之前，对这三个变量的数据进行了对数转换。

　　2 层线性模型组的数学表达式如下。

1. 零模型（null model）

$$EXP_{ij} = \beta_{0j} + r_{ij} \qquad 层 1 模型$$
$$\beta_{0j} = \gamma_{00} + u_{0j} \qquad 层 2 模型$$

2. 随机截距协方差模型（RIC model）

$$EXP = \beta_{0j} + \beta_{1j}(AGE) + \beta_{2j}(EDU) + \beta_{3j}(INC) + \beta_{4j}(YOC) +$$
$$\beta_{5j}(RUTOUR) + \beta_{6j}(DUR) + \beta_{7j}(MOTrec) +$$
$$\beta_{8j}(MOTnov) + r_{ij} \qquad 层 1 模型$$

$$\beta_{0j} = \gamma_{00} + u_{0j}$$
$$\beta_{1j} = \gamma_{10}$$
$$\beta_{2j} = \gamma_{20}$$
$$\beta_{3j} = \gamma_{30}$$
$$\beta_{4j} = \gamma_{40}$$
$$\beta_{5j} = \gamma_{50}$$
$$\beta_{6j} = \gamma_{60}$$
$$\beta_{7j} = \gamma_{70}$$
$$\beta_{8j} = \gamma_{80} \qquad 层 2 模型$$

3. 截距因变量模型(IaO model)

$$EXP = \beta_{0j} + \beta_{1j}(AGE) + \beta_{2j}(EDU) + \beta_{3j}(INC) + \beta_{4j}(YOC) +$$
$$\beta_{5j}(RUTOUR) + \beta_{6j}(DUR) + \beta_{7j}(MOTrec) +$$
$$\beta_{8j}(MOTnov) + r_{ij} \qquad \text{层 1 模型}$$

$$\beta_{0j} = \gamma_{00} + \gamma_{01}(lgNUMbed_j) + \gamma_{02}(lgNUMinv_j) +$$
$$\gamma_{03}(lgNUMlabor_j) + u_{0j}$$

$$\beta_{0j} = \gamma_{00} + u_{0j}$$

$$\beta_{1j} = \gamma_{10}$$

$$\beta_{2j} = \gamma_{20}$$

$$\beta_{3j} = \gamma_{30}$$

$$\beta_{4j} = \gamma_{40}$$

$$\beta_{5j} = \gamma_{50}$$

$$\beta_{6j} = \gamma_{60}$$

$$\beta_{7j} = \gamma_{70}$$

$$\beta_{8j} = \gamma_{80} \qquad \text{层 2 模型}$$

以上公式中:AGE、EDU 和 INC 分别代表顾客的年龄、受教育水平和年收入;YOC、RUTOUR 分别代表乡村居住年数、乡村旅游经历;DUR 代表民宿/农家乐逗留的夜数;MOTrec、MOTnov 分别代表休闲动机和猎奇动机;NUMbed、NUMinv、NUMlabor 分别代表床位数、总投资量和员工数量;β 为系数;γ 为随机效应项。

由于顾客体验包含了服务质量、体验质量和体验真实性三个方面共 19 个维度,因此共有 19 组模型需要进行参数估计和假设检验。模型估计和检验在 HLM 7.0 软件的协助下进行,参数估计采用带稳健标准误(robust standard errors)的约束最大似然估计法(restricted maximum likelihood)。根据 Hofmann 和 Gavin(1998)的建议,所有层 1 变量都进行了中心化处理,以使其截距有解释意义。

8.4　数据分析结果和解释

8.4.1　旅游小企业成长与服务质量数据分析

服务质量包含 6 个维度,因此进行了 6 组 2 层线性模型的估计(模型组 1 到模型组 6),其参数估计及假设检验结果如表 8-1 和表 8-2 所示。

表 8-1　分层线性回归分析结果:服务质量(第一部分)

	模型组 1（硬件完备性）		
	零模型	RIC 模型	IaO 模型
层 2 固定效应			
截距	5.760***	5.761***	5.333***
lg(NUMbed)	—	—	
lg(NUMinv)	—	—	
lg(NUMlabor)	—	—	
层 1 固定效应			
AGE	—		
EDU	—		
INC	—		
YOC	—		
RUTOUR	—		
DUR	—	0.056***	0.056***
MOTrec	—	0.296***	0.296***
MOTnov	—	0.205***	0.205***
随机效应			
组间方差 τ_{00}	0.329	0.381	0.383
组内方差 σ^2	0.854	0.651	0.651
χ^2	522.173***	684.339***	679.553***
ICC 值	0.278	—	—
$R^2_{\text{between}}(\%\tau_{00})$	—	—	—0.005
$R^2_{\text{within}}(\%\sigma^2)$	—	0.237	0.238
—2dll	—	148.959	150.587

续表

	模型组2（硬件优越性）		
	零模型	RIC 模型	IaO 模型
层2固定效应			
截距	4.944***	4.942***	3.939***
lg(NUMbed)	—	—	
lg(NUMinv)	—	—	0.561*
lg(NUMlabor)	—	—	
层1固定效应			
AGE	—		
EDU	—		
INC	—		
YOC	—		
RUTOUR	—		
DUR	—	0.059***	0.059***
MOTrec	—	0.336***	0.336***
MOTnov	—	0.252***	0.252***
随机效应			
组间方差 τ_{00}	0.417	0.481	0.461
组内方差 σ^2	1.259	0.991	0.989
χ^2	473.290***	601.078***	578.404***
ICC 值	0.249	—	—
$R^2_{\text{between}}(\%\tau_{00})$	—	—	0.042
$R^2_{\text{within}}(\%\sigma^2)$	—	0.213	0.214
−2dll	—	132.025	140.744

续表

	模型组 3（可靠性）		
	零模型	RIC 模型	IaO 模型
层 2 固定效应			
截距	5.583***	5.586***	5.389***
lg(NUMbed)	—	—	
lg(NUMinv)	—	—	
lg(NUMlabor)	—	—	0.581**
层 1 固定效应			
AGE	—		
EDU	—		
INC	—		
YOC	—		
RUTOUR	—		
DUR	—		
MOTrec	—	0.394***	0.394***
MOTnov	—	0.170***	0.170***
随机效应			
组间方差 τ_{00}	0.364	0.417	0.412
组内方差 σ^2	1.032	0.807	0.806
χ^2	497.400***	635.814***	622.169***
ICC 值	0.261	—	—
$R^2_{\text{between}}(\%\tau_{00})$	—	—	0.012
$R^2_{\text{within}}(\%\sigma^2)$	—	0.218	0.218
−2dll		134.944	139.036

注：***、**、* 分别代表 P 值在 0.01、0.05 和 0.1 水平；表中仅显示了检验结果显著的参数；—代表该参数不适用；所有参数均未经标准化处理。

表 8-2　分层线性回归结果:服务质量(第二部分)

	模型组 4（响应性）		
	零模型	RIC 模型	IaO 模型
层 2 固定效应			
INTERCEPT	5.591***	5.596***	6.479***
lg(NUMbed)	—	—	−0.854***
lg(NUMinv)	—	—	
lg(NUMlabor)	—	—	0.579**
层 1 固定效应			
AGE	—		
EDU	—		
INC	—	0.084**	0.084**
YOC	—		
RUTOUR	—		
DUR	—	0.057***	0.057***
MOTrec	—		
MOTnov	—	0.342***	0.342***
随机效应			
组间方差 τ_{00}	0.386	0.428	0.390
组内方差 σ^2	1.428	1.219	1.219
χ^2	432.085***	506.564***	470.723***
ICC 值	0.213	—	—
R^2_{between}（%τ_{00}）	—	—	0.089
R^2_{within}（%σ^2）	—	0.147	0.146
−2dll	—	80.190	92.234

续表

	模型组 5（保证性）		
	零模型	RIC 模型	IaO 模型
层 2 固定效应			
INTERCEPT	5.084***	5.087***	5.612***
lg(NUMbed)	—	—	−0.728***
lg(NUMinv)	—	—	
lg(NUMlabor)	—	—	0.647**
层 1 固定效应			
AGE	—		
EDU	—		
INC	—		
YOC	—		
RUTOUR	—		
DUR	—	0.066***	0.066***
MOTrec	—	0.181***	0.181***
MOTnov	—	0.315***	0.315***
随机效应			
组间方差 τ_{00}	0.516	0.581	0.555
组内方差 σ^2	1.054	0.820	0.819
χ^2	599.287***	770.863***	738.740***
ICC 值	0.329	—	—
$R^2_{\text{between}}(\%\tau_{00})$	—	—	0.046
$R^2_{\text{within}}(\%\sigma^2)$	—	0.222	0.223
−2dll	—	136.946	146.446

续表

	模型组 6（移情性）		
	零模型	RIC 模型	IaO 模型
层 2 固定效应			
INTERCEPT	5.608 ***	5.612 ***	5.877 ***
lg(NUMbed)	—	—	
lg(NUMinv)	—	—	
lg(NUMlabor)	—	—	
层 1 固定效应			
AGE	—	0.097 ***	0.097 ***
EDU	—		
INC	—		
YOC	—		
RUTOUR	—		
DUR	—	0.049 ***	0.049 ***
MOTrec	—	0.239 ***	0.239 ***
MOTnov	—	0.263 ***	0.263 ***
随机效应			
组间方差 τ_{00}	0.367	0.425	0.428
组内方差 σ^2	1.203	0.965	0.965
χ^2	451.260 ***	562.720 ***	557.557 ***
ICC 值	0.234	—	—
$R^2_{between}(\%\tau_{00})$	—		−0.008
$R^2_{within}(\%\sigma^2)$	—	0.198	0.198
−2dll	—	118.467	119.974

注:***、**、* 分别代表 P 值在 0.01、0.05 和 0.1 水平;表中仅显示了检验结果显著的参数;—代表该参数不适用。

首先对零模型进行分析以检验组层次聚类效应(group level clustering effect)存在与否,从而判断利用分层线性模型进行分析的必要性。6 个零模型的组内相关系数(intra class correlation,ICC)值为 0.213~0.329,超过了 0.059 的临界值(Ho & Huang,2009),卡方检验结果显著。这表明对于服务质量的每一个维度来说，至少有 20％的方差存在于组间（即企业间），这些方差都可以被潜在的层 2 变量（即企业层面的变量）所解释（Bryk & Raudenbush，1992）。因此可以判断，数据具有显著的聚类效应，利用分层线性模型分析是有必要的。6 个零模型中，组间方差（τ_{00}）均比组内方差（σ^2）小一半以上，表明 6 个维度都有相当一部分变异可以被个体层面的属性（即顾客个人的特征）所解释，因此也有必要增加（层-1）的控制变量。

在 6 个随机截距协方差模型（RIC 模型）中，增加了 8 个层 1 控制变量，包括顾客的年龄（AGE）、受教育水平（EDU）、年收入（INC）、乡村旅游经历（RUTOUR）、逗留时间（DUR）、乡村居住经历（YOC）、休闲动机（MOTrec）和猎奇动机（MOTnov）。结果显示，除了模型 4 以外，其他所有 RIC 模型的层 1 残差方差成分均下降了 20％以上，而模型 4 也下降了 14.7％。同时，除模型 4 以外的 5 个模型变异下降度（drop in the deviance，−2dll）都在 100 以上，而模型 4 的−2dll 值也达到 80.190。由此可以得出结论，8 个层 1 控制变量对服务质量的 6 个维度具有显著的影响，因此需要进行控制。

截距因变量模型（IaO 模型）在 RIC 模型的基础上增加了 3 个（层-2）自变量，为床位数 lg（NUMbed）、总投资量 lg（NUMinv）以及员工数量 lg（NUMlabor）。模型 2、模型 3、模型 4 和模型 5 的组间方差解释度 R^2_{between} 分别为 0.042、0.012、0.089 和 0.046。这意味着在控制了层 1 变量之后，旅游小企业规模的三个指标可以解释 4.2％的硬件优越性变异、1.2％的服务可靠性变异、8.9％的服务响应性变异以及 4.6％的服务保证性变异。可以认为，这四个维度的服务质量的确会受到企业规模变化的影响。需要注意的是，模型 1 和模型 6 的 R^2_{between} 呈现负值，这表明纳入的层 2 变量并不能提高模型的整体解释力，也就是说，企业规模的变化不会给硬件完备性和移情性带来影响。

企业规模指标对上述四个服务质量维度的具体效应体现在层 2 固定效应系数中。

在硬件优越性维度，仅有总投资量（NUMinv）存在显著的正向影响，而床位数（NUMbed）和员工数量（NUMlabor）都没有显著效应。在服务可靠性维度，仅有员工数量存在显著的正向影响。员工数量的显著正向影响在响应性维度和保证性维度也有体现。

值得注意的是，床位数（NUMbed）对服务响应性和服务保证性两个维度有负向影响。也就是说，在投资量和员工数量不变的情况下，接待容量越大，顾客可能越会感到员工服务的响应性低，并且不专业。这与模型假设关系刚好相反。假设模型认为企业规模的扩大会带来更加专业化的管理，从而可能提高服务质量，尤其是对顾客需求的反应和服务技能的提升。然而，这个情况似乎在粗放型成长的情形下很难成立。随着接待规模的扩大，有更多的顾客需要照料，因此，企业的资源（主要是人力资源和设备）即被分散，顾客的需求难以被及时应对。

综合数据分析结果来看，旅游小企业在接待容量、投资量和人力资源三个方面的扩张的确会对服务质量产生影响，但其影响表现得较为复杂。一方面，这种影响在服务质量的不同维度上有较大的差异，也并不是所有维度都会受到影响。例如，硬件完备性和移情性对企业规模的变化就不敏感。这意味着，从顾客感知的角度来看，不同规模的旅游小企业在满足其基本需求以及提供个人关注和个人关怀方面并没有太大的差异。即使是最小规模的接待企业也是"麻雀虽小，五脏俱全"。

另一方面，不同指标所代表的不同成长路径会对不同的维度产生影响。在控制住床位数和员工数量后，投资量的增加仅会导致有形要素的感知优越性增强，对于其他无形要素维度则没有显著效应。与此相对的是，在控制住其他两个规模指标之后，员工数量的增加会对服务的无形要素维度产生影响，包括服务的可靠性、响应性和保证性。这意味着资本密集型的成长或许仅能够提升服务质量的有形要素维度，而劳动力密集型的成长则只会提升服务的无形要素。考虑到有形要素往往与设备及投资有关，而无形要素则主要取决于人的表现和行为，这也就可以理解了。

粗放型成长的影响尤为值得关注，其统计检验结果与假设模型是相反的。在控制住其他两个指标之后，床位数对服务的响应性和保证性有负向影响。这两个维度分别关系到员工的态度和专业技能。可以看出，那些相对有较大接待容量的企业其顾客评价却相对低。随着接待规模的扩大，保证服务质量稳定所需要的资源的配置速度也会相应变缓。例如，在员工数量不变的情况下，要接待更多的客人势必会捉襟见肘。

控制变量的效应也值得注意。猎奇动机（MOTnov）对服务质量的 6 个维度都有显著正向影响。那些有强烈猎奇动机的顾客具有更高的服务质量评价，这可能是因为相较于满足基本需求的服务体验，他们更关注那些新奇的东西，因此对于服务质量不会显得特别挑剔。休闲动机也对响应性以外的其他五个维度有正向影响。逗留时间（DUR）对可靠性以外的其他维度有正向影响，这意味着那些逗留时间较长的顾客倾向于较为正面的评价。一个可能的解释是较长的逗留时间使得他们与主人建立了较为熟悉的个人关系,从而会对服务失败有较高的容忍度。此外,顾客的年龄(AGE)对移情性维度有显著的正向影响,亦即年纪较大的顾客倾向于更高的移情性评价。这也是可以理解的,因为老年人通常对个人关怀有更高的敏感度,而主人也通常会给予更加贴心的照顾。收入水平(INC)对响应性维度有正向影响,也就是说,有更高收入的顾客通常给予主人的响应性以更高的评价。

8.4.2　旅游小企业成长与体验质量数据分析

体验质量包括 4 个维度,因此共对 4 组模型进行了估计和检验(模型 7 到模型 10),结果如表 8-3 所示。

表 8-3　分层线性回归分析结果:体验质量

	模型组 7 (教育性)		
	零模型	RIC 模型	IaO 模型
层 2 固定效应			
截距	4.751***	4.752***	5.800***
lg(NUMbed)	—	—	−0.969***
lg(NUMinv)	—	—	—
lg(NUMlabor)	—	—	0.817**
层 1 固定效应			
AGE	—	−0.088**	−0.088**
EDU	—		
INC	—		
YOC	—		
RUTOUR	—		
DUR	—		
MOTrec	—	0.348***	0.348***
MOTnov	—	0.225***	0.225***
随机效应			
组间方差 τ_{00}	0.547	0.614	0.558
组内方差 σ^2	1.353	1.097	1.097
χ^2	527***	650***	602***
ICC 值	0.288	—	—
$R^2_{between}(\%\tau_{00})$	—	—	0.092
$R^2_{within}(\%\sigma^2)$	—	0.189	0.189
−2dll	—	111.227	126.004

续表

	模型组 8（娱乐性）		
	零模型	RIC 模型	IaO 模型
层 2 固定效应			
截距	4.935***	4.935***	4.577***
lg(NUMbed)	—	—	
lg(NUMinv)	—	—	
lg(NUMlabor)	—	—	
层 1 固定效应			
AGE	—		
EDU	—		
INC	—		
YOC	—		
RUTOUR	—		
DUR	—		
MOTrec	—	0.339***	0.339***
MOTnov	—	0.259***	0.259***
随机效应			
组间方差 τ_{00}	0.532	0.601	0.612
组内方差 σ^2	1.358	1.080	1.080
χ^2	519***	653***	650***
ICC 值	0.282	—	—
$R^2_{between}$（%τ_{00}）	—	—	−0.019
R^2_{within}（%σ^2）	—	0.205	0.205
−2dll	—	125.480	126.159

续表

	模型组 9（审美性）		
	零模型	RIC 模型	IaO 模型
层 2 固定效应			
截距	4.734***	4.736***	4.932***
lg(NUMbed)	—	—	−1.293***
lg(NUMinv)	—	—	0.493*
lg(NUMlabor)	—	—	0.921**
层 1 固定效应			
AGE	—		
EDU	—		
INC	—		
YOC	—		
RUTOUR	—		
DUR	—	0.085***	0.085***
MOTrec	—	0.197***	0.197***
MOTnov	—	0.325***	0.325***
随机效应			
组间方差 τ_{00}	0.634	0.702	0.582
组内方差 σ^2	1.538	1.268	1.266
χ^2	539***	654***	576***
ICC 值	0.292	—	—
$R^2_{\text{between}}(\%\tau_{00})$	—		0.172
$R^2_{\text{within}}(\%\sigma^2)$	—	0.176	0.177
−2dll	—	101.921	129.971

续表

	模型组 10（共睦感）		
	零模型	RIC 模型	IaO 模型
层 2 固定效应			
截距	5.631^{***}	5.634^{***}	5.692^{***}
lg(NUMbed)	—	—	
lg(NUMinv)	—	—	
lg(NUMlab)	—	—	
层 1 固定效应			
AGE	—	0.066^{*}	0.066^{*}
EDU	—		
INC	—	0.056^{*}	0.056^{*}
YOC	—		
RUTOUR	—		
DUR	—	0.048^{**}	0.048^{***}
MOTrec	—	0.209^{***}	0.209^{***}
MOTnov	—	0.283^{***}	0.283^{***}
随机效应			
组间方差 τ_{00}	0.496	0.551	0.559
组内方差 σ^2	1.464	1.231	1.231
χ^2	479^{***}	569^{***}	567^{***}
ICC 值	0.253	—	—
$R^2_{\text{between}}(\%\tau_{00})$	—		-0.015
$R^2_{\text{within}}(\%\sigma^2)$		0.159	0.159
-2dll		88.240	89.663

注:***、**、* 分别代表 P 值在 0.01、0.05 和 0.1 水平;表中仅显示了检验结果显著的参数;—代表该参数不适用。

4 个零模型中,组内相关系数(ICC value)值为 $0.253 \sim 0.292$,超过了 0.095 的临界值(Ho & Huang,2009),卡方检验显著。这表明 4 个维度的体验质量都有至少 25% 的变异存在于组与组之间,可以被层 2 变量所解释

（Bryk & Raudenbush，1992）。这意味着企业间的差异可以解释超过 25% 的顾客体验质量变异。因此可以认为，体验质量有关数据存在显著的聚类效应，因此分层线性模型分析方法是有必要的。在所有 4 个零模型中，组间方差（τ_{00}）均在很大程度上小于组内方差（σ^2），这表明个体差异也对体验质量的各个维度有显著影响，因此增加层 1 控制变量是有必要的。加入层 1 控制变量之后，4 个 RIC 模型的估计结果显示，组内方差解释度（R^2_{within}）为 0.195～0.205。除了模型 10 以外，−2dll 值都在 100 以上，模型 10 的 −2dll 值为 88.24，接近 100，可以判断，加入的 8 个控制变量对体验质量的 4 个维度均有显著影响。

IaO 模型估计和检验结果显示，模型 7 和模型 9 的组间方差解释度（$R^2_{between}$）分别为 0.092 和 0.172，表明控制住层 1 变量之后，新增的 3 个企业规模指标对教育性和审美性两个维度的解释力达到 9.2% 和 17.2%。然而，模型 8 和模型 10 的方差解释度为负，表明企业规模对娱乐性维度和共睦感维度没有显著影响。

层 2 固定效应显示了企业规模指标对体验质量各个维度的具体影响。对于审美性维度，3 个指标均有显著影响。对于教育性维度，则仅有床位数（NUMbed）和员工数量（NUMlabor）两个指标有显著效应。3 个指标均对娱乐性维度和共睦感维度没有显著影响。由此判断，这两个维度的体验质量与企业规模关系不大。这也是可以理解的。不同于主题公园，旅游小企业并不是以娱乐顾客为目标的，娱乐性和共睦感更多地取决于人的要素，取决于顾客能够在多大程度上与主人或其他客人进行愉快的互动，而非设施设备。

控制住其余两个变量之后，总投资量（NUMinv）对审美性维度有显著的正向影响，这意味着投资较大的旅游小企业会被顾客认为经过精心设计，更具有审美价值。毕竟，设计并不是免费的，相反通常需要更大的资金投入。相比之下，在总投资量和床位数都不变的情况下，员工数量（NUMlabor）对教育性维度和审美性维度都有显著的正向影响，也就是说，拥有更多员工的旅游小企业通常更能够使其顾客有习得感和启发感，获得美的愉悦。在这个意义上，可以说员工扮演的是"教育者"和"形象大使"的角色，可以帮助顾客更好地欣赏其所见所闻。

与对服务质量的效应一样，在控制住其余两个指标的情况下，床位数对教育体验和审美体验都有负向影响。在同等条件下，拥有更大接待容量的接待企业通常被顾客认为缺少教育性和审美性。这与假设模型是矛盾的，但仍然可以解释。体验质量并不是免费的，需要更多的资源投入。增加的接待规模可能会导致投到每个顾客身上的资源减少了,其所感知到的教育性和审美性也就相应地打了折扣。

几个控制变量的显著效应也得到印证。顾客年龄(AGE)负向影响教育体验,但正向影响共睦感。由此可以看出,那些年纪偏大的顾客通常更难以感知到教育性的体验,而更多地关注与主人和其他顾客的互动。收入水平(INC)则对共睦感有正向影响。此外,逗留时间对审美体验和共睦感都有正向影响。可见,审美性体验和共睦感都取决于主客之间、客客之间一定时间长度内的互动。

8.4.3 旅游小企业成长与体验真实性数据分析

体验真实性包含客观真实性、建构真实性和存在真实性三个方面共 9 个维度的内容。据此构建 9 个模型组(模型组 11 到模型组 19),其参数估计结果如表 8-4、表 8-5 和表 8-6 所示。

表 8-4 分层线性回归分析结果:客观的体验真实性

	模型组 11(乡村性)			模型组 12(家庭性)		
	零模型	RIC 模型	IaO 模型	零模型	RIC 模型	IaO 模型
层 2 固定效应						
截距	5.449***	5.451***	5.651***	5.459***	5.460***	5.913***
lg(NUMbed)	—	—	—	—	—	—
lg(NUMinv)	—	—	—	—	—	−0.490*
lg(NUMlabor)	—	—	—	—	—	—
层 1 固定效应						
AGE	—			—		
EDU	—			—		
INC	—			—		
YOC	—			—		
RUTOUR	—			—	0.082***	0.082***
DUR	—	0.041***	0.041***	—		
MOTrec	—	0.312***	0.312***	—	0.254***	0.254***
MOTnov	—	0.251***	0.251***	—	0.207***	0.207***

续表

	模型组 11（乡村性）			模型组 12（家庭性）		
	零模型	RIC 模型	IaO 模型	零模型	RIC 模型	IaO 模型
随机效应						
组间方差 τ_{00}	0.420	0.484	0.487	0.531	0.576	0.572
组内方差 σ^2	1.206	0.947	0.947	1.353	1.170	1.170
χ^2	482.42***	614.03***	606.53***	516.99***	598.21***	583.82***
ICC 值	0.259	—	—	0.282	—	—
R^2_{between}	—	—	−0.006	—	—	0.007
R^2_{within}	—	0.214	0.214	—	0.135	0.135
−2dll	—	132.564	134.340	—	69.000	73.000

注:***、**、* 分别代表 P 值在 0.01、0.05 和 0.1 水平;表中仅显示了检验结果显著的参数;—代表该参数不适用。

表 8-5　分层线性回归分析结果:建构的体验真实性

	模型组 13（独特性）		
	零模型	RIC 模型	IaO 模型
层 2 固定效应			
截距	2.466***	2.466***	2.903***
lg(NUMbed)	—	—	−1.121***
lg(NUMinv)	—	—	0.540**
lg(NUMlabor)	—	—	
层 1 固定效应			
AGE	—		
EDU	—		
INC	—		
YOC	—		
RUTOUR	—		
DUR	—		
MOTrec	—		
MOTnov	—		

续表

	模型组 13（独特性）		
	零模型	RIC 模型	IaO 模型
随机效应			
组间方差 τ_{00}	0.445	0.443	0.372
组内方差 σ^2	1.776	1.788	1.791
χ^2	403.380***	400.698***	359.604***
ICC 值	0.200	—	—
$R^2_{\text{between}}(\%\tau_{00})$	—	—	0.161
$R^2_{\text{within}}(\%\sigma^2)$	—	−0.007	−0.008
−2dll	—	−32.013	−14.533
	模型组 14（反射性）		
	零模型	RIC 模型	IaO 模型
层 2 固定效应			
截距	4.409***	4.411***	6.380***
lg(NUMbed)	—	—	−2.054***
lg(NUMinv)	—	—	1.293***
lg(NUMlabor)	—	—	
层 1 固定效应			
AGE	—		
EDU	—		
INC	—	0.079**	0.079**
YOC	—	0.097**	0.097**
RUTOUR	—		
DUR	—	0.052***	0.052***
MOTrec	—		
MOTnov	—	0.317***	0.317***
随机效应			
组间方差 τ_{00}	0.915	0.962	0.705
组内方差 σ^2	1.755	1.548	1.550
χ^2	638.062***	723.371***	574.037***
ICC 值	0.343	—	—
$R^2_{\text{between}}(\%\tau_{00})$	—	—	0.268
$R^2_{\text{within}}(\%\sigma^2)$	—	0.118	0.117
−2dll	—	57.793	100.322

续表

	模型组 15（反思性）		
	零模型	RIC 模型	IaO 模型
层 2 固定效应			
截距	4.741***	4.741***	5.659***
lg(NUMbed)	—	—	−0.779***
lg(NUMinv)	—	—	0.783**
lg(NUMlabor)	—	—	
层 1 固定效应			
AGE	—		
EDU	—	−0.152**	−0.152**
INC	—	0.062**	0.062**
YOC	—		
RUTOUR	—		
DUR	—	0.052***	0.052***
MOTrec	—	0.243***	0.243***
MOTnov	—	0.234***	0.234***
随机效应			
组间方差 τ_{00}	0.486	0.539	0.505
组内方差 σ^2	1.695	1.489	1.488
χ^2	431.213***	491.071***	466.909***
ICC 值	0.223	—	—
$R^2_{\text{between}}(\%\tau_{00})$	—	—	0.063
$R^2_{\text{within}}(\%\sigma^2)$	—	0.122	0.122
−2dll		59.610	70.128

注：***、**、* 分别代表 P 值在 0.01、0.05 和 0.1 水平；表中仅显示了检验结果显著的参数；—代表该参数不适用。

表 8-6　分层线性回归分析结果:人际体验真实性

| | 模型组 16(真诚性) | | |
	零模型	RIC 模型	IaO 模型
层 2 固定效应			
截距	2.634***	2.634***	3.740***
lg(NUMbed)	—	—	
lg(NUMinv)	—	—	
lg(NUMlabor)	—	—	
层 1 固定效应			
AGE	—		
EDU	—		
INC	—	−0.103**	−0.103**
YOC	—		
RUTOUR	—		
DUR	—		
MOTrec	—		
MOTnov	—	−0.122***	−0.122***
随机效应			
组间方差 τ_{00}	0.454	0.460	0.467
组内方差 σ^2	2.062	2.031	2.031
χ^2	381.029***	386.701***	383.355***
ICC 值	0.180	—	—
$R^2_{between}(\%\tau_{00})$	—	—	−0.015
$R^2_{within}(\%\sigma^2)$	—	0.015	0.015
−2dll	—	16.127	14.245

续表

	模型组 17（特殊性）		
	零模型	RIC 模型	IaO 模型
层 2 固定效应			
截距	2.631***	2.630***	4.262***
lg(NUMbed)	—	—	−1.349***
lg(NUMinv)	—	—	
lg(NUMlabor)	—	—	
层 1 固定效应			
AGE	—	−0.125**	−0.125**
EDU	—		
INC	—		
YOC	—		
RUTOUR	—		
DUR	—		
MOTrec	—		
MOTnov	—		
随机效应			
组间方差 τ_{00}	0.773	0.775	0.688
组内方差 σ^2	2.298	2.293	2.295
χ^2	478.542***	479.497***	439.635***
ICC 值	0.252	—	—
$R^2_{\text{between}}(\%\tau_{00})$	—	—	0.112
$R^2_{\text{within}}(\%\sigma^2)$	—	0.002	0.001
−2dll	—	−24.027	−8.213

续表

	模型组 18（亲密性）		
	零模型	RIC 模型	IaO 模型
层 2 固定效应			
截距	5.454***	5.458***	5.425***
lg(NUMbed)	—	—	
lg(NUMinv)	—	—	
lg(NUMlabor)	—	—	
层 1 固定效应			
AGE	—		
EDU			
INC	—	0.065**	0.065**
YOC	—		
RUTOUR	—	0.075*	0.075*
DUR	—	0.062***	0.062***
MOTrec	—	0.220***	0.220***
MOTnov	—	0.260***	0.260***
随机效应			
组间方差 τ_{00}	0.447	0.504	0.515
组内方差 σ^2	1.401	1.159	1.159
χ^2	460.707***	556.857***	554.486***
ICC 值	0.242	—	—
$R^2_{between}(\%\tau_{00})$	—	—	−0.021
$R^2_{within}(\%\sigma^2)$	—	0.172	0.173
−2dll		99.104	99.359

注：***、**、* 分别代表 P 值在 0.01、0.05 和 0.1 水平；表中仅显示了检验结果显著的参数；—代表该参数不适用。

9 个零模型的 ICC 值为 0.180～0.343,均超出 0.059 的临界值(Ho & Huang,2009),卡方检验显著,表明 9 个维度的体验真实性都有超过 18% 的变异存在于组和组之间,可以被层 2 的变量所解释。由此可以判断,数据结构具有明显的聚类效应,利用分层线性模型进行分析是有必要的。此外,所有零模型的组间方差明显小于组内方差,表明个体差异也对体验真实性的所有维度有显著影响,因此需要对顾客个体层面的变量进行控制。

增加 8 个层 1 控制变量后,有 7 个 RIC 模型的层 1 残差方差成分和 −2dll 值有显著下降,但模型 13 和模型 17 除外。这表明 8 个个体层面的变量对独特性和特殊性两个维度以外的体验真实性都有显著影响。

表 8-4 显示了客观体验真实性 2 个维度的参数估计和假设检验。可以发现,3 个企业规模指标都对乡村性维度没有显著影响。原因可能是乡村性更多的是与村落层面的环境有关,而很少取决于接待环境的特点。对于家庭性维度,只有总投资量呈现显著的负向效应,意味着拥有更大投资量的旅游小企业会丧失更多的"家庭元素"。

在控制变量方面,乡村旅游经历(RUTOUR)对家庭性维度有显著的正向影响,意味着那些拥有更多乡村旅游经历的顾客会有更强烈的家庭感,从而更倾向于将主人家视为真正的乡村家庭。逗留时间(DUR)对乡村行维度有显著的正向影响,表明逗留时间更长的顾客更能够欣赏到接待环境的乡村特征。最后,休闲动机(MOTrec)和猎奇动机(MOTnov)对两个维度都有显著的正向影响。

表 8-5 显示了建构体验真实性 3 个维度的参数估计和检验结果。可以发现,床位数(NUMbed)和总投资量(NUMinv)对独特性、反射性和反思性都有显著影响。相比之下,员工数量(NUMlabor)则对 3 个维度都没有显著的效应。可见,虽然建构的真实性高度依赖于人际互动,旅游小企业的人文要素却似乎在激发顾客情绪和想象方面没有那么重要。反而是接待场地的硬件设施成了主客互动的媒介。还有一个解释是,建构真实性的 3 个维度都是基于客人与主人及其家人的互动,而不是外部员工。因此,重要的不是员工的数量,而是员工的身份。

在控制住其他指标的情况下,床位数对体验的独特性、反射性和反思性都有显著的负向影响。这与假设模型是一致的,表明扩张的接待规模可能会导致产品和服务的日益标准化,从而侵蚀其真实性。由此,接待体验变得普通而无趣,很难说能有启发性或激发某些思想或情绪。

相比之下,总投资量对体验的独特性、反射性和反思性都有显著的正向影响。这是与假设模型相反的发现。假设模型认为企业规模的扩大会导致主客互动频率和互动机会的减少，从而影响建构的体验真实性。但增加投资量似乎不会出现这样的问题，更多的投资意味着接待建筑和设施设备能够得到更好的设计和配备，而由此主人自身也能更自由地通过这些有形要素传达自己的理念。虽然经营场所会由此变成"表演舞台"，但这与激发顾客的内在情感与思想并不矛盾。毕竟，要通过有形物品来表达自己的想法也并不是廉价的。

在控制变量方面，个人属性仅对体验的反射性和反思性有显著影响。就独特性来说，可能更受到企业特征的影响。顾客的收入水平（INC）、逗留时间（DUR）和猎奇动机（MOTnov）都对反射性和反思性有显著的正向影响。另外，乡村生活经历（YOC）也对反射性有正向影响，而休闲动机（MOTrec）则对反思性有显著的正向影响。

表 8-6 显示了有关人际的存在真实性各个维度的分层线性模型分析结果。在企业规模的 3 个指标中，仅有床位数（NUMbed）对特殊性维度有显著的负向影响，投资量（NUMinv）和员工数（NUMlabor）对三个维度的人际体验真实性都没有任何显著效应。床位数的效应与假设模型相一致。在控制其他两个指标的情况下，床位数越大，则主客关系的感知特殊性越低。这是因为接待规模越大，企业通常更愿意以一种规模化的、标准化的方式来提供服务，因此会让顾客感觉其与主人的关系是"虚伪"或者"商业化"的。

相比之下，个人特质对人际体验真实性各个维度的影响更明显。顾客年龄（AGE）与特殊性呈现负相关关系。收入水平（INC）则会负向影响真诚性，但正向影响亲密性。乡村旅游体验（RUTOUR）、逗留时间（DUR）、休闲动机（MOTrec）和猎奇动机（MOTnov）都对亲密性维度有显著的正向影响。可以看出，亲密性维度更多的是受到个体特征的差异的影响，而非企业性质。

表 8-7 显示了企业规模与个人层面的存在体验真实性的关系。数据分析结果发现，规模的 3 个指标对自由性都不存在显著影响。相比之下，个人特征能够显著解释其变异。年龄（AGE）、逗留时间（DUR）、休闲动机（MOTrec）、猎奇动机（MOTnov）都对感知自由性有显著的正向影响。正如其定义所显示的，个人层面的存在体验真实性是高度主观、高度情绪化的评价结果。因此，其主要取决于个人的特质，而与体验场景的关系相对较弱。

表 8-7　分层线性回归分析结果:个人的体验真实性

	模型组 19(自由性)		
	零模型	RIC 模型	IaO 模型
层 2 固定效应			
截距	6.103***	6.104***	5.388***
lg(NUMbed)	—	—	
lg(NUMinv)	—	—	
lg(NUMlabor)	—	—	
层 1 固定效应			
AGE	—	0.084***	0.084***
EDU	—		
INC	—		
YOC	—		
RUTOUR	—		
DUR	—	0.019**	0.019**
MOTrec	—	0.272***	0.272***
MOTnov	—	0.082**	0.082**
随机效应			
组间方差 τ_{00}	0.332	0.357	0.358
组内方差 σ^2	0.797	0.690	0.690
χ^2	559.002***	645.556***	637.526***
ICC 值	0.294	—	—
$R^2_{\text{between}}(\%\tau_{00})$	—	—	−0.003
$R^2_{\text{within}}(\%\sigma^2)$	—	0.134	0.134
−2dll	—	64.078	65.499

注:***、**、* 分别代表 P 值在 0.01、0.05 和 0.1 水平;表中仅显示了检验结果显著的参数;—代表该参数不适用。

以上分层线性模型分析结果总结如图 8-3 所示。

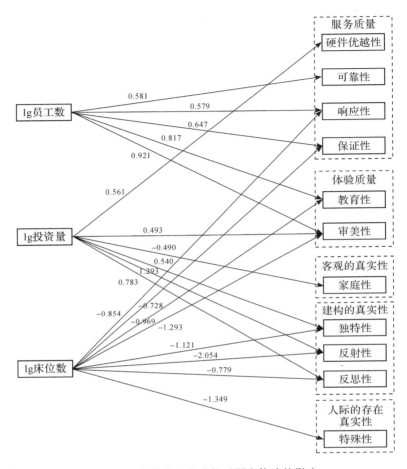

图 8-3　旅游小企业成长对顾客体验的影响

8.5　假设检验结果

企业规模的 3 个指标成长的不均衡会形成 3 种不同的成长路径。控制住其余 2 个指标,则床位数的增长对应粗放型成长路径,投资量的增长对应资金密集型成长路径,而员工数量的增长则对应劳动力密集型的成长路径。因此,企业规模对顾客体验的影响关系的检验应考虑不同的成长路径,其结果如表 8-8 所示。

表 8-8　旅游小企业成长对顾客体验的影响假设检验结果

假设	粗放型成长	资金密集型成长	劳动密集型成长
企业规模与服务质量			
假设 8a:旅游小企业的规模正向影响顾客的感知硬件完备性。			
假设 8b:旅游小企业的规模正向影响顾客的感知硬件优越性。		支持	
假设 8c:旅游小企业的规模正向影响顾客的感知服务可靠性。			支持
假设 8d:旅游小企业的规模正向影响顾客的感知服务响应性。	相反结果		支持
假设 8e:旅游小企业的规模正向影响顾客的感知服务保证性。	相反结果		支持
假设 8f:旅游小企业的规模正向影响顾客的感知服务移情性。			
企业规模与体验质量			
假设 9a:旅游小企业的规模正向影响顾客的教育性体验。	相反结果		支持
假设 9b:旅游小企业的规模正向影响顾客的娱乐性体验。			
假设 9c:旅游小企业的规模正向影响顾客的审美性体验。	相反结果	支持	支持
假设 9d:旅游小企业的规模正向影响顾客的共睦感体验。			
企业规模与体验真实性			
客观的真实性			
假设 10a:旅游小企业的规模负向影响顾客的感知乡村性。			
假设 10b:旅游小企业的规模负向影响顾客的感知家庭性。		支持	
建构的真实性			
假设 11a:旅游小企业的规模负向影响建构的独特性体验。	支持	相反结果	

续表

假设	粗放型成长	资金密集型成长	劳动密集型成长
假设11b：旅游小企业的规模负向影响建构的反射性体验。	支持	相反结果	
假设11c：旅游小企业的规模负向影响建构的反思性体验。	支持	相反结果	
存在的真实性			
假设12a：旅游小企业的规模负向影响人际层面的感知真诚性。			
假设12b：旅游小企业的规模负向影响人际层面的感知特殊性。	支持		
假设12c：旅游小企业的规模负向影响人际层面的感知亲密性。			
假设13a：旅游小企业的规模负向影响个人层面的体验自由性。			

注：留白部分表明该假设未得到数据支持；"相反结果"表示数据分析显示与假设关系相反的显著结果。

在粗放型成长路径下，关于企业规模对体验质量和体验真实性影响的假设大部分被数据分析结果所支持。接待容量的增长会对体验质量的教育性维度和审美性维度有负向影响，但其对娱乐性和共睦感的影响假设没有得到支持。就体验真实性而言，接待容量对建构体验真实性中的3个维度（独特性、反射性和反思性），以及人际方面的存在体验真实性的1个维度（特殊性）有显著的负向影响。但粗放型成长对客观的体验真实性及个人层面的存在体验真实性的影响关系的假设不被支持。

需要注意的是，在粗放型成长路径下，企业规模对服务质量的影响的统计分析结果与假设相反。接待容量与其中的两个维度（响应性和保证性）呈现负相关。在假设模型中，企业规模的成长会正向影响服务质量。这种判断是基于这样一个假设，即资本主义生产模式相较于家庭生产模式在质量控制上更有优势，同时较大规模的企业会面临来自顾客和监管部门双方面的压力，以提高其服务质量。实证研究却发现，这种优势和外在的压力可能会在粗放型成长的情况下失去其效力，原因可能在于粗放型成长导致资源过于分散，无法支持服务质量的保证或提升。因此，企业规模与服务质量的假设关系应该在粗放型成长路径下纠正。

在资金密集型成长路径下,企业规模(总投资量)与服务质量的假设关系得到部分支持。总投资量会正向影响服务质量的有形方面,即硬件优越性。同样,企业规模与体验质量的关系也只得到部分支持,总投资量仅正向影响体验质量的审美性维度。在体验真实性方面,投资量的增长会负向影响客观体验真实性中的家庭性维度。

资金密集型成长对建构真实性维度的影响尤其值得关注。假设模型认为,规模的增长会负向影响建构真实性,这是因为规模增长会导致企业从家庭中分离,从而降低主客之间互动的频率和机会。由于建构的体验真实性高度依赖社会互动,因此,家庭分离会导致体验真实性的削弱。然而,研究发现,主客之间的互动是可以以一种间接的方式进行的,以有形元素(如建筑、装饰等)为互动媒体。这些有形元素可以承载主人的思想、观点和情绪。顾客通过与这些有形元素的互动,同样可以接受和重建主人所要传达的信息。因此,投资量的相对快速增长能够对建构的体验真实性形成正向的影响。

在劳动力密集型成长路径下,企业规模(员工数量)对服务质量和体验质量影响的假设大部分得到了支持,但其对服务质量的影响只体现在无形要素的几个维度,包括可靠性、响应性和保证性。在体验质量方面,其影响只体现在教育性维度和审美性维度。员工数量对体验真实性影响的假设则都没有得到支持。

子研究 4 的研究结论及讨论详见 9.1.4 节。

第9章 研究结论与讨论

　　旅游与接待行业的一个重要特征是存在大量的小企业。这些小企业在塑造顾客体验、促进当地就业、推动地方经济发展方面扮演着重要角色。已有研究和实证观察都发现，大部分小型旅游企业都是基于接待的，可以被命名为"旅游小企业"，以区别于其他旅游企业如纪念品零售商、导游服务商等。这些旅游小企业与大规模的接待企业如酒店、汽车旅馆和度假村的区别不仅仅体现在规模上，还表现在产品、运营和管理等一系列属性特征上。因此，对传统接待行业如酒店、度假村的研究结论可能无法完全适用于旅游小企业的情境中。

　　旅游小企业引起了全世界旅游与接待研究者的注意，相关研究呈现数量与质量的双重增长。这些研究揭示了旅游小企业的一些典型特征，如家庭所有和家庭经营、基于家庭场所以及所谓的"生活方式创业动机"。这些属性之间的相互关系也在不同的背景下为实证研究所发现。总的来说，旅游小企业的现有研究可以归纳为三个研究视角，即小企业视角、家族企业视角和创业视角。这些不同视角的研究遵循了不同的研究传统，揭示了旅游小企业不同方面的属性。

　　然而，现有研究还存在一系列的问题。首先，尽管存在不少研究，但旅游小企业的定义本身仍然很模糊。现有研究对其的命名纷繁复杂，包括"B&B""农场寄宿"等，但其本质特征仍然没有被解释清楚。其次，这些研究大体上都集中在个体层面，以经营者为分析对象，而忽视了将企业作为一个整体来进行研究，使得一些经营者的特征被误解为企业的特点。再次，这些研究都把旅游小企业作为一个同质化的群体，从而忽视了其内部存在的异质性。虽然实证观察已经发现，旅游小企业会呈现横向和纵向的变异，但很少有研究揭示这种变异的发生机制、发生原因以及可能造成的结果。最后，大部分现有研究都是在发达国家的经济背景下进行的，相关的研究结果或理论框架也是在西方情境下提出的。一些实证研究已经发现，发展中国家的旅游小企业与发达国家的存在较大差异,因此后者背景下得出的研究结论在发展中国家不一定适用。

　　针对上述研究不足,本研究专注于企业层面的分析,并在企业成长理论的基础上提出了研究旅游小企业的"成长视角"。具体来说,本研究将旅游小企业视为一种"家庭生产模式",并通过在中国浙江省北部乡村地区开展的 4 个子研究揭示其成长的模式、影响因素及其对顾客体验的效应。

9.1　研究结论及意义

9.1.1　成长的内在机制:企业规模影响家庭分离度

　　子研究 1 主要关注旅游小企业成长的内在机制,构建与验证"量的成长"(即规模的增长)和"质的成长"(即家庭分离度)之间的关系模型,旨在回答"旅游小企业如何成长"的问题。

　　企业规模主要从投入视角来衡量,包含三个指标,即总投资量、床位数和员工数量。三个指标之间增长的异步性会形成不同的成长路径。具体而言,以床位数为主的增长会形成粗放型的成长路径,以投资量为主的增长则形成资金密集型的成长路径,以劳动力为主的增长对应的是劳动力密集型的成长路径。

　　家庭分离度概念的提出主要基于这样一个判断,即旅游小企业本质上是一种家庭生产模式,在某种程度上与家庭之间存在场所、劳动力和目标上的重合性,而企业的成长则是一个逐渐从家庭分离出来的过程。因此,成长的质的方面可以认为是企业在场所、劳动力和目标三个方面从家庭分离的程度,反映了旅游小企业从家庭生产模式向资本主义生产模式的转变过程,亦即 Cohen(1988)所提出的"商品化"过程。

　　通过上述二元划分,子研究 1 假设旅游小企业的规模与家庭分离度(包括场所分离度、劳动力分离度和目标分离度)之间存在正向关系,而该关系正是小型企业成长的基本模型。该模型随后在不同的成长路径下进行了检验。

　　研究结果显示,企业规模的增长与家庭分离度之间总体上存在较强的正向关系。但这个关系在不同的成长路径下、在不同的家庭分离维度上有不同的表现（图 9-1）。

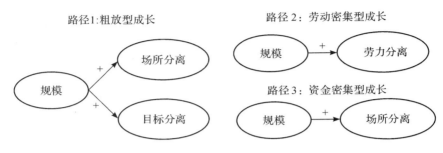

图 9-1　旅游小企业成长模型

　　在粗放型成长路径下，规模（床位数）的增长会导致场所分离度和目标分离度的提升。也就是说，随着接待容量的增加，旅游小企业的设施设备（如客房、休闲空间、餐饮设施等）会更多地偏向于商业应用，而非家庭使用。在这个意义上，原本的家庭生活场所逐渐失去了其作为家庭成员居所的原始功能。此外，规模（床位数）的增长还会导致目标的分离。对于旅游小企业来说，提供住宿始终是其产品的核心。接待容量的增加可以更好地实现规模经济效应，而这种规模经济通常是那些利润驱动的企业经营者所追求的。同时，随着企业规模的成长，经营者会期望有更多的顾客，而实际上也确实会有更多的顾客光顾，此时接待工作变成某种日常的、重复的工作。企业经营者将难以从这种"流水线"式的工作中获得原本追求的乐趣。因此，非营利动机（生活方式动机）可能会被削弱，而营利动机逐渐会占据主导地位。值得注意的是，粗放型成长并不会导致劳动力的分离，原因可能是提供住宿并不像提供餐饮产品一样需要大量的员工来保证服务。

　　在劳动密集型成长路径下，企业规模（员工数量）的增长仅对劳动力分离度产生影响。这意味着随着员工数量的增加，企业不可避免地要雇用更多的非家庭成员劳动力。其原因有二：（1）家庭（尤其是核心家庭）的成员数量有天然的限制，尤其是在中国普遍实施计划生育的背景下，农村核心家庭成员数量严格控制在 4 个以内（通常是父母加 2 个子女）。随着企业规模的增长，其对劳动力的需求也相应增加，这就需要雇用付费员工。（2）虽然来自扩展家庭的亲戚也可以在经营旺季提供一些"无偿"的帮助，但这种帮助不是无限制的，必须建立在互惠关系的基础上。员工数量的增加并不会导致场所的分离或目标的分离，因此，劳动力密集型成长对家庭分离度的影响是较为有限的。

与劳动力密集型成长一样,资金密集型成长的影响也较为有限,主要集中在场所分离度上。通常,投资量的增长关系到设施设备品质的提升,因此通常能够提供更好的体验。然而,这种为经营而提升品质的设施设备可能并不适用于家庭的日常使用。此外,为了确保顾客体验不受影响,企业经营者会致力于保证这些设施设备的顾客专用性。然而,资金密集型的成长并不会导致目标和劳动力的分离。

通过构建和检验企业规模与家庭分离度的关系模型,子研究 1 完善了旅游小企业成长的模型,并有以下几个方面的理论贡献。

第一,该模型回答了"旅游小企业如何成长"这个问题。企业成长理论认为,不同规模的企业可以被认为处在生命周期的不同发展阶段,在面临的环境和自身的属性方面都有相应的阶段性特征。但现有旅游与接待相关的研究文献很少揭示这些阶段性特征的具体内涵。一个可能的回答是 Lynch(1992)提出的"商业化家庭"的概念,这与 Lipton(1984)所提出的"家庭生产模式"的概念不谋而合。在 Lynch(1992)的概念中隐含着一个家庭"商业化程度"的变异区间,这个变异区间也可以理解成商业化的企业从家庭中脱离,拥有相对独立的场所、相对专业化的员工队伍和相对单纯的营利动机的程度。可以认为,这是旅游小企业"质"的变化。但这个质的变化与量的变化之间的关系如何?家庭分离是否在企业成长过程中难以避免?通过构建两方面变化的关系模型,子研究 1 系统地描绘了旅游小企业成长的基本机制,从而提供了理解成长现象的基本框架。

第二,通过将旅游小企业视为一种家庭生产模式,子研究 1 提供了这类企业定义的一个新视角。在这个意义上,它与"商业化家庭"的概念是一致的,意味着随着企业的成长、接待"家庭"的商业化程度的提高,商业元素占据主导地位而家庭元素逐渐隐到后台。

第三,进一步拓展了 Cohen(1988)"商业化"的概念的内涵。Lynch(1992)将这个概念引入旅游小企业的描述中。在他看来,旅游小企业是商业化的家庭领域。然而,他并没有详细说明商业化的过程所包含的具体内容。子研究 1 弥补了这项不足,将这个过程视为成长的质的方面,具体为家庭分离的过程。

9.1.2　社会资本、人力资本影响旅游小企业成长

子研究 2 探究了影响旅游小企业成长的关键因素,旨在解释"为什么一

些旅游小企业比其他企业规模大"和"为什么一些企业偏向于粗放型成长,而其他企业则偏向于密集型成长"的问题。基于社会资本理论和人力资本理论,子研究 2 的解释模型主要关注嵌入家庭社会网络中的资源以及创业者的个人能力对旅游小企业规模和成长路径选择的影响。为此分别构建了企业规模影响因素模型和成长路径选择(企业密集度)影响因素模型,并通过大样本数据进行实证检验。

在企业规模的影响因素方面,研究结果总体上支持社会资本和人力资本的正向影响作用。但由于社会资本、人力资本和企业规模概念的多维度性,该影响关系呈现较为复杂的机制(图 9-2)。

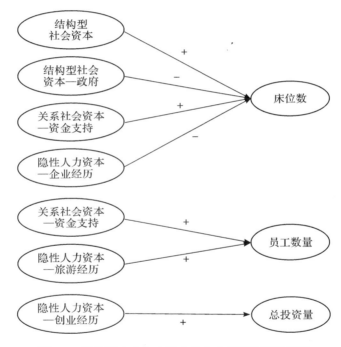

图 9-2   社会资本和人力资本对企业规模的影响模型

结构型社会资本仅会对床位数产生正向影响,该影响主要是由"与其他旅游小企业(STB)的亲缘连带"来施加的。与其他旅游小企业的连带数量正向影响床位数。这意味着,那些拥有更多亲戚从事旅游小企业经营的经营者通常更愿意也更能够扩大接待容量。其原因可能是旅游小企业之间广泛存在的顾客共享。那些同样从事接待经营的亲戚可能会影响经营者,使其更专注于商业目的,并且更倾向于扩大经营规模,以获取规模经济效益。

　　相比之下,关系型社会资本对床位数和员工数量都有正向影响,但该影响主要由"亲戚的资金支持"来施加。这意味着,在中国乡村地区,亲戚之间的借贷可能是大部分旅游小企业的主要资金来源,这种资金来源是如此重要,以至于其能够在很大程度上决定旅游小企业的发展水平。那些拥有更多资金支持的经营者通常能够配备更多的床位数和员工。需要注意的是,资金支持对于投资量并没有影响,这可能是因为虽然亲属是主要的资金来源,但从中能获取的资金量却很有限,仅能够支持其接待容量的扩张和雇用更多的劳动力,尚不足以支持大规模的投资。同时亲戚之间的互助也是建立在相互支持的基础上的,并不像银行一样收取利息,因此,能够获得的绝对资金量会比较有限。研究者实地访谈的结果也显示,当需要大规模投资时,经营者们通常会选择银行贷款,而不是向亲戚借款。

　　结构型社会资本中的"与创业者的亲缘连带数量"和关系型社会资本中的"信息支持"和"客源支持"对企业规模都没有显著的影响。这意味着商业信息和知识传递在旅游小企业的经营中并不是特别重要。考虑到其低门槛、低技术含量的特点,这也是可以理解的。同时,大部分的经营者都是独立进行市场拓展和营销的,亲戚关系在这方面能起到的作用很有限。

　　在人力资本方面,仅有隐性人力资本对企业规模有正向影响,主要体现在"创业经历"和"旅游经历"两个方面。其中,创业经历正向影响投资量,意味着那些拥有多年企业创办和经营经历的经营者通常在投资上更加有雄心,对风险的承受能力也更高。旅游经历主要影响员工数量。一方面旅行次数、旅行频率较高的经营者具有雇用员工的客观需求;另一方面其开阔的视野也会使其对服务品质和先进经营方式更加关注。值得注意的是,显性人力资本(即受教育水平)对规模的三个指标都没有任何影响,这说明旅游小企业的运营在很大程度上是实用主义导向的,相较于正式的教育经历和知识积累,实践经验可能更重要。

　　两个与假设模型相反的研究发现需要进一步讨论。第一,"与政府的亲缘连带数量"(属于结构型社会资本)对企业规模(床位数)有负向影响,意味着那些拥有较多政府部门工作亲戚的经营者通常会倾向于选择将接待容量控制在一定范围内。同时也发现,政府亲缘连带对员工数量和总投资量都没有显著影响。在假设模型中,政府亲缘连带被认为是会正向影响企业规模的,因为这些连带会提供信息和资源上的支持,从而使得经营者更有野心也更有能力扩大经营。但这种判断是基于一个假设,即政府对于企业成长是持支持态度的,并且也有相关的政策鼓励旅游小企业发展,因此,在政府部门工作的亲戚就能够帮助经营者获取相关的信息或财政补贴,从而使其拥有更大的主动性和更多的可调配资源。但如果政府对于旅游小企业的扩张持消极态度,甚至对其采取限制措施,以防止目的地承载力超标和破坏环境,则在政府部门工作的亲戚对此也无能为力。本研究的样本地均属于成熟旅游目的地,并且当地政府一直在致力于控制旅游小企业的接待容量,对违建设施进行严格的查处和拆除。在这种情况下,那些在政府部门工作的亲戚,或者是村领导也面临着控制接待容量的任务。为了避嫌,他们很可能会对自己的亲戚所经营的旅游小企业特别关注。因此,政府亲缘连带对接待容量的负向作用也就可以理解了。

第二,"企业工作经历"(属于隐性社会资本)对床位数也有负向的影响。企业工作经历越丰富,则越倾向于较小的接待容量。其原因可能在于,企业的工作经历使得经营者在经营视野、经营能力上要高出没有企业工作经历的人,从而倾向于保证服务质量和服务水平,而不是盲目扩张接待量。

上述社会资本和人力资本对三个企业规模指标的不同影响预示着它们同时也可能会影响企业的成长路径选择(企业密集度)。图 9-3 显示了研究所发现的影响机制。

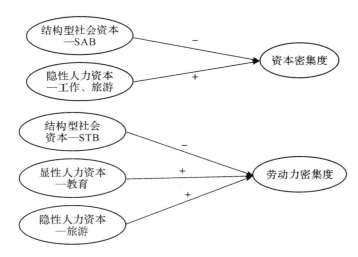

图 9-3 社会资本和人力资本对企业密集度的影响模型

研究发现,企业密集度主要受到人力资本的影响。其中,显性人力资本(受教育水平)和隐性人力资本(企业工作经历)仅对劳动力密集度有显著正向影响,而隐性人力资本(旅游经历)则对资本密集度和劳动力密集度都有

显著的正向影响。无论是结构型社会资本还是关系型社会资本都对资本密
集度和劳动力密集度没有显著影响。这与其对企业规模的显著影响形成了
鲜明对比,意味着虽然企业规模的成长在很大程度上依赖于从社会网络中
获取的资源,如何发展一个企业则是一个个人决策过程,主要取决于创业者
自己的能力与偏好。毕竟,成长路径选择是与资源的配置有关的,而非资源
的获取。

结构型社会资本(与其他 STB 的亲缘连带)对资本密集度和劳动力密集
度都有负向影响。考虑到其对床位数的显著正向效应,这个结果并不令人
感到吃惊。结合这两个发现可以合理地推断那些拥有更多与其他 STB 的亲
缘连带的经营者更偏好于粗放式的经营和成长方式,更倾向于增加接待容
量,从而实现规模经济效应。一个可能的解释是,亲缘关系网络可能会带来
一种创新的"惰性"(inertia),因为这是一个封闭的系统。一般情况下,这些
企业经营者更愿意与其亲戚分享和交流经营经验,而不是与这个圈子外的
人。因此,他们在投资上更加谨慎和保守,倾向于逐步提高接待容量。相较
于进行产品和服务创新,提高企业资本密集度或劳动力密集度,他们更倾向
于复制现有的经营模式,扩大企业规模,因为后者在市场不断增长的情况下
往往风险更小,而对创新的要求更低。

上述研究发现印证和进一步拓展了 Zhao(2002)对中国广西乡村旅游创
业行为的研究结论。他发现,社会资本和人力资本对旅游小企业主的创业
行为有显著的正向影响。与其不同的是,本研究将社会资本理论和人力资
本理论引入旅游小企业成长的解释框架,并构建和检验了其对企业规模和
路径的影响机理,这能够弥补现有关于旅游小企业成长现象研究的不足。

9.1.3　旅游小企业中顾客体验的维度

子研究 3 作为探究旅游小企业成长对顾客体验影响的先导研究,旨在
探索旅游小企业顾客体验的内在维度结构,并基于此开发测量量表。基于
顾客体验理论和真实性理论,子研究 3 采用了"全面顾客体验"的视角,强调
体验管理应该要同时关注认知、情感和符号三个层面的顾客体验,并基于此
通过文献回顾、质性探索和因子分析构建和验证顾客体验层级模型,相应地
包含服务质量、体验质量和体验真实性三个方面的体验。每个方面的体验
同时又包含了若干维度(图 9-4)。

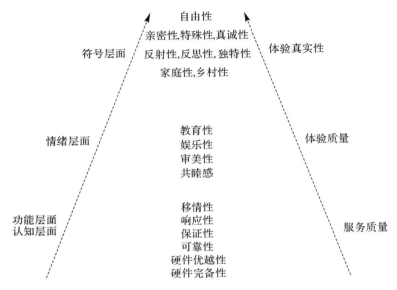

图 9-4 乡村旅游小企业顾客体验模型

在服务质量方面,研究发现,经典的 SERVQUAL 量表所划分的维度结构(有形性、可靠性、保证性、响应性和移情性)可能并不完整,在某种程度上忽略了"有形性"这个维度下更加复杂的结构。质性研究和探索性因子分析结果发现,有形性维度可以进一步划分为"硬件完备性"和"硬件优越性"。

在体验质量方面,研究发现,Gilmore 和 Pine(2002)所划分的体验四要素(教育性、娱乐性、审美性和逃离性)在旅游小企业的情境下需要进一步补充和调整。质性探索并没有发现顾客会在投宿时有"逃离体验"的动机和期望,逃离动机可能更多的是与整个旅程的发起目标有关,而在接待点这个层面表现较弱。与此同时,另外一个体验要素,即"共睦感"在旅游小企业顾客体验中扮演重要的角色。由此,在旅游小企业情境下,顾客体验应包括教育性、娱乐性、审美性和共睦感四个维度。

在体验真实性方面,研究发现其结构比 Wang(1999)所划分的客观真实性、建构真实性和存在真实性三维结构更加复杂。客观的体验真实性包括乡村性和家庭性两个维度,建构的体验真实性包括独特性、反射性和反思性三个维度,而存在的真实性则包括真诚性、特殊性、亲密性和自由性四个维度。

服务质量、体验质量和体验真实性呈现层级结构,循着人的意识谱层层递进,从最浅的认知层(服务质量)到最深的精神层(个人层面的存在体验真实性)。

通过构建和确证这个层级结构,子研究 3 进一步深化了对顾客体验的理解,系统、全面地在旅游小企业的情景下详细描绘了接待体验的内涵。研究结果进一步拓展了 SERVQUAL 量表的应用范围,同时开发了体验质量和体验真实性的测量工具。此外,该子研究还通过实证研究发现,旅游小企业的顾客确实关注真实性元素,并且有不同层面的评价,这就强调了符号性体验在旅游与接待管理中的重要性。真实性作为体验的符号层面,可以作为旅游与接待企业在产品、服务、体验之外的第四种供应品。

9.1.4 旅游小企业的成长影响顾客体验

子研究 4 探究了不同的企业成长路径对不同顾客体验维度的影响。基于体验场景理论,以及 Lynch(2003,2009)提出的概念模型,子研究 4 首先构建了初步模型,随后通过文献回顾和逻辑演绎进行修正和发展,形成假设模型,最后,利用大样本数据对假设模型的各个关系进行检验。

研究结果发现,旅游小企业规模的变化确实会对顾客感知的服务质量、体验质量和体验真实性造成影响(图 9-5)。但这种影响主要集中在其中的几个维度上。服务质量中的硬件完备性维度和移情性维度,体验质量中的娱乐性维度和共睦感维度,以及体验真实性中的乡村性、真诚性、亲密性和自由性都不会受到企业成长的影响。

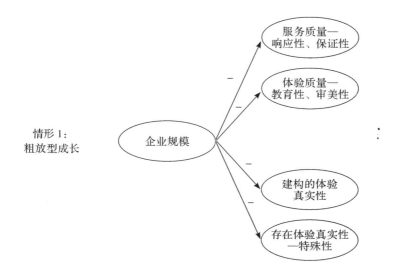

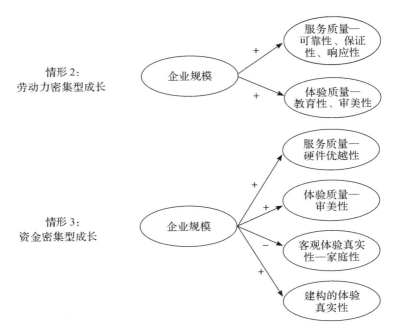

图 9-5 旅游小企业成长对顾客体验影响模型

另外，不同的成长路径的影响对象和影响性质也有差异。

劳动力密集型和资金密集型成长都对服务质量有正向影响。这印证了旅游小企业成长会带来支持性体验提升的假设。在这个意义上，成长所伴随的商业化过程可能会让顾客感到是有益的，能够使他们得到更好的服务，而他们的基本需求也能得到快速有效的满足。

此外，劳动力密集型成长对体验质量（教育性和审美性）也有正向影响，而这些体验要素对于顾客来说可能是一种极致体验或超凡体验，这个发现与研究假设模型也是相符合的。

资金密集型成长对客观的体验真实性（家庭性）有显著的负向影响，但对建构的体验真实性（独特性、反射性和反思性）都有显著的正向影响。由此可见，与其说成长及其伴随的商业化会"摧毁"真实性，倒不如说它改变了真实性体验。可见，资金密集型和劳动力密集型的成长并不会造成极致体验的降低，反而创造、提升并且强化了顾客的极致体验。

与此形成对比的是，粗放型成长对服务质量、体验质量和体验真实性都有负向影响。扩大的接待容量可能带来服务质量的降低、体验质量的弱化以及建构的和人际存在真实性的降低。在这个意义上，粗放型成长实际上是同时摧毁了支持性体验和极致体验,从而使得顾客真正成为"商业化的受害者"。然而,需要注意的是,这种对顾客体验的负面影响不一定会反映在其经营财务收入上,也并不意味着这类企业没有竞争力。粗放型成长可能会带来规模经济效应,从而极大地降低经营成本。由此,这类企业的接待产品价格可以设定在很低的水平,从而吸引那些对价格很敏感的顾客。但可以肯定的是,其产品必然是低廉而低质的,只能在市场的低端运作。为了获取利润,这类企业通常要消耗掉更多的资源,这个对于旅游目的地的可持续发展来说是不利的。

9.2　研究结论的理论贡献与可推广性

综合 4 个子研究的研究结论,本研究可以在以下几个方面对旅游小企业研究做出贡献。

第一,基于旅游小企业的动态性和异质性的特点,本研究深入挖掘其横向变异和纵向变异的本质和原理,并把两个维度的变异都归结于其成长过程。同时,基于企业成长理论,构建并验证了其成长机制模型,从而拓展了对旅游小企业的理解。

第二,进一步探索了旅游小企业成长的影响因素和产生的结果,相应构建和验证了企业成长影响因素模型和成长对顾客体验的影响模型。在这个意义上,本研究是解释性的,与现有大多数描述性的研究构成了互补与解释的关系。所有模型都经过大样本数据检验,增加了其可信度和可推广程度。

第三,通过上述工作,本研究试图引入旅游小企业研究的新视角,即"成长视角"。成长视角的核心观点是,每个旅游小企业都处于成长生命周期谱的特定点。就其单个企业来说,它或许会在这个周期谱上移动,也可能会停留在某个点上。但关键是,每一个企业都能在上面找到自己的位置。这个视角可以在两个方面扩展对接待企业的理解。其一,它可以解释接待企业规模和性质的变化;其二,它意味着小企业和大企业之间并不是泾渭分明的,中间存在连续的过渡变化。在这方面,前人的研究可以分为两个阶段。一开始的时候,小企业被认为是大企业的缩小版,从而一些学者认为从大企业上获得的研究结论可以直接应用于小企业。随后,对小企业的实证研究质疑了这个观点,这些研究大多揭示了小企业的独特性,由此,小企业被认为是一个独立的研究领域。本研究可以说是小企业研究的下一个发展阶段,即重构小企业和大企业之间的关系,说明它们之间并不是完全独立的,而是存在一个发展演变的关系。

第四,本研究以企业为分析单位,关注的是企业行为的特征,而不是企业经营者的行为和心理特征。前人研究大多从小企业经营者或其顾客的角度入手,关注的是他们的心理特质和感知,因此更多的是局限在市场营销的研究范式内,很难说属于"企业研究"。通过对客观行为特征的关注,本研究提供了旅游与接待企业研究的新视角。

本研究结论是对浙江省北部5个有代表性的乡村旅游目的地进行实证研究而获得的。从统计意义上来看,研究结论模型只能推广到该区域范围内的乡村旅游小企业。然而,浙江省的乡村旅游发展在全国范围内也具有较强的代表性,考虑到文化背景、政策背景的相似性,本研究结论也可以为其他地区的乡村旅游小企业成长研究提供一些参考。

9.3　管理启示

本研究结论的管理实践意义可以从企业经营者和目的地管理机构两个角度来讨论。企业经营者和目的地管理机构的战略决策都是围绕实现企业和目的地可持续发展进行的。考虑到旅游企业和旅游目的地都有内在的生命周期,对其动态变化规律的把握尤其重要。企业成长的决策是旅游小企业经营者面临的关键战略决策之一,同时也是目的地管理机构的关注重点。

从企业经营者的角度来看,是否扩大企业规模,以及通过何种方式来扩大规模是难以避免的决策。他们应当注意的是,成长会给他们的企业以及顾客的体验带来重大的影响。

首先,经营者应该意识到,旅游小企业的顾客体验是多维度的,不仅仅包括服务质量,还包括体验质量和体验真实性。因此他们不能仅关注服务质量以至于将自己的接待产品定位在功能性、支持性的层面上。相反,他们应该拥有全面的"顾客体验观",更多地关注体验质量和体验真实性,为顾客提供难忘的经历,从而确保顾客的忠诚度。

其次,经营者应当清楚,规模成长在带来潜在收益的同时,也会给其商业模式带来根本性的变化。这主要体现在企业与家庭的关系方面。不同的成长路径可能会带来不同方面的家庭分离,同时也会给顾客体验带来不同的影响。因此,经营者所需要做的是权衡与取舍。本研究的研究发现描绘了不同成长路径下企业—家庭关系的变化，以及由此可能导致的顾客体验变化机制，能够为经营者的战略权衡提供参考。

再次，企业在选择粗放型成长路径时应当格外慎重，因为它会带来顾客体验的全面降低。虽然这种成长路径能够降低成本，从而在短期内带来更多的经济收益，但其对企业市场形象的影响，以及对目的地承载力的挑战都使得其前景是不可持续的。

对于政府和旅游规划者来说，这种权衡取舍也是存在的。考虑到政府部门在目的地规划的发展中所处的核心位置，其决策与权衡显得更加重要。

一方面，规划者在制定鼓励旅游小企业发展的政策时应当注意，这些企业的成长可能会给目的地旅游发展和生态环境保护带来潜在的副作用。尤其需要注意的是，为了提高目的地接待容量而特意强调接待规模扩大很可能会摧毁旅游小企业的家庭元素，全面降低顾客体验，最终使得整个乡村旅游目的地失去乡村性，破坏其核心吸引力。所以，在适当的情况下设定单个旅游小企业的接待容量上限是有必要的。但目前我国大多数地方政府出于增加村民收入的目的，对民宿、农家乐的接待规模扩张持放任甚至鼓励态度。

另一方面，社会资本和人力资本对企业规模和成长路径选择具有显著的影响。本研究所发现的影响机制对于地方政府了解和控制当地旅游小企业的成长规模和成长路径具有实际的意义。对于旅游发展尚处早期，需要鼓励旅游小企业成长的地方来说，政府应当为那些缺少社会网络资源或缺乏个人能力的经营者提供支持。而对于旅游发展已进入成熟期，目的地承载力逼近极限的地方，政府则应该鼓励拥有足够社会资本和人力资本的经营者采取密集型成长路径，以保持目的地品质和品牌，保护目的地生态环境。

9.4　研究不足与展望

由于客观条件限制，本研究在设计和方法上还存在一定的不足。

第一，本研究采用横向研究设计来解决纵向的"企业成长"问题。尽管这在企业成长研究中较为普遍，但其潜在的"不一致性"越来越受到学者们的注意。小企业研究、创业研究领域的顶级期刊开始鼓励研究者们基于纵向数据或面板数据解决创业或企业成长的问题。然而，本研究采用横向设计实为无奈之举，因为旅游小企业的纵向数据几乎不可能得到。作为关注旅游小企业成长研究的拓荒者，本研究所收集到的数据可以在未来作为比对的基准数据，通过另外几轮的数据收集得到面板数据，从而使得纵向分析成为可能。

第二，在成长的影响因素方面，本研究仅关注经营者个人的要素（其社会资本和人力资本）。但影响企业成长的因素很复杂，可以从不同的角度进行研究。未来可以引入成长环境相关的因素，如政策、目的地环境等，尤其是其中政府和行业协会的作用，从而构建更完整的解释模型。

第三，企业成长带来的影响可能不仅仅局限在顾客体验层面，还可能会对目的地发展造成影响。这意味着企业成长的结果可以从营销以外的学科视角切入。将个体企业的生命周期和目的地生命周期结合在一起考虑，探索其内在的互动关系和互动机制，可以成为未来研究的一个方向。

第四，顾客体验不仅仅依赖企业层面的体验场景要素，还可能受到目的地层面要素的影响。因此，旅游小企业成长对顾客体验的影响应当考虑到目的地大环境要素可能存在的干扰作用。例如，可以合理地推断，城市与乡村之间的旅游小企业顾客体验应当会存在较大的差别。未来可以在不同的目的地背景下探究成长对顾客体验的影响是否有差异。

第五，本研究的样本地局限在浙江省北部的乡村地区，研究结果也仅能在此范围内推广。为了使研究结论一般化，未来可以在国内其他的乡村区域、城市区域，甚至在其他亚洲国家开展类似的研究。

参考文献

Abrahams R D. Ordinary and extraordinary experience[M]//Turner V W, Bruner E M. The Anthropology of Experience. Urbana, Illinois: University of Illinois Press, 1986, 45-72.

Abu A. Strategies for the successful marketing of home-stay programme: some useful lessons[Z]. Paper presented at the International Seminar on Community Based Tourism: Learning from the Home-stay Programme in Malaysia, Towards Developing A Sustainable Community Based Tourism: Issues, Impacts & Opportunities. August 4-16 2009, Shah Alam, Malaysia.

Acs Z J, Audretsch D B. Innovation and Small Firms[M]. Cambridge, Massachusetts: MIT Press, 1990.

Adams K M. Come to Tana Toraja, "Land of the Heavenly Kings": Travel agents as brokers in ethnicity[J]. Annals of Tourism Research, 1984, 11(3): 469-485.

Addis M, Holbrook M B. On the conceptual link between mass customization and experiential consumption: An explosion of subjectivity[J]. Journal of Consumer Behaviour, 2001, 1(1): 50-66.

Adler P S, Kwon S W. Social capital: Prospects for a new concept[J]. Academy of Management Review, 2002, 27(1): 17-40.

Aggett M. What has influenced growth in the UK's boutique hotel sector? [J]. International Journal of Contemporary Hospitality Management, 2007, 19(2): 169-177.

Ahmad S, Jabeen F, Khan M. Entrepreneurs choice in business venture: Motivations for choosing home-stay accommodation businesses in Peninsular Malaysia [J]. International Journal of Hospitality

Management, 2014, 36: 31-40.

Aho S K. Towards a general theory of touristic experiences: Modelling experience process in tourism [J]. Tourism Review, 56(3/4), 2001: 33-37.

Ainley S, Kline C. Moving beyond positivism: reflexive collaboration in understanding agritourism across North American boundaries [J]. Current Issues in Tourism, 2014, 17(5): 404-413.

Akbaba A. Understanding small tourism businesses: A perspective from Turkey [J]. Journal of Hospitality and Tourism Management, 2012, 19: 9.

Albacete-Saez C A, Fuentes-Fuentes M M, Lloréns-Montes F J. Service quality measurement in rural accommodation[J]. Annals of Tourism Research, 2007, 34(1): 45-65.

Aldrich H E, Cliff J E. The pervasive effects of family on entrepreneurship: Toward a family embeddedness perspective [J]. Journal of Business Venturing, 2003, 18(5): 573-596.

Aldrich H E, Sakano T. Unbroken ties: how the personal networks of Japanese business owners compare to those in other nations [M]// Networks and Markets: Pacific Rim Investigations. New York, NY: Oxford University Press, 1998: 32-52.

Aldrich H, Rosen B, Woodward W. The impact of social networks on business foundings and profit: a longitudinal study [J]. Frontiers of Entrepreneurship Research, 1987, 7(154): 68.

Alletorp L. An investigation and comparison of the farm accommodation product in the United Kingdom and Denmark [Z]. Plymouth: University of Plymouth, 1997.

Almus M, Nerlinger E A. Growth of new technology-based firms: which factors matter? [J]. Small Business Economics, 1999, 13 (2): 141-154.

Altinay L, Madanoglu M, Daniele R, Lashley C. The influence of family tradition and psychological traits on entrepreneurial intention [J]. International Journal of Hospitality Management, 2012, 31 (2): 489-499.

Anand A，Chandan P，Singh R B. Homestays at Korzok：Supplementing rural livelihoods and supporting green tourism in the Indian Himalayas [J]. Mountain Research and Development，2012，32(2)：126-136.

Andereck K L，Valentine K M，Knopf R C，Vogt C A. Residents' perceptions of community tourism impacts[J]. Annals of Tourism Research，2005，32(4)：1056-1076.

Anderson A R，Jack S L，Dodd S D. The role of family members in entrepreneurial networks：Beyond the boundaries of the family firm [J]. Family Business Review，2005，18(2)：135-154.

Andriotis K. Scale of hospitality firms and local economic development— Evidence from Crete [J]. Tourism Management，2002，23 (4)：333-341.

Antončič B. Entrepreneurship Networks：A Review and Future Research Directions[M]. Berlin，Germany：Springer，1999.

Antoncic B，Hisrich R D. Clarifying the intrapreneurship concept [J]. Journal of Small Business and Enterprise Development，2003，10(1)：7-24.

Apostolakis A. The convergence process in heritage tourism[J]. Annals of Tourism Research，2003，30(4)：795-812.

Arnould E J，Price L L. River magic：Extraordinary experience and the extended service encounter[J]. Journal of Consumer Research，1993，20 (1)：24-45.

Arthur W B. Increasing Returns and Path Dependence in the Economy[M]. Ann Arbor，Michigan：University of Michigan Press，1994.

Ateljevic J. Small is (still) beautiful：A synthesis of research on small tourism firms[J]. Tourism Review，2007，59(4)：37-41.

Ateljevic I，Doorne S. 'Staying within the fence'：Lifestyle entrepreneurship in tourism[J]. Journal of Sustainable Tourism，2000，8(5)：378-392.

Ateljevic J，Doorne S. Diseconomies of scale：A study of development constraints in small tourism firms in central New Zealand[J]. Tourism and Hospitality Research，2004，5(1)：5-24.

Atkins M H，Lowe J F. Sizing up the small firm：UK and Australian experience[J]. International Small Business Journal，1997，15(3)：42-55.

Babin B J，Kim K. International students' travel behavior：a model of the travel-related consumer/dissatisfaction process[J]. Journal of Travel & Tourism Marketing，2001，10(1)：93-106.

Baines S，Gelder U. What is family friendly about the workplace in the home? The case of self-employed parents and their children[J]. New Technology，Work and Employment，2003，18(3)：223-234.

Barbieri C，Mahoney E. Why is diversification an attractive farm adjustment strategy? Insights from Texas farmers and ranchers[J]. Journal of Rural Studies，2009，25(1)：58-66.

Barke M. Rural tourism in Spain[J]. International Journal of Tourism Research，2004，6(3)：137-149.

Barney J，Wright M，Ketchen D J. The resource-based view of the firm：Ten years after 1991[J]. Journal of Management，2001，27(6)：625-641.

Baron J N，Hannan M T. The impact of economics on contemporary sociology[J]. Journal of Economic Literature，1994，32(3)：1111-1146.

Baron R A. Social Capital[M]. Hoboken，New Jersey：John Wiley & Sons，Ltd，2000.

Barron D N. The structuring of organizational populations[J]. American Sociological Review，1999，64(3)：421-45.

Bartram D. The Great Eight competencies：a criterion-centric approach to validation[J]. Journal of Applied Psychology，2005，90(6)：1185.

Bates T. Entrepreneur human capital inputs and small business longevity [J]. The review of Economics and Statistics，1990，72(4)：551-559.

Bateson J E. Perceived control and the service experience[M]// Handbook of Services Marketing and Management. New York，NY：Sage Publications，2000：127-144.

Batjargal B. Social capital and entrepreneurial performance in Russia：A longitudinal study[J]. Organization Studies，2003，24(4)：535-556.

Batjargal B. Internet entrepreneurship：Social capital，human capital，and performance of Internet ventures in China[J]. Research Policy，2007，36(5)：605-618.

Batjargal B，Liu M. Entrepreneurs' access to private equity in China：The role of social capital[J]. Organization Science，2004，15(2)：159-172.

Batt R. Managing customer services：Human resource practices，quit rates，and sales growth[J]. Academy of Management Journal，2002，45(3)：587-597.

Baum J R，Locke E A，Smith K G. A multidimensional model of venture growth[J]. Academy of Management Journal，2001，44(2)：292-303.

Beaver G，Lashley C. Competitive advantage and management development in small hospitality firms：the need for an imaginative approach[J]. Journal of Vacation Marketing，1998，4(2)：145-160.

Beaver G，Lashley C，Stewart J. Management development [M]//The Management of Small Tourism and Hospitality Firms. London，UK：Cassell，1998：156-173.

Beverland M. The "real thing"：Branding authenticity in the luxury wine trade[J]. Journal of Business Research，2006，59(2)：251-258.

Beverland M B，Farrelly F J. The quest for authenticity in consumption：Consumers' purposive choice of authentic cues to shape experienced outcomes[J]. Journal of Consumer Research，2010，36(5)：838-856.

Becker W A. Manual of procedures in quantitative genetics[Z]. Pullman，Washington State：Program in Genetics，Washington State University，1964.

Beeka B H，Rimmington M. Entrepreneurship as a career option for African youths[J]. Journal of Developmental Entrepreneurship，2011，16(01)：145-164.

Bellu R R，Davidsson P，Goldfarb C. Toward a theory of entrepreneurial behaviour：empirical evidence from Israel，Italy and Sweden [J]. Entrepreneurship & Regional Development，1990，2 (2)：195-209.

Bengston D N，Xu Z. Impact of research and technical change in wildland recreation：Evaluation issues and approach [J]. Leisure Sciences，1993，15(4)：251-272.

Bennett R J，Robson P J. The use of external business advice by SMEs in Britain[J]. Entrepreneurship & Regional Development，1999，11(2)：155-180.

Berger P L. The Social Reality of Religion[M]. London，UK：Faber and Faber，1973.

Berry L L，Carbone L P，Haeckel S H. Managing the total customer experience[J]. MIT Sloan Management Review，2002，40(3)：85-89.

Birley S，Cromie S，Myers A. Entrepreneurial networks：their emergence in Ireland and overseas[J]. International Small Business Journal，1991，9(4)：56-74.

Billett S. Learning in the Workplace：Strategies for Effective Practice[M]. Auckland，Australia：Allen and Unwin，2001.

Birley S，Westhead P. Growth and performance contrasts between "types" of small firms[J]. Strategic Management Journal，1990，11（7）：535-557.

Bitner M J. Servicescapes：the impact of physical surroundings on customers and employees[J]. The Journal of Marketing，1992，56(2)：57-71.

Bjerke B，Hultman C. Entrepreneurial Marketing：The Growth of Small Firms in the New Economic Era[M]. Northampton，UK：Edward Elgar Publishing，2004.

Blackburn R，Kovalainen A. Researching small firms and entrepreneurship：Past，present and future[J]. International Journal of Management Reviews，2009，11(2)：127-148.

Bojanic D C. Consumer perceptions of price，value and satisfaction in the hotel industry：An exploratory study[J]. Journal of Hospitality & Leisure Marketing，1996，4(1)：5-22.

Boorstin D J. The Americans：the National Experience[M]. Visalia，California：Vintage，2010.

Bottazzi G，Secchi A. Common properties and sectoral specificities in the dynamics of US manufacturing companies[J]. Review of Industrial Organization，2003，23(3-4)：217-232.

Bourdieu P. The Forms of Capital[M]//Handbook of Theory and Research for the Sociology of Education. New York，NY：Greenwood，1986：241-258.

Bourdieu P. Social space and symbolic power[J]. Sociological Theory，

1989，7(1)：14-25.

Bourgeon D，Filser M. Les apports du modèle de recherches d'expériences à l'analyse du comportement dans le domaine culturel Une exploration conceptuelle et méthodologique［M］. Recherche et Applications en Marketing，1995，10(4)：5-25.

Boyle D. Authenticity Brands，Fakes，Spin and the Lust for Real Life[M]. New York，NY：Harper Collins，2003.

Bramwell B. Rural tourism and sustainable rural tourism［J］. Journal of Sustainable Tourism，1994，2(1-2)：1-6.

Bransgrove C，King B. Strategic marketing practice amongst small tourism and hospitality businesses［C］//Spring Symposium Proceedings of International Association of Hotel Management Schools. Leeds，UK：Leeds Metropolitan University，1996：29.

Bratkovic T，Antoncic B，Ruzzier M. The personal network of the owner-manager of a small family firm：The crucial role of the spouse［J］. Managing Global Transitions，2009，7(2)：171-190.

Briggs S，Sutherland J，Drummond S. Are hotels serving quality? An exploratory study of service quality in the Scottish hotel sector［J］. Tourism Management，2007，28(4)：1006-1019.

Brown S B，Brown E A，Walker I. The present and future role of photodynamic therapy in cancer treatment［J］. The Lancet Oncology，2004，5(8)：497-508.

Brown S，Patterson A. Knick-knack paddy-whack，give a pub a theme［J］. Journal of Marketing Management，2000，16(6)：647-662.

Bryk A S，Raudenbush S W. Hierarchical Linear Models：Applications and Data Analysis Methods[M]. Newbury Park，CA：Sage，1992.

Brüderl J，Preisendörfer P. Network support and the success of newly founded business［J］. Small Business Economics，1998，10(3)：213-225.

Brunell A B，Kernis M H，Goldman B M，Heppner W，Davis P，Cascio E V，Webster G D. Dispositional authenticity and romantic relationship functioning[J]. Personality and Individual Differences，2010，48(8)：900-905.

Bruner E M. Abraham Lincoln as authentic reproduction: A critique of postmodernism[J]. American Anthropologist, 1994, 96(2): 397-415.

Bruns D, Driver B L, Lee M E, Anderson D, Brown P J. Pilot tests for implementing benefits-based management[C]//The Fifth International Symposium on Society and Resource Management, Colorado: Fort Collins, 1994.

Burns P. Entrepreneurship and Small Business[M]. Basingstoke, UK: Palgrave, 2001.

Buchanan R D, Espeseth R D. Developing a Bed and Breakfast Business Plan[M]. Urbana, Illinois: Ag Publication Office, University of Illinois, 1988.

Buhalis D, Fletcher J, Coccossis H, Nijkamp P. Environmental impacts on guest destinations: an economic analysis[M]// Sustainable Tourism Development. London, UK: Avebury, Aldershot, 1995: 3-24.

Buick I. Information technology in small Scottish hotels: is it working? [J]. International Journal of Contemporary Hospitality Management, 2003, 15(4): 243-247.

Burke G, Jarratt D G. The influence of information and advice on competitive strategy definition in small-and medium-sized enterprises [J]. Qualitative Market Research: An International Journal, 2004, 7 (2): 126-138.

Burnley I H, Murphy P. Sea Change: Movement from Metropolitan to Arcadian Australia[M]. Sydney, Australia: UNSW Press, 2004.

Burns P, Dewhurst J. Small Business and Entrepreneurship[M]. Berlin, Germany: Macmillan Education, 1996.

Burt R. The Contingent Value of Social Capital[J]. Administrative Science Quarterly, 1997, 42(2): 339-365.

Busby G, Rendle S. The transition from tourism on farms to farm tourism [J]. Tourism Management, 2000, 21(6): 635-642.

Butcher K, Sparks B, McColl-Kennedy J. Predictors of customer service training in hospitality firms[J]. International Journal of Hospitality Management, 2009, 28(3): 389-396.

Burt R S. The social structure of competition [M]//Explorations in

Economic Sociology. New York, NY: Russell Sage. 1993, 65-103.

Callan R J, Kyndt G. Business travellers' perception of service quality: a prefatory study of two European city centre hotels[J]. International Journal of Tourism Research, 2001, 3(4): 313-323.

Carlson R A. Experienced Cognition [M]. Hove, UK: Psychology Press, 1997.

Carlton D W, Perloff J M. Industrial Organization[M]. New York, NY: Harper Collins, 1994.

Carmichael B A, McClinchey K A. Exploring the importance of setting to the rural tourism experience for rural commercial home entrepreneurs and their guests [M]// Commercial Homes in Tourism: An International Perspective. London, UK: Routledge, 2009: 73-86.

Carneiro M J, Eusébio C. Hosts' perceptions of tourism impacts in an urban area—A cluster analysis [M]//Proceedings Book of the 5th World Conference for Graduate Research in Tourism, Hospitality and Leisure. Ankara, Turkey: Detay Yayincilik. 2010: 362-369.

Carson D, Gilmore A. Marketing at the interface: not "what" but "how" [J]. Journal of Marketing Theory and Practice, 2000, 8(2): 1-7.

Carter S. Portfolio entrepreneurship in the farm sector: indigenous growth in rural areas? [J]. Entrepreneurship & Regional Development, 1998, 10(1):17-32.

Carter S, Jones-Evans D. Enterprise and Small Business: Principles, Practice and Policy[M]. Boston, MA: Pearson Education, 2006.

Caru A, Cova B. A critical approach to experiential consumption: fighting against the disappearance of the contemplative time [J]. Critical Marketing, 2003, 23: 1-16.

Cassee E, Reuland R. The Management of Hospitality[M]. Oxford, UK: Pergamon Press Ltd. , 1983.

Cassel S H, Pettersson K. Performing gender and rurality in Swedish farm tourism[J]. Scandinavian Journal of Hospitality and Tourism, 2015, 15(1-2):138-151.

Castéran H, Roederer C. Does authenticity really affect behavior? The case of the Strasbourg Christmas Market[J]. Tourism Management, 2013,

36：153-163.

Chandralal L，Valenzuela F R. Exploring memorable tourism experiences：Antecedents and behavioural outcomes[J]. Journal of Economics，Business and Management，2013，1(2)：177-181.

Chandler A D，Hikino T，Chandler A D. Scale and Scope：The Dynamics of Industrial Capitalism[M]. New York，NY：Harvard University Press，2009.

Chaianov A V. The Theory of Peasant Economy[M]. Homewood，Illinois：Richard D. Irwin，1966.

Chayanov A. The Theory of Peasant Economy[M]. Nashville，Tennessee：American Economic Association，1966.

Chen C M，Chen S H，Lee H T. Interrelationships between physical environment quality，personal interaction quality，satisfaction and behavioural intentions in relation to customer loyalty：The case of Kinmen's bed and breakfast industry[J]. Asia Pacific Journal of Tourism Research，2013，18(3)：262-287.

Chen J S，Ekinci Y，Riley M，Yoon Y，Tjelflaat S. What do Norwegians think of US lodging services？[J]. International Journal of Contemporary Hospitality Management，2001，13(6)：280-284.

Chen L C，Lin S P，Kuo C M. Rural tourism：Marketing strategies for the bed and breakfast industry in Taiwan[J]. International Journal of Hospitality Management，2013，32：278-286.

Chhabra D，Healy R，Sills E. Staged authenticity and heritage tourism[J]. Annals of tourism research，2003，30(3)：702-719.

Chhabra D. Defining authenticity and its determinants：Toward an authenticity flow model[J]. Journal of Travel Research，2005，44(1)：64-73.

Choi T Y，Chu R. Determinants of hotel guests' satisfaction and repeat patronage in the Hong Kong hotel industry[J]. International Journal of Hospitality Management，2001，20(3)：277-297.

Christian V A. The Concept of Hospitality[C]. In International Jubilee Conference，Hague Hotel School，Hague，Netherland，1979.

Churchill Jr G A. A paradigm for developing better measures of marketing constructs[J]. Journal of Marketing Research，1979，16(1)：64-73.

Clarke J. Farm accommodation and the communication mix[J]. Tourism management，1996，17(8)：611-616.

Clawson M. Land and Water for Recreation：Opportunities，Problems，and Policies[M]. Chicago，Illinois：Rand McNally，1963.

Clegg A，Essex S. Restructuring in tourism：The accommodation sector in a major British coastal resort[J]. The International Journal of Tourism Research，2000，2(2)：77.

Cloke P，Milbourne P. Deprivation and lifestyles in rural Wales.—II. Rurality and the cultural dimension[J]. Journal of Rural Studies，1992，8(4)：359-371.

Clough M. Profiting from farm tourism[N]. Western Morning News，1997-6-11.

Coad A. The Growth of Firms：A Survey of Theories and Empirical Evidence[M]. Cheltenham，UK：Edward Elgar Publishing，2009.

Cohen E. A phenomenology of guest experiences[J]. Sociology，1979，13(2)，179-201.

Coleman J S. Social capital in the creation of human capital[J]. American Journal of Sociology，1988，94：S95-S120.

Cohen E. Authenticity and commoditization in tourism[J]. Annals of tourism research，1988，15(3)：371-386.

Cole S. Beyond authenticity and commodification[J]. Annals of Tourism Research，2007，34(4)：943-960.

Coles T，Shaw G. Tourism，property and the management of change in coastal resorts：Perspectives from South West England[J]. Current Issues in Tourism，2006，9(1)：46-68.

Collins P，Iwasaki Y，Kanayama H，Ohnuki M. Commercial implications of market research on space tourism[J]. The Journal of Space Technology and Science，1994，10(2)：3-11.

Cook K S，Whitmeyer J M. Two approaches to social structure：Exchange theory and network analysis[J]. Annual Review of Sociology，1992，8：109-127.

Cooper A C，Gimeno-Gascon F J，Woo C Y. Initial human and financial capital as predictors of new venture performance[J]. Journal of Business Venturing, 1994, 9(5):371-395.

Cooper C L. The changing nature of work[J]. Community, Work & Family, 1998, 1(3): 313-317.

Cope J, Watts G. Learning by doing—An exploration of experience, critical incidents and reflection in entrepreneurial learning[J]. International Journal of Entrepreneurial Behavior & Research, 2000, 6 (3): 104-124.

Coupland N, Garrett P, Bishop H. Wales underground: Discursive frames and authenticities in Welsh mining heritage tourism events[M]// Discourse, Communication, and Tourism (Vol. 5). Bristol, UK: Channel View Publications, 2005: 199-222.

Craig-Smith S J, French C. Learning to Live with Tourism[M]. London, UK: Pitman Publishing Pty Limited: 1994.

Crang M. On the heritage trail: maps of and journeys to olde Englande[J]. Environment and Planning D, 1994, 12: 341-341.

Crick M. Representations of international tourism in the social sciences: sun, sex, sights, savings, and servility[J]. Annual Review of Anthropology, 1989, 18: 307-344.

Crompton J L, Love L L. The predictive validity of alternative approaches to evaluating quality of a festival[J]. Journal of Travel Research, 1995, 34(1): 11-24.

Cronin Jr J J, Taylor S A. Measuring service quality: a reexamination and extension[J]. The Journal of Marketing, 1992, 56(3): 55-68.

Crouch M A. Importance of family history in lifestyle management[J]. American Journal of Lifestyle Medicine, 2007, 1(2): 122-128.

Csikszentmihalyi M. The flow experience and its significance for human psychology[M]//Optimal Experience: Psychological Studies of Flow in Consciousness. London, UK: Cambridge University Press, 1988: 15-25.

Csikszentmihalyi M, Csikszentmihalyi I S. Adventure and the flow experience[J]. Adventure Education, 1990, 43(4): 149-155.

Culler J. Semiotics of tourism[J]. The American Journal of Semiotics,

1981, 1(1/2): 127-140.

Czepiel J A, Solomon M R, Surprenant C F, Gutman E G. Service encounters: an overview [M]//The Service Encounter: Managing Employee/Customer Interaction in Service Business. Lexington, Mass: Lexington Books, 1985: 3-16.

Dahlqvist J, Davidsson P, Wiklund J. Initial conditions as predictors of new venture performance: A replication and extension of the Cooper et al. study[J]. Enterprise and Innovation Management Studies, 2000, 1 (1): 1-17.

Dalley J, Hamilton B. Knowledge, context and learning in the small business[J]. International Small Business Journal, 2000, 18 (3): 51-59.

Davidson P. Continued entrepreneurship and small firm growth [D]. Stockholm School of Economics, Stockholm, Sweden, 1989.

Davidsson P. Continued entrepreneurship: Ability, need, and opportunity as determinants of small firm growth [J]. Journal of Business Venturing, 1991, 6(6): 405-429.

Davidsson P, Achtenhagen L, Naldi L. Small firm growth[J]. Foundations and Trends in Entrepreneurship, 2010, 6(2): 69-166.

Davidsson P, Honig B. The role of social and human capital among nascent entrepreneurs [J]. Journal of Business Venturing, 2003, 18 (3): 301-331.

Davidsson P, Steffens P, Fitzsimmons J. Growing profitable or growing from profits: Putting the horse in front of the cart? [J]. Journal of Business Venturing, 2009, 24(4): 388-406.

De Carolis D M, Saparito P. Social capital, cognition, and entrepreneurial opportunities: A theoretical framework[J]. Entrepreneurship Theory and Practice, 2006, 30(1): 41-56.

De Kadt E J. Tourism: Passport to Development? Perspectives on the Social and Cultural Effects of Tourism in Developing Countries (Vol. 65)[M]. New York, NY: Oxford University Press, 1979.

Deere C D, De Janvry A. A conceptual framework for the empirical analysis of peasants[J]American Journal of Agricultural Economics, 1979, 61

(4)：601-611.

Delmar F. Measuring growth：Methodological considerations and empirical results[M]//Entrepreneurship and SME Research：On Its Way to the Next Millennium. Aldershot，England：Ashgate. 1997：199-216.

Delmar F，Davidsson P，Gartner W B. Arriving at the high-growth firm [J]. Journal of Business Venturing，2003，18(2)：189-216.

Denzin N. The many faces of emotionality：Reading persona［M］// Investigating Subjectivity：Research on Lived Experience. New York， NY：Sage publication，1992：17-30.

Devi Juwaheer T. Exploring international tourists' perceptions of hotel operations by using a modified SERVQUAL approach—A case study of Mauritius[J]. Managing Service Quality：An International Journal， 2004，14(5)：350-364.

Dewhurst P，Horobin H. Small business owners[M]//The Management of Small Tourism and Hospitality Firms. London，UK：Cassell，1998： 19-38.

Di Domenico M. "I'm not just a housewife"：Gendered roles and identities in the home-based hospitality enterprise［J］. Gender，Work & Organization，2008，15(4)：313-332.

Di Domenico M，Lynch P A. Host/guest encounters in the commercial home[J]. Leisure Studies，2007，26(3)：321-338.

Di Domenico M，Miller G. Farming and tourism enterprise：Experiential authenticity in the diversification of independent small-scale family farming[J]. Tourism Management，2012，33(2)：285-294.

Dicken P. Global Shift：Transforming the World Economy［M］. New York，NY：Sage，1998.

Dodd S D，Patra E. National differences in entrepreneurial networking[J]. Entrepreneurship & Regional Development，2002，14(2)：117-134.

Douglas M. The idea of a home：a kind of space[J]. Social Research，1991， 58(1)：287-307.

Down S. Owner-manager learning in small firms［J］. Journal of Small Business and Enterprise Development，1999，6(3)：267-280.

Drucker P. The society of organizations［J］. Harvard Business Review，

1992，70(5)：95-104.

Edvardsson B. Service quality：beyond cognitive assessment[J]. Managing Service Quality：An International Journal，2005，15(2)：127-131.

Ekini Y，Dawes P，Massey G. An extended model of the antecedents and consequences of consumer satisfaction for hospitality and services[J]. European Journal of Marketing，2008，42 (1/2)：35-38.

Ekinci Y，Riley M. Measuring hotel quality：back to basics [J]. International Journal of Contemporary Hospitality Management，1999，11(6)：287-294.

Ellis F. Peasant Economics：Farm Households in Agrarian Development (Vol. 23)[M]. London，UK：Cambridge University Press，1993.

Ellis G D，Rossman J R. Creating value for participants through experience staging：Parks，recreation，and tourism in the experience industry[J]. Journal of Park and Recreation Administration，2008，26(4)：1-20.

El-Namaki M S S. Encouraging entrepreneurs in developing countries[J]. Long Range Planning，1988，21(4)：98-106.

Erto P，Vanacore A. A probabilistic approach to measure hotel service quality[J]. Total Quality Management，2002，13(2)：165-174.

Evans D S，Leighton L S. Some empirical aspects of entrepreneurship[J]. The American Economic Review，1989，79(3)：519-535.

Evans J R，Berman B. Principles of Marketing[M]. Upper Saddle River，New Jersey：Prentice Hall，1995.

Fadahunsi A，Smallbone D，Supri S. Networking and ethnic minority enterprise development：insights from a North London study[J]. Journal of Small Business and Enterprise Development，2000，7(3)：228-240.

Fei X. From the Soil：The Foundations of Chinese Society[M]//A Translation of Fei Xiaotong's Xiangtu Zhongguo. Oakland，California：University of California Press，1992.

Felix D，Broad S，Griffiths M. The Bed and Breakfast Experience：An Analysis of Hosts' and Guests' Expectations[M]//Global Cases on Hospitality Industry. New York，NY：The Haworth Press，2008：55-77.

Felstead A，Fuller A，Unwin L，Ashton D，Butler P，Lee T．Surveying the scene：learning metaphors，survey design and the workplace context[J]．Journal of Education and Work，2005，18（4）：359-383.

Ferdinand N I，Williams N L．Tourism memorabilia and the tourism experience[M]//The Tourism and Leisure Experience：Consumer and Managerial Perspectives．Bristol，UK：Channel View Publications，2010：202-217.

Ferguson D，Gregory T．The Participation of Local Communities in Tourism：A Study of Bed & Breakfast in Private Homes in London [M]．London，UK：Tourism Concern，1999.

Ferguson R，Olofsson C．The Development of New Ventures in Farm Businesses[M]//The Handbook of Research on Entrepreneurship in Agriculture and Rural Development．Cheltenham，UK：Edward Elgar Publishing，2011：21-37.

Fine G A．Crafting authenticity：The validation of identity in self-taught art [J]．Theory and Society，2003，32（2）：153-180.

Firat A F，Venkatesh A．Liberatory postmodernism and the reenchantment of consumption[J]．Journal of Consumer Research，1995，22（3）：239-267.

Flamholtz E G．Managing the Transition from an Entrepreneurship to a Professionally Managed Firm [M]．San Francisco：San Francisco Public Press，1986.

Fleischer A，Felsenstein D．Support for rural tourism：Does it make a difference？ [J]．Annals of Tourism Research，2000，27（4）：1007-1024.

Fombrun C J，Wally S．Structuring small firms for rapid growth[J]．Journal of Business Venturing，1989，4（2）：107-122.

Ford R C，Heaton C P．Managing the Guest Experience in Hospitality[M]．New York，NY：Delmar Pub，2000.

Frater J．Farm Tourism in England and Overseas[M]．Birmingham，UK：Centre for Urban and Regional Studies，University of Birmingham，1983.

Frank H，Landström H，Veciana J M．Entrepreneurship and Small

Business Research in Europe: An ECSB Survey[M]. Marlborough, UK: Avebury, 1997.

Freel M S. Evolution, innovation and learning: evidence from case studies [J]. Entrepreneurship & Regional Development, 1998, 10 (2): 137-149.

Friel M. Marketing practice in small tourism and hospitality firms[J]. The International Journal of Tourism Research, 1999, 1(2): 97.

Frochot I. A benefit segmentation of tourists in rural areas: a Scottish perspective[J]. Tourism Management, 2005, 26(3): 335-346.

Frochot I, Batat W. Marketing and Designing the Tourist Experience[M]. Oxford, UK: Goodfellow Publishers, 2013.

Frochot I, Hughes H. HISTOQUAL: The development of a historic houses assessment scale[J]. Tourism Management, 2000, 21(2):157-167.

Frow P, Payne A. Towards the "perfect" customer experience[J]. Journal of Brand Management, 2007, 15(2): 89-101.

Fuller D, Buultjens J, Cummings E. Ecotourism and indigenous micro-enterprise formation in northern Australia opportunities and constraints[J]. Tourism Management, 2005, 26(6): 891-904.

Gannon A. Rural tourism as a factor in rural community economic development for economies in transition[J]. Journal of Sustainable Tourism, 1994, 2(1-2): 51-60.

Gao G G, McCullough J S, Agarwal R, Jha A K. A changing landscape of physician quality reporting: analysis of patients' online ratings of their physicians over a 5-year period [J]. Journal of Medical Internet Research, 2012, 14(1): e38.

Gardner K, Wood R C. Theatricality in food service work[J]. International Journal of Hospitality Management, 1991, 10(3): 267-278.

Garnsey E. A theory of the early growth of the firm[J]. Industrial and corporate change, 1998, 7(3): 523-556.

Garnsey E, Stam E, Heffernan P. New firm growth: Exploring processes and paths[J]. Industry and Innovation, 2006, 13(1): 1-20.

Garrod B, Wornell R, Youell R. Re-conceptualising rural resources as countryside capital：The case of rural tourism[J]. Journal of Rural Studies，2006，22(1)：117-128.

Garson G D. Hierarchical Linear Modeling：Guide and Applications[M]. New York，NY：Sage Publications，2013.

Gartner W B. A conceptual framework for describing the phenomenon of new venture creation[J]. Academy of Management Review，1985，10 (4)：696-706.

Gentile C，Spiller N，Noci G. How to sustain the customer experience：An overview of experience components that co-create value with the customer[J]. European Management Journal，2007，25(5)：395-410.

Getz D，Carlsen J. Characteristics and goals of family and owner-operated businesses in the rural tourism and hospitality sectors[J]. Tourism Management，2000，21(6)：547-560.

Getz D，Carlsen J. Family business in tourism：state of the art[J]. Annals of Tourism Research，2005，32(1)：237-258.

Getz D，Petersen T. Growth and profit-oriented entrepreneurship among family business owners in the tourism and hospitality industry[J]. International Journal of Hospitality Management，2005，24（2）：219-242.

Getz D，Carlsen J，Morrison A. The Family Business in Tourism and Hospitality[M]. Oxford，UK：CABI，2004.

Getty J M，Getty R L. Lodging quality index（LQI）：assessing customers' perceptions of quality delivery [J]. International Journal of Contemporary Hospitality Management，2003，15(2)：94-104.

Getty J M，Thompson K N. A procedure for scaling perceptions of lodging quality[J]. Hospitality Research Journal，1994，18：75-75.

Gibb A A. Small firms' training and competitiveness. Building upon the small business as a learning organisation [J]. International Small Business Journal，1997，15(3)：13-29.

Gibb A，Davies L. In pursuit of frameworks for the development of growth models of the small business[J]. International Small Business Journal，1990，9(1)：15-31.

Gibson S，Molz J G. Mobilizing hospitality：The ethics of social relations in a mobile world[J]. Farnham, UK: Ashgate Publishing, Ltd. , 2012.

Gică O A, Moisescu O I, Nemeș C L. Determinants of tourism entrepreneurship: The case of straja resort[J]. Studia Universitatis Babes Bolyai-Negotia, 2014, (4): 77-89.

Giddens A. The Consequences of Modernity[M]. Hoboken, New Jersey: John Wiley & Sons, 2013.

Gilbert B A, McDougall P P, Audretsch D B. New venture growth: A review and extension[J]. Journal of Management, 2006, 32 (6): 926-950.

Gimeno J, Folta T B, Cooper A C, Woo C Y. Survival of the fittest? Entrepreneurial human capital and the persistence of underperforming firms[J]. Administrative Science Quarterly, 1997: 750-783.

Gittell R, Vidal A. Community Organizing: Building Social Capital as a Development Strategy[M]. New York, NY: Sage, 1998.

Gladstone J, Morris A. Farm Accommodation and Agricultural Heritage in Orkney[M]// Tourism in Peripheral Areas: Case Studies. Buffalok, NY: Channel View Publications, 2000: 91-100.

Glancey K. Determinants of growth and profitability in small entrepreneurial firms [J]. International Journal of Entrepreneurial Behavior & Research, 1998, 4(1): 18-27.

Goldstein H. Hierarchical linear models: Applications and data analysis methods[J]. Journal of the American Statistical Association, 1992, 88 (421): 386-388.

Goodwin H, Santilli R. Community-based tourism: A success[J]. ICRT Occasional Paper, 2009, 11(1): 37.

Gordon B. The souvenir: Messenger of the extraordinary[J]. The Journal of Popular Culture, 1986, 20(3): 135-146.

Gottlieb A. Americans' vacations[J]. Annals of Tourism Research, 1982, 9(2): 165-187.

Goulding P. Time to trade? Perspectives of temporality in the commercial home enterprise[J]. Commercial Homes in Tourism: An International Perspective, 2009: 102-114.

Gram M. Family holidays: A qualitative analysis of family holiday experiences［J］. Scandinavian Journal of Hospitality and Tourism，2005，5（1）：2-22.

Granovetter M. Economic action and social structure：The problem of embeddedness［J］. American Journal of Sociology，1985，91（3）：481-510.

Granovetter M S. The strength of weak ties［J］. American Journal of Sociology，1973，78（6）：1360-1380.

Gray C. Entrepreneurship，resistance to change and growth in small firms ［J］. Journal of Small Business and Enterprise Development，2002，9（1）：61-72.

Green S B. How many subjects does it take to do a regression analysis［J］. Multivariate Behavioral Research，1991，26（3）：499-510.

Grayson K，Martinec R. Consumer perceptions of iconicity and indexicality and their influence on assessments of authentic market offerings［J］. Journal of Consumer Research，2004，31（2）：296-312.

Greenbank P. Training micro-business owner-managers：a challenge to current approaches ［J］. Journal of European Industrial Training，2000，24（7）：403-411.

Greene F，Mole K. Defining and measuring the small business［M］// Enterprise and Small Business. 2nd edition. Upper Saddle River，New Jersey：FT/Prentice Hall，2006：7-29.

Greiner L E. Evolution and revolution as organizations grow［M］// Readings in Strategic Management. London，UK：Macmillan Education，1989：373-387.

Greve A，Salaff J W. Social networks and entrepreneurship［J］. Entrepreneurship Theory and Practice，2003，28（1）：1-22.

Grewal D，Krishnan R，Baker J，Borin N. The effect of store name，brand name and price discounts on consumers' evaluations and purchase intentions［J］. Journal of Retailing，1998，74（3）：331-352.

Grönroos C. A service quality model and its marketing implications［J］. European Journal of Marketing，1984，18（4）：36-44.

Grönroos C. Defining marketing：a market-oriented approach［J］. European Journal of Marketing，1989，23（1）：52-60.

Grönroos C. Value-driven relational marketing: from products to resources and competencies[J]. Journal of Marketing Management, 1997, 13 (5): 407-419.

Guerrier Y, Adib A S. "No, we don't provide that service": the harassment of hotel employees by customers[J]. Work, Employment and Society, 2000, 14(04): 689-705.

Gupta S, Vajic M. The contextual and dialectical nature of experiences [M]//New Service Development: Creating Memorable Experiences. New York, NY: Sage Publications, 2000: 33-51.

Gurel E, Altinay L, Daniele R. Tourism students' entrepreneurial intentions[J]. Annals of Tourism Research, 2010, 37(3): 646-669.

Haber S, Reichel A. Identifying performance measures of small ventures— the case of the tourism industry [J]. Journal of Small Business Management, 2005, 43(3): 257-286.

Halfacree K H. Out of place in the country: Travelers and the "rural idyll" [J]. Antipode, 1996, 28(1): 42-72.

Hall C M, Rusher K. Risky lifestyles? Entrepreneurial characteristics of the New Zealand bed and breakfast sector [M]//Small Firms in Tourism: International Perspective. Amsterdam, Netherlands: Elsevier Science B. V, 2013: 83-97.

Hall C M, Williams A M, Lew A A. Tourism: Conceptualizations, institutions, and issues[M]//A Companion to Tourism. Oxford, UK: Blackwell Publishing, 2004: 3-21.

Hallak R, Assaker G, Lee C. Tourism entrepreneurship performance the effects of place identity, self-efficacy, and gender [J]. Journal of Travel Research, 2015, 54(1): 36-51.

Hallak R, Assaker G, O'Connor P. Are family and nonfamily tourism businesses different? An examination of the entrepreneurial self-efficacy-entrepreneurial performance relationship [J]. Journal of Hospitality & Tourism Research, 2014, 38(3): 388-413.

Hammitt W E. Outdoor recreation: Is it a multi-phase experience? [J]. Journal of Leisure Research, 1980, 12(2): 107-115.

Hampton M P. Entry points for local tourism in developing countries:

evidence from Yogyakarta, Indonesia[J]. Geografiska Annaler: Series B, Human Geography, 2003, 85(2): 85-101.

Hanefors M, Mossberg L. Searching for the extraordinary meal experience [J]. Journal of Business and Management, 2003, 9(3): 249.

Hannan M T, Freeman J. The ecology of organizational founding: American labor unions, 1836-1985[J]. American Journal of Sociology, 1987, 92: 910-943.

Hassanien A, Dale C, Clarke A, Herriott M W. Hospitality Business Development[M]. London, UK: Routledge, 2010.

Harrington T. The clinician-administered PTSD scale for children and adolescents: A validation study [M]//Dissertation Abstracts International, Section B: The Sciences and Engineering. Ann Arbor, Michigan: University Microfilms, 2009, 69(8-B):5028.

Hatten T S. Small Business Management: Entrepreneurship and Beyond [M]. 5th ed. Hong Kong: Cengage Learning, 2012.

Haugen M S, Vik J. Farmers as entrepreneurs: the case of farm-based tourism[J]. International Journal of Entrepreneurship and Small Business, 2008, 6(3): 321-336.

Haven-Tang C, Jones E. Local leadership for rural tourism development: A case study of Adventa, Monmouthshire, UK[J]. Tourism Management Perspectives, 2012, 4: 28-35.

Haywood K M. Assessing the quality of hospitality services [J]. International Journal of Hospitality Management, 1983, 2(4): 165-177.

Heide M, Grønhaug K. Atmosphere: conceptual issues and implications for hospitality management[J]. Scandinavian Journal of Hospitality and Tourism, 2006, 6(4): 271-286.

Heide M, Lærdal K, Grønhaug K. The design and management of ambience—Implications for hotel architecture and service[J]. Tourism Management, 2007, 28(5): 1315-1325.

Heitmann S, Robinson P, Povey G. Slow food, slow cities and slow tourism[M]//Research Themes for Tourism. Oxford, UK: CABI, 2011: 114-127.

Hemmington N. From service to experience: Understanding and defining the hospitality business[J]. The Service Industries Journal, 2007, 27 (6): 747-755.

Hepple J, Kipps M, Thomson J. The concept of hospitality and an evaluation of its applicability to the experience of hospital patients[J]. International Journal of Hospitality Management, 1990, 9 (4): 305-318.

Hernández-Maestro R M, González-Benito Ó. Rural lodging establishments as drivers of rural development[J]. Journal of Travel Research, 2013: 1-13.

Heuman D. Hospitality and reciprocity: Working tourists in Dominica[J]. Annals of Tourism Research, 2005, 32(2): 407-418.

Higgins-Desbiolles F, Trevorrow G, Sparrow S. The Coorong Wilderness Lodge: A case study of planning failures in Indigenous tourism[J]. Tourism Management, 2014, 44: 46-57.

Highmore B. Everyday Life and Cultural Theory: An Introduction[M]. London, UK: Routledge, 2002.

Hirsch P M, Levin D Z. Umbrella advocates versus validity police: A life-cycle model[J]. Organization Science, 1999, 10(2): 199-212.

Hisrich R D, Ayse Öztürk S. Women entrepreneurs in a developing economy[J]. Journal of Management Development, 1999, 18(2): 114-125.

Hirschman E C, Holbrook M B. Hedonic consumption: emerging concepts, methods and propositions[J]. The Journal of Marketing, 1982, 46(3): 92-101.

Hite J M, Hesterly W S. The evolution of firm networks: From emergence to early growth of the firm[J]. Strategic Management Journal, 2001, 22(3): 275-286.

Hitt M A, Ireland R D, Camp S M, Sexton D L. Strategic entrepreneurship: Entrepreneurial strategies for wealth creation[J]. Strategic Management Journal, 2001, 22(6-7): 479-491.

Ho S H, Huang C H. Exploring success factors of video game communities in hierarchical linear modeling: The perspectives of members and leaders[J]. Computers in Human Behavior, 2009, 25(3): 761-769.

Hoang H, Antoncic B. Network-based research in entrepreneurship: A critical review[J]. Journal of Business Venturing, 2003, 18(2): 165-187.

Hofmann D A, Gavin M B. Centering decisions in hierarchical linear models: Implications for research in organizations[J]. Journal of Management, 1998, 24(5): 623-641.

Holbrook M B, Hirschman E C. The experiential aspects of consumption: Consumer fantasies, feelings, and fun[J]. Journal of Consumer Research, 1982, 9(2): 132-140.

Holmengen H, Bredvold R. Motives-the driving forces in achieving preferenced goals in tourism enterprises[M]//Quality of life ATLAS reflections 2003. Arnhem, Netherland: ATLAS, 2003: 23-31.

Homburg C, Koschate N, Hoyer W D. The role of cognition and affect in the formation of customer satisfaction: a dynamic perspective[J]. Journal of Marketing, 2006, 70(3): 21-31.

Honig B. What determines success? Examining the human, financial, and social capital of Jamaican microentrepreneurs[J]. Journal of Business Venturing, 1998, 13(5): 371-394.

Hosany S, Witham M. Dimensions of cruisers' experiences, satisfaction, and intention to recommend[J]. Journal of Travel Research. 2009, (7): 1-14.

Hoy F, Patricia P M, Derrick E D. Strategies and Environments of High Growth Firms[M]//The State of the Art of Entrepreneurship. Boston, MA: PWS-Kent Publishing, 1992: 341-357.

Hsieh L F, Lin L H, Lin Y Y. A service quality measurement architecture for hot spring hotels in Taiwan[J]. Tourism Management, 2008, 29(3): 429-438.

Hsieh T. Delivering Happiness: A Path to Profits, Passion, and Purpose[M]. New York, NY: Grand Central Publishing, 2010.

Hsu C H, Liu Z, Huang S. Managerial ties in economy hotel chains in China: Comparison of different ownership types during entrepreneurial processes[J]. International Journal of Contemporary Hospitality

Management，2012，24(3)：477-495.

Huang L. Bed and breakfast industry adopting e-commerce strategies in e-service[J]. The Service Industries Journal，2008，28(5)：633-648.

Hughes G. Authenticity in tourism[J]. Annals of Tourism Research，1995，22(4)：781-803.

Hussain J，Millman C，Matlay H. SME financing in the UK and in China：A comparative perspective[J]. Journal of Small Business and Enterprise Development，2006，13(4)：584-599.

Ijiri Y，Simon H. A. A model of business firm growth[J]. Econometrica：Journal of the Econometric Society. 1967，35(2)：348-355.

Ingram A，Jamieson R，Lynch P，Bent R. Questioning the impact of the "graduatization" of the managerial labour force upon the management of human resources in the Scottish hotel industry[J]. Journal of Consumer Studies & Home Economics，2000，24(4)：212-222.

Iorio M，Corsale A. Rural tourism and livelihood strategies in Romania[J]. Journal of Rural Studies，2010，26(2)：152-162.

Iwai Y，Taguchi K. Rural tourism in Japan：a case study of Hokkaido farm-inns[J]. Rural Tourism Management：Sustainable Options，1998：277-285.

Jaafar M，Abdul-Aziz A R，Maideen S A，Mohd S Z. Entrepreneurship in the tourism industry：Issues in developing countries[J]. International Journal of Hospitality Management，2011，30(4)：827-835.

Jack S L，Anderson A R. The effects of embeddedness on the entrepreneurial process[J]. Journal of Business Venturing，2002，17(5)：467-487.

Jayanti R K，Ghosh A K. Service value determination：An integrative perspective[J]. Journal of Hospitality & Leisure Marketing，1996，3(4)：5-25.

Jenkins J M，Hall C M. The restructuring of rural economies：rural tourism and recreation as a government response[M]//Tourism and Recreation in Rural Areas. New York，NY：Wiley，1998：43-68.

Jenssen J I，Koenig H F. The effect of social networks on resource access and business start-ups[J]. European Planning Studies，2002，10(8)：

1039-1046.

Jo H，Lee J. The relationship between an entrepreneur's background and performance in a new venture［J］. Technovation，1996，16（4）：161-211.

Jóhannesson G þ，Skaptadóttir U D，Benediktsson K. Coping with social capital? The cultural economy of tourism in the North［J］. Sociologia Ruralis，2003，43（1）：3-16.

Johannisson B. Network strategies：management technology for entrepreneurship and change［J］. International Small Business Journal，1986，5（1）：19-30.

Johannisson B，Karlsson C，Storey D J. Small Business Dynamics：International，National and Regional Perspectives［M］. London，UK：Routledge，1993.

Johns N，Mattsson J. Destination development through entrepreneurship：a comparison of two cases［J］. Tourism Management，2005，26（4）：605-616.

Jolliffe F R. Survey Design and Analysis［M］. Chichester，UK：Ellis Horwood，1986.

Jolliffe I T. Discarding variables in a principal component analysis. I：Artificial data［J］. Applied statistics，1972，21：160-173.

Jones S. Community-based ecotourism：The significance of social capital［J］. Annals of Tourism Research，2005，32（2）：303-324.

Kaiser H F. The varimax criterion for analytic rotation in factor analysis［J］. Psychometrika，1958，23（3）：187-200.

Kangasharju A，Pekkala S. The role of education in self-employment success in Finland［J］. Growth and Change，2002，33（2）：216-237.

Karlsson S E. The social and the cultural capital of a place and their influence on the production of tourism-a theoretical reflection based on an illustrative case study［J］. Scandinavian Journal of Hospitality and Tourism，2005，5（2）：102-115.

Kastenholz E. "Management of Demand" as a tool in sustainable tourist destination development［J］. Journal of Sustainable Tourism，2004，12（5）：388-408.

Kastenholz E, Sparrer M. Rural dimensions of the commercial home[M]// The Commercial Home: International Multidisciplinary Perspectives. London, UK: Routledge, 2009: 138-149.

Kates S M, Belk R W. The meanings of lesbian and gay pride day resistance through consumption and resistance to consumption[J]. Journal of Contemporary Ethnography, 2001, 30(4): 392-429.

Kastenholz E, Carneiro M J, Marques C P, Lima J. Understanding and managing the rural tourism experience——The case of a historical village in Portugal [J]. Tourism Management Perspectives, 2012, 4: 207-214.

Kastenholz E, Davis D, Paul G. Segmenting tourism in rural areas: the case of North and Central Portugal[J]. Journal of Travel Research, 1999, 37(4): 353-363.

Kaufman T J, Weaver P A, Poynter J. Success attributes of B&B operators [J]. The Cornell Hotel and Restaurant Administration Quarterly, 1996, 37(4): 29-33.

Kazanjian R K, Drazin R. An empirical test of a stage of growth progression model[J]. Management Science, 1989, 35(12):1489-1503.

Kennick W E. Art and inauthenticity[J]. The Journal of Aesthetics and Art Criticism, 1985, 44(1): 3-12.

Kensbock S, Jennings G. Pursuing: A grounded theory of tourism entrepreneurs' understanding and praxis of sustainable tourism[J]. Asia Pacific Journal of Tourism Research, 2011, 16(5): 489-504.

Kerstetter D, Cho M H. Prior knowledge, credibility and information search[J]. Annals of Tourism Research, 2004, 31(4): 961-985.

Killing J P. Diversification through licensing[J]. R & D Management, 1978, 8(3): 159-163.

Kim H W, Xu Y, Gupta S. Which is more important in Internet shopping, perceived price or trust? [J]. Electronic Commerce Research and Applications, 2012, 11(3): 241-252.

Kim J H, Ritchie J B, McCormick B. Development of a scale to measure memorable tourism experiences[J]. Journal of Travel Research, 2010, 51(1): 12-25.

King C A. What is hospitality? [J]. International Journal of Hospitality Management，1995，14(3)：219-234.

Kivela J，Inbakaran R，Reece J. Consumer research in the restaurant environment，Part 1：A conceptual model of dining satisfaction and return patronage [J]. International Journal of Contemporary Hospitality Management，1999，11(5)：205-222.

Kline M. Mathematical Thought from Ancient to Modern Times(Vol. 3) [M]. New York，NY：OUP USA，1990.

Knutson B J，Beck J A，Kim S，Cha J. Service quality as a component of the hospitality experience：Proposal of a conceptual model and framework for research[J]. Journal of Foodservice Business Research，2010，13(1)：15-23.

Kokkranikal J，Morrison A. Entrepreneurship and sustainable tourism：The houseboats of Kerala[J]. Tourism and Hospitality Research，2002，4(1)：7-20.

Kolar T，Zabkar V. A consumer-based model of authenticity：An oxymoron or the foundation of cultural heritage marketing? [J]. Tourism Management，2010，31(5)：652-664.

Komppula R. Success and growth in rural tourism micro-businesses in Finland：financial or life-style objectives? [M]//Small Firms in Tourism：International Perspective. Amsterdam，Netherlands：Elsevier Science B. V，2004：115-138.

Komppula R. The role of individual entrepreneurs in the development of competitiveness for a rural tourism destination—A case study[J]. Tourism Management，2014，40：361-371.

Kontogeorgopoulos N. Accommodation employment patterns and opportunities [J]. Annals of Tourism Research，1998，25(2)：314-339.

Korir J，Kiprutto N，Rop W. Commercial home accommodation as a tool for rural tourism in Uasin Gishu County in Kenya[J]. Journal of Tourism，Hospitality and Sports，2013，1：18-22.

Kotey B，Folker C. Employee training in SMEs：Effect of size and firm-type-family and nonfamily[J]. Journal of Small Business Management，2007，45(2)：214-238.

Kotler P, Armstrong G, Saunders J, Wong V. Principles of Marketing: The European Edition[M]. Hemel Hempstead, UK: Prentice-Hall International, 1996.

Kotler P. Atmospherics as a marketing tool[J]. Journal of Retailing, 1973, 49(4), 48-64.

Kotler P. Marketing's new paradigms: What's really happening out there [J]. Planning Review, 1992, 20(5): 50-52.

Kousis M. Tourism and the family in a rural Cretan community[J]. Annals of Tourism Research, 1989, 16(3): 318-332.

Krug B, Hendrischke H. Entrepreneurship in China: Institutions, organisational identity and survival: empirical results from two provinces[M]//New Models on Management and New Managers in Asia. Fontainebleau, France: INSEAD, 2002: 231-68.

Landström H, Frank H, Veciana J M. Entrepreneurship and Small Business Research in Europe: An ECSB Survey[M]. Farnham, UK: Ashgate Publishing Limited, 1997.

Lane B. What is rural tourism? [J]. Journal of Sustainable Tourism, 1994, 2(1-2): 7-21.

Lanier P. Bed-and-breakfasts: A maturing industry[J]. Cornell Hotel and Restaurant Administration Quarterly, 2000, 41(1): 15-15.

Lanier P, Berman J. Bed-and-breakfast inns come of age[J]. The Cornell Hotel and Restaurant Administration Quarterly, 1993, 34(2): 15-23.

Larsen S. Aspects of a psychology of the tourist experience [J]. Scandinavian Journal of Hospitality and Tourism, 2007, 7(1): 7-18.

LaSalle D, Britton T. Priceless: Turning Ordinary Products into Extraordinary Experiences[M]. New York, NY: Harvard Business Press, 2003.

Lasch C. The culture of narcissism: American Life in an Age of Diminishing Expectations[M]. New York, NY: Warner, 1979.

Lashley C. In search of hospitality: towards a theoretical framework[J]. International Journal of Hospitality Management, 2000, 19(1): 3-15.

Lashley C. The right answers to the wrong questions? Observations on skill development and training in the United Kingdom's hospitality sector [J]. Tourism and Hospitality Research, 2009, 9(4): 340-352.

Lashley C，Morrison A J. In Search of Hospitality：Theoretical Perspectives and Debates[M]. London，UK：Routledge，2000.

Lashley C，Rowson B. Divided by a common business? Franchisor and Franchisee relationships in the pub sector[J]. Strategic Change，2003，12(5)：273-285.

Lashley C，Rowson B. Developing management skills in Blackpool's small hotel sector：A research report for England's north west tourism skills network[R]. Centre for Leisure Retailing，Nottingham Business School：2005.

Lashley C，Rowson B. Chasing the dream：Some insights into buying small hotels in Blackpool[M]//CAUTHE 2006：To the City and Beyond. Footscray，Vic.：Victoria University，2006：764-778.

Lashley C，Rowson B. Trials and tribulations of hotel ownership in Blackpool：Highlighting the skills gaps of owner-managers[J]. Tourism and Hospitality Research，2007，7(2)：122-130.

Lashley C，Rowson B. Lifestyle businesses：Insights into Blackpool's hotel sector[J]. International Journal of Hospitality Management，2010，29 (3)：511-519.

Lashley C，Lynch P，Morrison A J. Hospitality：A Social Lens[M]. Amsterdam，Netherland：Elsevier，2007.

Lau R W. Revisiting authenticity：A social realist approach[J]. Annals of Tourism Research，2010，37(2)：478-498.

Lazerson M. A new phoenix? Modern putting-out in the Modena knitwear industry[J]. Administrative Science Quarterly，1995：34-59.

Leach T，Kenny B. The role of professional development in simulating change in small growing businesses[J]. Continuing Professional Development，2000，3(1)：7-22.

Leach C W，Van Zomeren M，Zebel S，Vliek M L，Pennekamp S F，Doosje B，Spears R. Group-level self-definition and self-investment：A hierarchical (multicomponent) model of in-group identification[J]. Journal of Personality and Social Psychology，2008，95(1)：144.

Lee-Ross D. Comment：Australia and the small to medium-sized hotel sector [J]. International Journal of Contemporary Hospitality Management，1998，

10(5): 177-179.

Lee-Ross D. Seasonal hotel jobs: an occupation and a way of life[J]. The International Journal of Tourism Research, 1999, 1(4): 239.

Lee-Ross D, Lashley C. Entrepreneurship and Small Business Management in the Hospitality Industry[M]. London, UK: Routledge, 2010.

Lefebvre H. The Production of Space (Vol. 142)[M]. Oxford, UK: Blackwell, 1991.

Leimgruber W. Towards a better world? Joining forces to overcome deadlocks [M]//Geographical Marginality as a Global Issue, 4. Dunedin, New Zealand: Department of Geography, University of Otago, 2010.

Leinbach T R. Small enterprises, fun gibility and Indonesian rural family livelihood strategies[J]. Asia Pacific Viewpoint, 2003, 44(1): 7-34.

Leigh T W, Peters C, Shelton J. The consumer quest for authenticity: The multiplicity of meanings within the MG subculture of consumption[J]. Journal of the Academy of Marketing Science, 2006, 34(4): 481-493.

Leiper N. Partial industrialization of tourism systems [J]. Annals of Tourism Research, 1991, 17(4): 600-605.

Lemke F, Clark M, Wilson H. Customer experience quality: an exploration in business and consumer contexts using repertory grid technique[J]. Journal of the Academy of Marketing Science, 2011, 39 (6): 846-869.

Lett J W. Ludic and liminoid aspects of charter yacht tourism in the Caribbean[J]. Annals of Tourism Research, 1983, 10(1): 35-56.

Lew A A, Hall C M, Williams A M. A Companion to Tourism[M]. Hoboken, New Jersey: John Wiley & Sons, 2008.

Lewis R C, Chambers R E. Marketing Leadership in Hospitality: Foundations and Practices[M]. Hoboken, New Jersey: John Wiley and Sons, 1999.

Lewis V L, Churchill N C. The five stages of small business growth[J]. Harvard Business Review, 1983, 61(3): 30-50.

Liao J, Welsch H. Roles of social capital in venture creation: Key dimensions and research implications[J]. Journal of Small Business

Management，2005，43（4）：345-362.

Lichtenstein G A，Lyons T S. Managing the community's pipeline of entrepreneurs and enterprises: A new way of thinking about business assets[J]. Economic Development Quarterly，2006，20（4）：377-386.

Liljander V，Strandvik T. Emotions in service satisfaction [J]. International Journal of Service Industry Management，1997，8（2）：148-169.

Lin N. Building a network theory of social capital[J]. Connections，1999，22（1）：28-51.

Lin N，Ensel W M，Vaughn J C. Social resources and strength of ties: Structural factors in occupational status attainment[J]. American Sociological Review，1981，46（4）：393-405.

Lipton M. Migration from rural areas of poor countries: the impact on rural productivity and income distribution[J]. World Development，1980，8（1）：1-24.

Lipton M. Family，fungibility and formality: Rural advantages of informal non-farm enterprise versus the urban-formal state [M]//Human Resources，Employment and Development（volume 5）：Developing Countries. London，UK：Palgrave Macmillan UK，1984：189-242.

Littrell M A，Anderson L F，Brown P J. What makes a craft souvenir authentic? [J]. Annals of Tourism Research，1993，20（1）：197-215.

Little I M. Small manufacturing enterprises in developing countries[J]. The World Bank Economic Review，1987：203-235.

Lockyer J. Multisource feedback in the assessment of physician competencies[J]. Journal of Continuing Education in the Health Professions，2003，23（1）：4-12.

Lopez F G，Rice K G. Preliminary development and validation of a measure of relationship authenticity[J]. Journal of Counseling Psychology，2006，53（3）：362.

Loureiro M L，Jervell-Moxnes A. Analyzing farms' participation decisions in agro-tourism activities in Norway: Some welfare implications[C]//Selected Paper Presented at the American Agricultural Economics Association Annual Meetings Denver，Colorado，2004.

Loureiro S M. Satisfying and delighting the rural guests[J]. Journal of Travel & Tourism Marketing, 2010, 27(4): 396-408.

Loury G C. Why should we care about group inequality? [J]. Social Philosophy and Policy, 1987, 5(01): 249-271.

Lu S, Fine G A. The presentation of ethnic authenticity[J]. The Sociological Quarterly, 1995, 36(3): 535-553.

Lubetkin M. Bed-and-breakfasts: Advertising and promotion[J]. The Cornell Hotel and Restaurant Administration Quarterly, 1999, 40(4): 84-90.

Lugosi P. Hospitality spaces, hospitable moments: Consumer encounters and affective experiences in commercial settings[J]. Journal of Foodservice, 2008, 19(2): 139-149.

Lugosi P. The production of hospitable space: Commercial propositions and consumer co-creation in a bar operation[J]. Space and Culture, 2009, 12(4): 396-411.

Lundberg D E, Krishnamoorthy M, Stavenga M H. Tourism economics [M]. Hoboken, New Jersey: John Wiley and Sons, 1995.

Lynch P. Female microentrepreneurs in the host family sector: Key motivations and socio-economic variables[J]. International Journal of Hospitality Management, 1998, 17(3): 319-342.

Lynch P A. Conceptual relationships between hospitality and space in the home-stay sector[D]. UK: Queen Margaret University College, 2003.

Lynch P A. The commercial home enterprise and host: A United Kingdom perspective[J]. International Journal of Hospitality Management, 2005, 24(4): 533-553.

Lynch P, MacWhannell D. Home and commercialized hospitality[J]. Search of Nospitality: Theoretical Perspectives and Debates, 2000: 100-117.

Lynch P, McIntosh A J, Tucker H. Commercial Homes in Tourism: An International Perspective[M]. London, UK: Routledge, 2009.

Macbeth J, Carson D, Northcote J. Social capital, tourism and regional development: SPCC as a basis for innovation and sustainability[J]. Current Issues in Tourism, 2004, 7(6): 502-522.

MacCannell D. Staged authenticity：Arrangements of social space in tourist settings[J]. American Journal of Sociology，1973，79(3)：589-603.

MacCannell D. Introduction[J]. Annals of Tourism Research，1989，16 (1)：1-6.

Maddux J E. Expectancies and the social-cognitive perspective：Basic principles，processes，and variables [M]//Expectancies Shape Experience. Washington，DC：American Psychological Association，1999：17-39.

Maffesoli M. Communion et communication. Penser le mystère de la socialité contemporaine[J]. Sociétés，2006，91(1)：7-7.

Maggina A G. SMEs in Greece：Toward 1992 and beyond[J]. Journal of Small Business Management，1992，30(3)：87.

Majewski J. Rurality as the core of tourism product-usefulness of geographic and economic approaches[J]. Acta Scientiarum Polonorum-Oeconomia，2010，9(4)：287-294.

Maki K，Pukkinen T. Barriers to growth and employment in Finnish small enterprises[C]. ICSB World Conference，2000.

Maklan S，Klaus P. Customer experience：are we measuring the right things? [J]. International Journal of Market Research，2011，53(6)：771-792.

Mannell R C，Iso-Ahola S E. Psychological nature of leisure and tourism experience[J]. Annals of Tourism Research，1987，14(3)：314-331.

Marchant B，Mottiar Z. Understanding lifestyle entrepreneurs and digging beneath the issue of profits：Profiling surf tourism lifestyle entrepreneurs in Ireland[J]. Tourism Planning & Development，2011，8(2)：171-183.

Maslow A H. A theory of human motivation[J]. Psychological Review，1943，50(4)：370.

Maslow A H，Frager R，Cox R. Motivation and Personality (Vol. 2)[M]. New York，NY：Harper & Row，1970.

Mason C M，Carter S，Tagg S. Invisible businesses：the characteristics of home-based businesses in the United Kingdom[J]. Regional Studies，2011，45(5)：625-639.

Mathwick C, Malhotra N, Rigdon E. Experiential value: conceptualization, measurement and application in the catalog and Internet shopping environment[J]. Journal of Retailing, 2001, 77(1):39-56.

McCabe S. The tourist experience and 4 everyday life[J]. The Tourist as A Metaphor of the Social World, 2002: 61.

McFarland C, McConnell J K. Small business growth during a recession local policy implications[J]. Economic Development Quarterly, 2013, 27(2): 102-113.

McGehee N G, Andereck K L. Factors predicting rural residents' support of tourism[J]. Journal of Travel Research, 2004, 43(2): 131-140.

McGehee N G, Kim K. Motivation for agri-tourism entrepreneurship[J]. Journal of Travel Research, 2004, 43(2): 161-170.

McGehee N G, Lee S, O'Bannon T L, Perdue R R. Tourism-related social capital and its relationship with other forms of capital: An exploratory study[J]. Journal of Travel Research, 2010, 49(4): 486-500.

McGibbon J, Leiper N. Perceptions of Business Failure in Australian Tourism Industries[C]. In CAUTHE Conference, Canberra, 2001.

Mcintosh A J, Siggs A. An exploration of the experiential nature of boutique accommodation[J]. Journal of Travel Research, 2005, 44(1):74-81.

McIntosh A J. Tourists' appreciation of Maori culture in New Zealand[J]. Tourism Management, 2004, 25(1): 1-15.

McKelvey B I L L. Simple rules for improving corporate IQ: Basic lessons from complexity science[J]. Complexity theory and the management of networks, 2004: 39-52.

McKelvie A, Wiklund J. Advancing firm growth research: A focus on growth mode instead of growth rate[J]. Entrepreneurship Theory and Practice, 2010, 34(2): 261-288.

McKercher B, Robbins B. Business development issues affecting nature-based tourism operators in Australia [J]. Journal of Sustainable Tourism, 1998, 6(2): 173-188.

McKercher R D. The Business of Nature-based Tourism[M]. Melbourne, Australia: Hospitality Press, 1998.

McPherson M A. Growth of micro and small enterprises in southern Africa [J]. Journal of Development Economics, 1996, 48(2): 253-277.

Mead D C, Liedholm C. The dynamics of micro and small enterprises in developing countries[J]. World Development, 1998, 26(1): 61-74.

Medlik S, Ingram H. The Business of Hotels [M]. London, UK: Routledge, 2000.

Ménard J, Brunet L. Authenticity and well-being in the workplace: A mediation model[J]. Journal of Managerial Psychology, 2011, 26(4): 331-346.

Meyer C, Schwager A. Understanding customer experience[J]. Harvard Business Review, 2007, 85(2): 116.

Miller D, Friesen P H. A longitudinal study of the corporate life cycle[J]. Management Science, 1984, 30(10):1161-1183.

Mincer J. Schooling, experience, and earnings[Z]. Human Behavior & Social Institutions, 1974, 2.

Ministry of Economic Development SMEs in New Zealand. Structure and Dynamics [R/OL]. http://www. mbie. govt. nz/info-services/business/business-growth-and-internationalisation/documents-image-library/Structure-and-Dynamics-2011. pdf. 2011.

Ministry of Tourism Malaysia (MOTOUR). Homestay Statistic until December 2011 [M]. Kuala Lumpur: Ministry of Tourism, Malaysia, 2012.

Ministry of Tourism Malaysia (MOTOUR). Homestay Statistic until December 2013 [M]. Kuala Lumpur: Ministry of Tourism, Malaysia, 2014.

Ministry of Tourism and Sport. Bpragaat grom gaan tong tieow reuang gamnot maat dtragaan borigaan tong tieow maat dtragaan hohm satay thai[R/OL]. http://www. ratchakitcha. soc. go. th/DATA/PDF/2555/E/026/59. PDF. 2012.

Mohr L B. Explaining Organizational Behavior (Vol. 1) [M]. San Francisco, CA: Jossey-Bass, 1982.

Mohsin A, Lockyer T. Customer perceptions of service quality in luxury hotels in New Delhi, India: an exploratory study[J]. International

Journal of Contemporary Hospitality Management, 2010, 22(2): 160-173.

Molera L, Albaladejo I P. Profiling segments of tourists in rural areas of South-Eastern Spain [J]. Tourism Management, 2007, 28 (3): 757-767.

Morgan M. Making space for experiences[J]. Journal of Retail and Leisure Property, 2006, 5(4): 305-313.

Mormont M. Who is rural? or, how to be rural: towards a sociology of the rural. Rural Restructuring[J]. Global processes and their responses, 1990: 21-44.

Morris H, Romeril M. Farm tourism in England's peak national park[J]. Environmentalist, 1986, 6(2): 105-110.

Morrison A. Small firm co-operative marketing in a peripheral tourism region [J]. International Journal of Contemporary Hospitality Management, 1998, 10(5): 191-197.

Morrison A M, Pearce P L, Moscardo G, Nadkarni N, O'Leary J T. Specialist accommodation: definition, markets served, and roles in tourism development[J]. Journal of Travel Research, 1996, 35(1): 18-26.

Morrison A M, Taylor S, Morrison A J, et al. Marketing small hotels on the World Wide Web[J]. Information Technology & Tourism, 1999, 2(2): 97-113.

Morrison A, Conway F. The status of the small hotel firm[J]. The Service Industries Journal, 2007, 27(1): 47-58.

Morrison A, Teixeira R. Small business performance: a tourism sector focus[J]. Journal of Small Business and Enterprise Development, 2004, 11(2): 166-173.

Morrison A, Breen J, Ali S. Small business growth: intention, ability, and opportunity[J]. Journal of Small Business Management, 2003, 41(4): 417-425.

Morrison A, Carlsen J, Weber P. Small tourism business research change and evolution[J]. International Journal of Tourism Research, 2010, 12(6):739-749.

Moscardo G. Bed and breakfast, home-stay and farm-stay: forms and experiences[M]//Commercial Homes in Tourism: an International Perspective. Abdingdon, UK: Routledge, 2009: 25-37.

Moscardo G. The shaping of tourist experience: The importance of stories and themes[M]//The Tourism and Leisure Experience: Consumer and Managerial Perspectives (Vol. 44). Bristol, UK: Channel View Publications, 2010: 43-58.

Mossberg L. A marketing approach to the tourist experience[J]. Scandinavian Journal of Hospitality and Tourism, 2007, 7(1): 59-74.

Mossberg L. Extraordinary experiences through storytelling[J]. Scandinavian Journal of Hospitality and Tourism, 2008, 8(3): 195-210.

Mottiar Z, Laurincikova L. 3 Hosts as entrepreneurs[M]//Commercial Homes in Tourism: An International Perspective. London, UK: Routledge, 2009: 38.

Moutinho L. Strategies for tourism destination development: an exploratory investigation of the role of small businesses[M]//Marketing Tourism Places. London, UK: Routlege, 1990: 104-122.

Muhlmann W E. Hospitality[M]// Encyclopaedia of the Social Sciences. London, UK: Macmillan and Company Limited, 1932.

Musa G, Kayat K, Thirumoorthi T. The experiential aspect of rural home-stay among Chinese and Malay students using diary method[J]. Tourism and Hospitality Research, 2010, 10(1): 25-41.

Nahapiet J, Ghoshal S. Social capital, intellectual capital, and the organizational advantage[J]. Academy of Management Review, 1998, 23(2): 242-266.

Nadiri H, Hussain K. Perceptions of service quality in North Cyprus hotels[J]. International Journal of Contemporary Hospitality Management, 2005, 17(6): 469-480.

Naoi T. Tourists' evaluation of destinations: The cognitive perspective[J]. Journal of Travel & Tourism Marketing, 2003, 14(1): 1-20.

Nelson K B. Enhancing the attendee's experience through creative design of the event environment: applying Goffman's dramaturgical perspective[J]. Journal of Convention & Event Tourism, 2009, 10(2): 120-133.

Neff K D, Suizzo M A. Culture, power, authenticity and psychological well-being within romantic relationships: A comparison of European American and Mexican Americans[J]. Cognitive Development, 2006, 21(4): 441-457.

Nelson P. Information and consumer behavior[J]. Journal of Political Economy, 1970, 78(2): 311-329.

Nemasetoni I, Rogerson C M. Developing small firms in township tourism: Emerging tour operators in Gauteng, South Africa[J]. Urban Forum, 2005, 16 (2-3):196-213.

Newby H. The Deferential Worker: a Study of Farm Workers in East Anglia[M]. Madison, Wisconsin: University of Wisconsin Press, 1979.

Nicholls-Nixon C L, Cooper A C, Woo C Y. Strategic experimentation: Understanding change and performance in new ventures[J]. Journal of Business Venturing, 2000, 15(5): 493-521.

Nilsson P Å, Petersen T, Wanhill S. Public support for tourism SMEs in peripheral areas: The Arjeplog Project, northern Sweden[J]. The Service Industries Journal, 2005, 25(4): 579-599.

Noe F P. Measurement specification and leisure satisfaction[J]. Leisure Sciences, 1987, 9(3): 163-172.

Noguera M, Alvarez C, Ribeiro D, Urbano D. Sociocultural factors and female entrepreneurship in the innovative service sector in Catalonia: A qualitative analysis[M]//Cooperation, Clusters, and Knowledge Transfer. Berlin, Germany: Springer, 2013: 141-162.

Nordin S, Westlund H. Social capital and the life cycle model: The transformation of the destination of Åre[J]. Turizam: znanstveno-stru čni časopis, 2009, 57(3): 259-284.

Novelli M, Schmitz B, Spencer T. Networks, clusters and innovation in tourism: A UK experience[J]. Tourism Management, 2006, 27(6): 1141-1152.

Nyamori R O, Lawrence S R, Perera H B. Revitalising local democracy: A social capital analysis in the context of a New Zealand local authority [J]. Critical Perspectives on Accounting, 2012, 23(7): 572-594.

O'Connor D. Towards a new interpretation of "hospitality" [J]. International

Journal of Contemporary Hospitality Management，2005，17（3）：267-271.

O'Dell T. Experiencescapes：Blurring borders and testing connections [M]//Experiencescapes：Tourism，Culture and Economy. Copenhagen，Netherland：Copenhagen Business School Press DK，2005：15.

O'Farrell P N，Hitchens D M W N. Alternative theories of small-firm growth：a critical review[J]. Environment and Planning，1988，20（10）：1365-1383.

OECD. Employment in small and large firms：Where have the jobs come from? [R]，Employment Outlook，September，OECD，Paris，1985.

Oh H，Fiore A M，Jeoung M. Measuring experience economy concepts：Tourism applications[J]. Journal of Travel Research，2007，46（2）：119-132.

Oh H，Kilduff M，Brass D J. Communal social capital，linking social capital，and economic outcomes[C]//Annual Meeting of the Academy of Management，Chicago，1999.

Olesen V. Selves and a changing social form：Notes on three types of hospitality[J]. Symbolic Interaction，1994，17（2）：187-202.

Oliver R L. A cognitive model of the antecedents and consequences of satisfaction decisions [J]. Journal of Marketing Research，1980：460-469.

Oliver R L. Conceptual issues in the structural analysis of consumption emotion，satisfaction，and quality：evidence in a service setting[J]. Advances in Consumer Research，1994，21：16-16.

Olson P D，Bokor D W. Strategy process-content interaction：Effects on growth performance in small，start-up firms[J]. Journal of Small Business Management，1995，33（1）：34.

Ooi C S. A theory of tourism experiences：The management of attention [J]. Experiencescapes：Tourism，Culture，and Economy，2005：51-68.

Oppermann M. Convention destination images：analysis of association meeting planners' perceptions[J]. Tourism Management，1996，17（3）：175-182.

O'Rand A M, Krecker M L. Concepts of the life cycle: Their history, meanings, and uses in the social sciences[J]. Annual Review of Sociology, 1990, 16: 241-262.

Osborne J W. Best practices in quantitative methods[M]. New York, NY: Sage, 2008.

O'Sullivan E L, Spangler K J. Experience marketing: strategies for the new Millennium[M]. Pennsylvania: Venture Publishing Inc, 1998.

Otto J E, Ritchie J B. The service experience in tourism[J]. Tourism Management, 1996, 17(3): 165-174.

Page S J, Forer P, Lawton G R. Small business development and tourism: Terra incognita? [J]. Tourism Management, 1999, 20(4): 435-459.

Page S, Getz D. The business of rural tourism: International perspectives [M]. Hong Kong: Cengage Learning EMEA, 1997.

Palmer B D. Working-class experience: Rethinking the History of Canadian Labour, 1800—1991[M]. Toronto, Canada: McClelland & Stewart Ltd. , 1992.

Papson S. Spuriousness and tourism: Politics of two Canadian provincial government[J]. Annals of Tourism Research, 1981, 8(2): 220-235.

Parasuraman A, Zeithaml V A, Berry L L. A conceptual model of service quality and its implications for future research[J]. the Journal of Marketing, 1985, 49(4): 41-50.

Parasuraman A, Zeithaml V A, Berry L L. Servqual[J]. Journal of Retailing, 1988, 64(1): 12-40.

Park D B, Yoon Y S. Segmentation by motivation in rural tourism: A Korean case study[J]. Tourism Management, 2009, 30(1): 99-108.

Park D B, Lee K W, Choi H S, Yoon Y. Factors influencing social capital in rural tourism communities in South Korea [J]. Tourism Management, 2012, 33(6): 1511-1520.

Park J H, Choi Y M, Kim B, Lee D W, Gim M S. Use of the Terms[J]. Psychiatry Investigation, 2012, 9(1): 17-24.

Pasanen M. SME growth strategies: organic or non-organic? [J]. Journal of Enterprising Culture, 2007, 15(04): 317-338.

Passer M W, Smith R E. Psychology: The science of mind and behavior

[J]. Contemporary Educational Psychology, 2004, 28: 129-160.

Pavitt K. The objectives of technology policy[J]. Science and Public Policy, 1987, 14(4): 182-188.

Paxton P. Is social capital declining in the United States? A multiple indicator assessment 1[J]. American Journal of Sociology, 1999, 105 (1): 88-127.

Pearce P L. Farm tourism in New Zealand: A social situation analysis[J]. Annals of Tourism Research, 1990, 17(3): 337-352.

Pearce P L, Moscardo G M. The boutique/specialist accommodation sector: Perceived government needs and policy initiatives [J]. Queensland Small Business Research Journal, 1992, 1: 34-41.

Peña A I P, Jamilena D M F, Molina M Á R, Olmo J C. Rural lodging establishments: effects of location and internal resources and characteristics on room rates[J]. Tourism Geographies, 2015, 17(1): 91-111.

Penrose E T. The Theory of the Growth of the Firm[M]. Oxford, UK: Basil Blackwell and Mott Ltd. , 1959.

Peters M, Frehse J, Buhalis D. The importance of lifestyle entrepreneurship: A conceptual study of the tourism industry[J]. Pasos, 2009, 7(2): 393-405.

Petrick J F. Development of a multi-dimensional scale for measuring the perceived value of a service[J]. Journal of Leisure Research, 2002, 34 (2): 119.

Petrick J F. Measuring cruise passengers' perceived value[J]. Tourism Analysis, 2003, 7(3-4): 251-258.

Petrick J F, Backman S J. An examination of the construct of perceived value for the prediction of golf travelers' intentions to revisit[J]. Journal of Travel Research, 2002, 41(1): 38-45.

Petrick J F, Backman S J, Bixler R, Norman W C. Analysis of golfer motivations and constraints by experience use history[J]. Journal of Leisure Research, 2001, 33(1): 56.

Pett M A, Lackey N R, Sullivan J J. Making sense of factor analysis: The use of factor analysis for instrument development in health care research[M]. New York, NY: Sage, 2003.

Phelan C, Sharpley R. Agritourism and the farmer as rural entrepreneur: A UK analysis[C]//The NeXT Tourism Entrepreneurship Conference, 26th-27th April 2010, Wilfid Laurier University, Ontario, Canada.

Phillips B D, Kirchhoff B A. Formation, growth and survival: small firm dynamics in the US economy[J]. Small Business Economics, 1989, 1(1): 65-74.

Pine B J, Gilmore J H. The Experience Economy: Work is Theatre & Every Business A Stage[M]. New York, NY: Harvard Business Press, 1999.

Pizam A. Creating memorable experiences[J]. International Journal of Hospitality Management, 2010, 29(3):343.

Pizam A, Mansfeld Y. Consumer Behavior in Travel and Tourism[M]. London, UK: Routledge, 2000.

Pizam A, Shani A. The nature of the hospitality industry: present and future managers' perspectives[J]. Anatolia, 2009, 20(1): 134-150.

Polanyi M. The tacit dimension[M]. Chicago, Illinois: University of Chicago Press, 1967.

Polo-Peña A I, Frías-Jamilena D M, Rodríguez-Molina M Á. Marketing practices in the Spanish rural tourism sector and their contribution to business outcomes[J]. Entrepreneurship & Regional Development, 2012, 24(7-8): 503-521.

Poon A. Tourism, Technology and Competitive Strategies[M]. Oxford, UK: CAB international, 1993.

Poon A. The "new tourism" revolution[J]. Tourism Management, 1994, 15(2): 91-92.

Poon W C, Lock-Teng Low K. Are travellers satisfied with Malaysian hotels? [J]. International Journal of Contemporary Hospitality Management, 2005, 17(3): 217-227.

Poria Y, Reichel A, Biran A. Heritage site management: Motivations and expectations[J]. Annals of Tourism Research, 2006, 33(1): 162-178.

Portes A. The two meanings of social capital[M]//Sociological Forum (Vol. 15, No. 1). Dordrecht, Netherland: Kluwer Academic Publishers-Plenum Publishers, 2000: 1-12.

Portes A, Vickstrom E, Aparicio R. Coming of age in Spain: the self-identification, beliefs and self—esteem of the second generation 1[J]. The British Journal of Sociology, 2011, 62(3): 387-417.

Prahalad C, Ramaswamy V. MIT Sloan management review[J]. The New Frontier of Experience Innovation, 2003, 44(4).

Pritchard A, Morgan N J. Privileging the male gaze: Gendered tourism landscapes[J]. Annals of Tourism Research, 2000, 27(4): 884-905.

Professional Association of Innkeepers. International B and B Industry Facts and Figures: Industry Overview [M]. Merrill, Wisconsin: PAII, 2012.

Qiu Zhang H, Morrison A. How can the small to medium sized travel agents stay competitive in China's travel service sector? [J]. International Journal of Contemporary Hospitality Management, 2007, 19(4): 275-285.

Quan S, Wang N. Towards a structural model of the guest experience: An illustration from food experiences in tourism [J]. Tourism Management, 2004, 25(3): 297-305.

Quinn R E, Cameron K. Organizational life cycles and shifting criteria of effectiveness: Some preliminary evidence[J]. Management Science, 1983, 29(1): 33-51.

Raake A, Egger S. Quality and quality of experience[M]//Quality of Experience. Berlin, Germany: Springer International Publishing, 2014: 11-33.

Rae D. Practical theories from entrepreneurs' stories: discursive approaches to entrepreneurial learning [J]. Journal of Small Business and Enterprise Development, 2004, 11(2): 195-202.

Rae D, Carswell M. Towards a conceptual understanding of entrepreneurial learning[J]. Journal of Small Business and Enterprise Development, 2001, 8(2): 150-158.

Ranger T O, Hobsbawm E J. The Invention of Tradition[M]. Cambridge, UK: Cambridge University Press, 1983.

Raudenbush S W, Bryk A S. Hierarchical Linear Models: Applications and Data Analysis Methods (Vol. 1)[M]. New York, NY: Sage, 2002.

Redfoot D L. Touristic authenticity, touristic angst, and modern reality [J]. Qualitative Sociology, 1984, 7(4): 291-309.

Reichel A, Lowengart O, Milman A. Rural tourism in Israel: Service quality and orientation[J]. Tourism Management, 2000, 21 (5): 451-459.

Reisinger Y, Turner L W. Cross-cultural Behaviour in Tourism: Concepts and Analysis[M]. Amsterdam, Netherland: Elsevier, 2003.

Reichel A, Haber S. A three-sector comparison of the business performance of small tourism enterprises: an exploratory study[J]. Tourism Management, 2005, 26(5): 681-690.

Reijonen H. Understanding the small business owner: what they really aim at and how this relates to firm performance—A case study in North Karelia, Eastern Finland[J]. Management Research News, 2008, 31 (8): 616-629.

Reisinger Y, Turner L. Cross-cultural differences in tourism: A strategy for tourism marketers[J]. Journal of Travel & Tourism Marketing, 1998, 7(4): 79-106.

Renzulli L A, Aldrich H. Who can you turn to? Tie activation within core business discussion networks [J]. Social Forces, 2005, 84 (1): 323-341.

Reuland R, Choudry J, Fagel A. Research in the field of hospitality[J]. International Journal of Hospitality Management, 1985, 4 (4): 141-146.

Reynolds P D, White S B. The Entrepreneurial Process: Economic Growth, Men, Women, and Minorities [M]. Santa Barbara, California: Praeger Pub Text, 1997.

Richards G, Wilson J. Developing creativity in guest experiences: A solution to the serial reproduction of culture? [J]. Tourism Management, 2006, 27(6):1209-1223.

Rimmington M, Williams C, Morrison A. Entrepreneurship in the Hospitality, Tourism and Leisure Industries [M]. London, UK: Routledge, 2009.

Robinson P B, Sexton E A. The effect of education and experience on self-employment success[J]. Journal of Business Venturing，1994，9（2）：141-156.

Robinson R N，Clifford C. Authenticity and festival foodservice experiences [J]. Annals of Tourism Research，2012，39（2）：571-600.

Rogerson C M. The impact of the South African government's SMME programmes：a ten-year review（1994-2003）[J]. Development Southern Africa，2004，21（5）：765-784.

Rogerson C M. Urban tourism and small tourism enterprise development in Johannesburg：The case of township tourism[J]. GeoJournal，2004，60（3）：249-257.

Rose R L，Wood S L. Paradox and the consumption of authenticity through reality television[J]. Journal of consumer research，2005，32（2）：284-296.

Ruiz Y，Walling A. Home-based working using communication technologies[J]. Labour Market Trends，2005，113（10）：417-426.

Russell R，Faulkner B. Entrepreneurship，chaos and the tourism area lifecycle[J]. Annals of Tourism Research，2004，31（3）：556-579.

Rust R T，Oliver R W. The death of advertising [J]. Journal of Advertising，1994，23（4）：71-77.

Rutes W A，Penner R H. Hotel Planning and Design[M]. New York，NY：Watson-Guptill Publications，1985.

Ruzzier M，AntonciC B，Hisrich R D，Konecnik M. Human capital and SME internationalization：A structural equation modeling study[J]. Canadian Journal of Administrative Sciences，2007，24（1）：15-29.

Ryan C. The Tourist Experience[M]. Hong Kong：Cengage Learning EMEA，2002.

Rybczynski T M. Financial systems and industrial restructuring [J]. National Westminster Bank Quarterly Review，1988：3-13.

Sahlins M D. Stone Age Economics [M]. New Jersey：Transaction Publishers，1972.

Sakach D E. Bed & Breakfasts and Country Inns[M]. California：American Historic Inns Inc.，2010.

Salamone F A. Authenticity in tourism：the San Angel inns[J]. Annals of

Tourism Research，1997，24(2)：305-321.

Sanders J M，Nee V. Immigrant self-employment：The family as social capital and the value of human capital[J]. American Sociological Review，1996：231-249.

Santarelli E，Vivarelli M. Entrepreneurship and the process of firms' entry，survival and growth[J]. Industrial and Corporate Change，2007，16(3)：455-488.

Sarason Y，Dean T，Dillard J F. Entrepreneurship as the nexus of individual and opportunity：A structuration view[J]. Journal of Business Venturing，2006，21(3)：286-305.

SBA. Report：A Voice for Small Business[R]. Washington，DC：US Small Business Administration，2006.

Scase R. Entrepreneurship and Proprietorship in Transition：Policy Implications for the Small-and Medium-size Enterprise Sector（No. 193）[R]. United Nations University，World Institute for Development Economics Research，2000.

Schembri S. Rationalizing service logic，or understanding services as experience? [J]. Marketing Theory，2006，6(3)：381-392.

Schultz T W. Investment in man：An economist's view[J]. The Social Service Review，1959：109-117.

Schwaninger M. Strategic Management in Tourism[M]. Oxford，UK：CABI，1989.

Schwaninger M，Witt S F，Moutinho L. Trends in leisure and tourism for 2000—2010[M]//Tourism Marketing and Management Handbook. Upper Saddle River，New Jersey：Pearson Education，1989：599-605.

Schwartz R D. Travelers under fire：tourists in the Tibetan uprising[J]. Annals of Tourism Research，1991，18(4)：588-604.

Seaver M. Implementing ISO 9000：2000[M]. London，UK：Gower Publishing，Ltd.，2001.

Seekings J. Gibraltar：developing tourism in a political impasse[J]. Tourism Management，1993，14(1)：61-67.

Selwyn T. The Tourist Image：Myths and Myth Making in Tourism[M]. Hoboken，New Jersey：John Wiley & Sons，1996.

Seuneke P，Lans T，Wiskerke J S. Moving beyond entrepreneurial skills：Key factors driving entrepreneurial learning in multifunctional agriculture[J]. Journal of Rural Studies，2013，32：208-219.

Sexton D L. Entrepreneurship research needs and issues ［J］. Entrepreneurship，2000：401-408.

Shane S A. A General Theory of Entrepreneurship：The Individual-Opportunity Nexus ［M］. Northampton，UK：Edward Elgar Publishing，2000.

Shane S，Cable D. Network ties，reputation，and the financing of new ventures[J]. Management Science，2002，48(3)：364-381.

Shane S，Venkataraman S. The promise of entrepreneurship as a field of research ［J］. Academy of Management Review，2000，25（1）：217-226.

Shao Q W. Developing rural tourism and promoting the construction of new countryside[J]. Qiushi Magazine，2007，1：42-44.

Sharpley R. Tourism and sustainable development：Exploring the theoretical divide[J]. Journal of Sustainable Tourism，2000，8(1)：1-19.

Sharpley R，Jepson D. Rural tourism：A spiritual experience? [J]. Annals of Tourism Research，2011，38(1)：52-71.

Sharpley R，Sharpley J. Rural Tourism：An Introduction[M]. Stamford，Connecticut：International Thomson Business Press，1997：1-165.

Sharpley R，Stone P R. Socio-cultural impacts of events：meanings，authorized transgression and social capital ［M］//The Routledge Handbook of Events. London，UK：Routledge，2011.

Shaw G，Williams A. From lifestyle consumption to lifestyle production：changing patterns of tourism entrepreneurship［M］//Small Firms in Tourism：International Perspective. Amsterdam，Netherlands：Elsevier Science BV，2004：99-114.

Shaw G，Williams A. Knowledge transfer and management in tourism organisations：An emerging research agenda ［J］. Tourism Management，2009，30(3)：325-335.

Shaw G，Williams A M. Critical Issues in Tourism：a Geographical

Perspective[M]. Hoboken, New Jersey: Blackwell Publishers, 1994.

Shaw G, Williams A M. Tourism and Tourism Spaces[M]. New York: Sage, 2004.

Sheldon P J. Tourism destination databases [J]. Annals of Tourism Research, 1994, 21(1): 179-181.

Shepherd D, Wiklund J. Are we comparing apples with apples or apples with oranges? Appropriateness of knowledge accumulation across growth studies[J]. Entrepreneurship Theory and Practice, 2009, 33 (1): 105-123.

Sheringham C, Daruwalla P. Transgressing hospitality: Polarities and disordered relationships[J]. Hospitality: A Social Lens, 2007: 33-45.

Short J R. Imagined Country: Environment, Culture, and Society[M]. Syracuse, NY: Syracuse University Press, 1991.

Sibthorp J, Witter E, Wells M, Ellis G, Voelkl J. Hierarchical linear modeling in park, recreation, and tourism research[J]. Journal of Leisure Research, 2004, 36(1): 89.

Silkapit P, Fisk G D. Participatizing' the service process. A theoretical framework[M]//Services Marketing in a Changing Environment. Chicago: American Marketing, 1985: 117-121.

Silver I. Marketing authenticity in third world countries[J]. Annals of Tourism Research, 1993, 20(2): 302-318.

Singh J V, Tucker D J, House R J. Organizational legitimacy and the liability of newness [J]. Administrative Science Quarterly, 1986: 171-193.

Skokic V, Morrison A. Conceptions of tourism lifestyle entrepreneurship: Transition economy context[J]. Tourism Planning & Development, 2011, 8(2): 157-169.

Slattery P. Finding the hospitality industry[J]. Journal of Hospitality, Leisure, Sport and Tourism Education, 2002, 1(1):19-28.

Sleuwaegen L, Goedhuys M. Growth of firms in developing countries, evidence from Cote d'Ivoire[J]. Journal of Development Economics, 2002, 68(1): 117-135.

Smith K G, Gannon M J. Organizational effectiveness in entrepreneurial and professionally managed firms［J］. Journal of Small Business Management，1987，25(3)：14.

Smith N R. The entrepreneur and his firm：The relationship between type of man and type of company［Z］. Michigan State University，1967：109.

Smith N R，Miner J B. Type of entrepreneur，type of firm，and managerial motivation：Implications for organizational life cycle theory［J］. Strategic Management Journal，1983，4(4)：325-340.

Sobel M E. Lifestyle and Social Structure：Concepts，Definitions，Analyses ［M］. Amsterdam：Elsevier，2013.

Spilling O R. On the dynamics of growth firms：Is a growth firm really a growth firm［Z］. 31st European Small Business Seminar，2001.

Spitzmuller M，Ilies R. Do they all see my true self? Leader's relational authenticity and followers' assessments of transformational leadership ［J］. European Journal of Work and Organizational Psychology，2010，19(3)：304-332.

Stam E，Garnsey E W. Entrepreneurship in the knowledge economy［Z］. Centre for Technology Management(CTM) Working Paper，2007.

Stanworth M J K，Curran J. Growth and the small firm—An alternative view［J］. Journal of Management Studies，1976，13(2)：95-110.

Star UK. Accommodation Stock［R/OL］. www. staruk. org. uk//webcode/ contents. asp［2015-05-01］.

Starr J A，MacMillan I C. Resource cooptation via social contracting：Resource acquisition strategies for new ventures ［J］. Strategic Management Journal，1990，11(5)：79.

Steinmetz L L. Critical stages of small business growth：when they occur and how to survive them［J］. Business Horizons，1969，12(1)：29-36.

Stevenson H H，Jarillo J C. A paradigm of entrepreneurship：Entrepreneurial management ［J］. Strategic Management Journal，1990，11(5)：17-27.

Storey D J. Understanding the Small Business Sector［M］. Hong Kong：Cengage Learning EMEA，1994.

Strassmann W P. Home-based enterprises in cities of developing countries

［J］. Economic Development and Cultural Change，1987，36（1）：121-144.

Stringer P F. Hosts and guests the bed-and-breakfast phenomenon［J］. Annals of Tourism Research，1981，8(3)：357-376.

Stuart T E，Sorenson O. Strategic networks and entrepreneurial ventures ［J］. Strategic Entrepreneurship Journal，2007，1(3-4)：211-227.

Su B. Rural tourism in China［J］. Tourism Management，2011，32（6）：1438-1441.

Sundbo J P. Hagedorn-rasmussen：The backstaging of experience production［M］//Creating Experiences in the Experience Economy，Cheltenham，UK and Northampton. MA，USA：Edward Elgar，2008：83-110.

Sweeney M，Lynch P A. Classifying commercial home hosts based on their relationships to the home［J］. Tourism and Hospitality Planning & Development，2009，6(2)：159-170.

Tichaawa T M，Mhlanga O. Community perceptions of a community-based tourism project：A case study of the CAMPFIRE programme in Zimbabwe［J］. African Journal for Physical Health Education，Recreation and Dance：Supplement 1，2015，21：55-67.

Tabachnick B G，Fidell L S. Using Multivariate Statistics，5th［M］. Needham Height，MA：Allyn & Bacon，2007.

Tassiopoulos D，Nuntsu N，Haydam N. Wine tourists in South Africa：A demographic and psychographic study［J］. Journal of Wine Research，2004，15(1)：51-63.

Tchetchik A，Fleischer A，Finlkeshtain I. An optimal size for rural tourism villages with agglomeration and congestion effects［J］. European Review of Agricultural Economics，2011，39（4）：685-706.

Telfer D J. Tastes of Niagara：Building strategic alliances between tourism and agriculture［J］. International Journal of Hospitality & Tourism Administration，2000，1(1)：71-88.

Thomas R. Management of Small Tourism and Hospitality Firms［M］. London，UK：Cassell PLC，1998.

Thomas R. Small firms in the tourism industry：some conceptual issues［J］.

International Journal of Tourism Research，2000，2(5)，345-353.

Thomas R，Shaw G，Page S J. Understanding small firms in tourism：A perspective on research trends and challenges［J］. Tourism Management，2011，32(5)：963-976.

Thomson A，Gray C. Determinants of management development in small businesses［J］. Journal of Small Business and Enterprise Development，1999，6(2)：113-127.

Tinsley R，Lynch P. Small tourism business networks and destination development［J］. International Journal of Hospitality Management，2001，20(4)：367-378.

Tinsley R，Lynch P A. Differentiation and tourism destination development：Small business success in a close-knit community［J］. Tourism and Hospitality Research，2008，8(3)：161-177.

Tipple A G. Shelter as workplace：A review of home-based enterprise in developing countries［J］. Int'l Lab. Rev. ，1993，132：521.

Tipple A G，Kellett P W. (2003，September). Housing and work in the same space：the spatial implications of home-based enterprises in India and Indonesia［C］//7th Congress of the Asian Planning Schools Association，Hanoi，Vietnam，2003：11-13.

Trauer B，Ryan C. Destination image，romance and place experience—an application of intimacy theory in tourism［J］. Tourism Management，2005，26(4)：481-491.

Trilling L. Sincerity and Authenticity［M］. New York，NY：Harvard University Press，1972.

Tucker J B. Strategies for countering terrorism：Lessons from the Israeli experience［J］. Journal of Homeland Security，2003：18-19.

Tung V W S，Ritchie J B. Exploring the essence of memorable tourism experiences［J］. Annals of Tourism Research，2011，38（4）：1367-1386.

Turner L. Canadian medical tourism companies that have exited the marketplace：Content analysis of websites used to market transnational medical travel［J］. Globalization and health，2011，7(40)：1-16.

Tybout J R. Manufacturing firms in developing countries：How well do they do, and why? [J]. Journal of Economic Literature, 2000, 38(1): 11-44.

Tynan C, McKechnie, S. Experience marketing: A review and reassessment[J]. Journal of Marketing Management, 2009, 25(5-6): 501-517.

Ucbasaran D, Westhead P, Wright M. Opportunity identification and pursuit: Does an entrepreneur's human capital matter? [J]. Small Business Economics, 2008, 30(2): 153-173.

United States Small Business Administration Office of Advocacy. Linked 1976—1996 [R]. New York, NY: United States Small Business Administration, Office of Advocacy, 1996.

Uriely N. Theories of modern and postmodern tourism[J]. Annals of Tourism Research, 1997, 24(4): 982-985.

Uriely N. The tourist experience: Conceptual developments[J]. Annals of Tourism Research, 2005, 32(1):199-216.

Uriely N, Yonay Y, Simchai D. Backpacking experiences: A type and form analysis[J]. Annals of Tourism Research, 2002, 29(2): 520-538.

Urry J. The Consumption of Tourism[J]. Sociology, 1990, 24(1):23-35.

Urry J. Consuming Places[M]. New York, NY: Psychology Press, 1995.

Urry J. The Tourist Gaze[M]. New York, NY: Sage, 2002.

Uzzi B. Embeddedness in the making of financial capital: How social relations and networks benefit firms seeking financing[J]. American Sociological Review, 1999, 64(4): 481-505.

Van Biesebroeck J. Exporting raises productivity in sub-Saharan African manufacturing firms[J]. Journal of International Economics, 2005, 67(2): 373-391.

Van Steenwinkel I, Baumers S, Heylighen A. Home in later life: a framework for the architecture of home environments [J]. Home Cultures, 2012, 9(2): 195-217.

Veal A J. Lifestyle and leisure: A review and annotated bibliography[Z]. School of Leisure, Sport and Tourism, University of Technology Sydney, 2000.

Veal A J. Leisure, culture and lifestyle[J]. Loisir et Société/Society and

Leisure，2001，24（2）：359-376.

Veijola S，Jokinen E. The body in tourism[J]. Theory，Culture & Society，1994，11（3）：125-151.

Verhoef P C，Langerak F，Donkers B. Understanding brand and dealer retention in the new car market：The moderating role of brand tier[J]. Journal of Retailing，2007，83（1）：97-113.

Verhoef P C，Lemon K N，Parasuraman A，Roggeveen A，Tsiros M，Schlesinger L A. Customer experience creation：Determinants，dynamics and management strategies[J]. Journal of Retailing，2009，85（1）：31-41.

Vesper K H. Three faces of corporate entrepreneurship：A pilot study[Z]. University of Washington，Graduate School of Business，1984.

Vinnell R，Hamilton R T. A historical perspective on small firm development[J]. Entrepreneurship Theory and Practice，1999，23：5-18.

Wakefield K L，Blodgett J G. The effect of the servicescape on customers' behavioral intentions in leisure service settings[J]. Journal of Services Marketing，1996，10（6）：45-61.

Walford G. Doing Qualitative Educational Research[M]. Edinburgh，UK：A&C Black，2001.

Walford N. Patterns of development in guest accommodation enterprises on farms in England and Wales[J]. Applied Geography，2001，21（4）：331-345.

Walls A R，Okumus F，Wang Y R，Kwun D J W. An epistemological view of consumer experiences [J]. International Journal of Hospitality Management，2011，30（1）：10-21.

Walumbwa F O，Avolio B J，Gardner W L，Wernsing T S，Peterson S J. Authentic leadership：Development and validation of a theory-based measure[J]. Journal of management，2008，34（1）：89-126.

Wang N. Rethinking authenticity in tourism experience [J]. Annals of tourism research，1999，26（2）：349-370.

Wang N. Authenticity [Z]. Encyclopedia of Tourism，2000，113（2）：43-45.

Wang X. Start-up Goals of Farm Hotel Operators in China[C]. IERI Procedia, 2013, 5: 126-131.

Wang Y. Customized authenticity begins at home[J]. Annals of Tourism Research, 2007, 34(3): 789-804.

Wanhill S. Peripheral area tourism: a European perspective[J]. Progress in Tourism and Hospitality Research, 1997, 3(1): 47-70.

Watson J. Modeling the relationship between networking and firm performance[J]. Journal of Business Venturing, 2007, 22(6): 852-874.

Weick K E. Drop your tools: An allegory for organizational studies[J]. Administrative Science Quarterly, 1996, 41(2): 301-313.

Weiner B. An attributional theory of achievement motivation and emotion [J]. Psychological Review, 1985, 92(4): 548.

Weinzimmer L G. Nystrom P C, Freeman S J. Measuring organizational growth: Issues, consequences and guidelines [J]. Journal of Management, 1998, 24(2): 235-262.

Westhead P, Storey D. Management training and small firm performance: why is the link so weak? [J]. International Small Business Journal, 1996, 14(4): 13-24.

Wijaya S, King B, Nguyen T, Morrison A. International visitor dining experiences: A conceptual framework[J]. Journal of Hospitality and Tourism Management, 2013, 20: 34-42.

Wijewardena H, Tibbits G E. Factors contributing to the growth of small manufacturing firms: data from Australia [J]. Journal of Small Business Management, 1999, 37(2): 88.

Williams A M, Greenwood J, Shaw G. Tourism in the Isles of Scilly: A Study of Small Firms on Small Islands[M]. Exeter, UK: University of Exeter, Tourism Research Group, 1989.

Williams A M, Shaw G, Greenwood J. From guest to tourism entrepreneur, from consumption to production: Evidence from Cornwall, England[J]. Environment and Planning, 1989, 21(12): 1639-1653.

Williams P, Soutar G N. Dimensions of Customer Value and the Tourism Experience: An Exploratory Study[C]. Australian and New Zealand

Marketing Academy Conference（Vol. 28），2000.

Williams V，Du C. Small Business and Micro Business Lending in the United States，for Date Years 2005—2006［M］. Washington，DC： SBA office of Advocacy，2009.

Winter R. Truth or fiction：Problems of validity and authenticity in narratives of action research［J］. Educational Action Research，2002， 10(1)：143-154.

Wirtz D，Kruger J，Scollon C N，Diener E. What to do on spring break? The role of predicted，on-line，and remembered experience in future choice［J］. Psychological Science，2003，14(5)：520-524.

Witt S F. Tourism Marketing and Management Handbook［M］. New York，NY：Prentice-Hall，2011.

Wong P P. Coastal tourism development in Southeast Asia：relevance and lessons for coastal zone management ［ J ］. Ocean & Coastal Management，1998，38(2)：89-109.

Wong P P. Adaptive use of a rock coast for tourism—Mactan Island， Philippines［J］. Tourism Geographies，1999，1(2)：226-243.

Wood R C. Hotel culture and social control［J］. Annals of Tourism Research，1994，21(1)：65-80.

Woodside A G，Caldwell M，Albers-Miller N D. Broadening the study of tourism：Introduction to the special issue on the consumer psychology of travel/tourism behavior ［ J ］. Journal of Travel & Tourism Marketing，2004，17(1)：1-6.

Wong Ooi Mei A，Dean A M，White C J. Analysing service quality in the hospitality industry［J］. Managing Service Quality：An International Journal，1999，9(2)：136-143.

World Bank. Group Tourism：An Opportunity to Unleash Shared Growth in Africa Briefing［M］. Washington，DC：World Bank，2006.

Wu Y. Scale，factor intensity and efficiency：an empirical study of the Chinese coal industry［J］. Applied Economics，1993，25(3)：325-334.

Wyman M. Nature experience and outdoor recreation planning［J］. Leisure Studies，1985，4(2)：175-188.

Xie P F，Wall G. Visitors' perceptions of authenticity at cultural attractions in Hainan，China［J］. International Journal of Tourism Research，2002，4(5)：353-366.

Yang L，Wall G，Smith S L. Ethnic tourism development：Chinese Government Perspectives［J］. Annals of Tourism Research，2008，35(3)：751-771.

Yang L. Impacts and challenges in agritourism development in Yunnan，China［J］. Tourism Planning & Development，2012，9(4)：369-381.

Yeoman I，Brass D，McMahon-Beattie U. Current issue in tourism：The authentic tourist［J］. Tourism Management，2007，28(4)：1128-1138.

Yu H，Littrell M A. Product and process orientations to tourism shopping ［J］. Journal of Travel Research，2003，42(2)：140-150.

Zeithaml V A. Consumer perceptions of price，quality，and value：a means-end model and synthesis of evidence［J］. The Journal of Marketing，1988：2-22.

Zeng G，Go F，de Vries H J. Paradox of authenticity versus standardization：Expansion strategies of restaurant groups in China［J］. International Journal of Hospitality Management，2012，31(4)：1090-1100.

Zhang J，Inbakaran R J，Jackson M S. Understanding community attitudes towards tourism and host—Guest interaction in the urban-rural border region［J］. Tourism Geographies，2006，8(2)：182-204.

Zhao W. The nature and roles of small tourism businesses in poverty alleviation：evidence from Guangxi，China［J］. Asia Pacific Journal of Tourism Research，2009，14(2)：169-182.

Zhao W. Small Tourism Business Development：A Developing Country Perspective［D］. University of Calgary，Canada，2010.

Zimmer C，Aldrich H. Resource mobilization through ethnic networks kinship and friendship ties of shopkeepers in England［J］. Sociological Perspectives，1987，30(4)：422-445.

Zomerdijk L G，Voss C A. Service design for experience-centric services ［J］. Journal of Service Research，2010，13(1)：67-82.

白凯,张春晖.乡村旅游地品牌个性特征研究——以西安长安区"农家乐"为例[J].财贸研究,2009(3):114-120.

保继刚,邱继勤.旅游小企业与旅游地社会文化变迁:阳朔西街案例[J].人文地理,2006,21(2):1-4.

蔡碧凡,俞益武,张建国.当地居民对"农家乐"旅游影响的感知及态度研究——以浙江省衢州市七里乡为例[J].桂林旅游高等专科学校学报,2007(3):391-395.

费维骏.基于 SERVQUAL 的农家乐旅游服务质量评价及实证研究[D].杭州:浙江工商大学,2008.

费孝通.乡土中国、乡土重建、重访乡村[M].南京:凤凰出版社,1992.

甘博英.基于家庭生命周期与人格特质的台湾休闲旅游民宿选择动机研究[D].长春:吉林大学,2012.

国家统计局.中国统计年鉴 2009[M].北京:中国统计出版社,2009.

国家统计局.中国统计年鉴 2013[M].北京:中国统计出版社,2013.

何景明."农家乐"发展中政府的"缺位"与"越位"[J].旅游学刊,2006(3):11.

何景明.国内乡村旅游研究:蓬勃发展而有待深入[J].旅游学刊,2004(1):92-96.

胡丽花.家庭旅馆游客动机、服务质量、满意度与忠诚度关系研究[D].重庆:西南大学,2008.

胡敏.乡村民宿经营管理核心资源分析[J].旅游学刊,2007(9):64-69.

黄宗智.中国的现代家庭:来自经济史和法律史的视角[J].开放时代,2011(5):82-105.

黄宗智.中国过去和现在的基本经济单位:家庭还是个人?[J].人民论坛·学术前沿,2012(1):76-93.

嵇兰兰,黄萍萍,熊才平.专题网站促进农家乐旅游业快速发展的研究[J].电化教育研究,2009(5):64-67.

蒋佳倩,李艳.国内外旅游"民宿"研究综述[J].旅游研究,2014(4):65-67.

景再方,杨肖丽.中国乡村旅居产业发展的制约因素与模式选择[J].农业经济,2010(6):31-33.

李明龙.我国家庭旅馆竞争环境分析与战略选择[J].旅游论坛,2008(6):426-430.

李星群.广西乡村旅游经营实体特征与经营效应分析[J].中国农村经济,2008(1):50-58.

李星群.民族地区乡村微型旅游企业对家庭的影响研究[J].广西民族研究,2011(2):190-195.

廖惠兰.阳朔乡村家庭旅馆营销方式研究[D].南宁:广西大学,2006.

栾坤.民居旅馆在乡村旅游中的地位与作用[J].广西商业高等专科学校学报,2005(3):18-21.

蒙芳.龙胜小型民营旅游经济实体创业发展的影响因素研究[D].南宁:广西大学,2008.

彭青,曾国军.家庭旅馆成长路径研究:以世界文化遗产地丽江古城为例[J].旅游学刊,2010(9):58-64.

彭文喜,孙虎,刘宇峰.游客对西安市"农家乐"旅游决策影响因素的因子分析——以西安市长安区"农家乐"为例[J].资源开发与市场,2010(8):740-742.

邱继勤,保继刚.国外旅游小企业研究进展[J].旅游学刊,2005,20(5):86-92.

孙晓敏.农家乐休闲产业中的文化消费与符号消费[D].湖北:华中农业大学,2008.

王显成.我国乡村旅游中民宿发展状况与对策研究[J].乐山师范学院学报,2009(6):69-72.

王秀红,杨桂华.上海、武汉、成都近郊型农家乐业主开业起始目标实证研究[J].旅游学刊,2007,22(4):36-42.

王秀红.上海、武汉、成都城市近郊型"农家乐"业主开业动机分析[J].河南农业,2007(6):9-11.

王樟云,陈瑾.杭州桐庐县民宿经济调查报告[J].统计科学与实践,2013(12):44-45.

谢雨萍,李肇荣.乡村民居旅馆的开发与经营初探——以桂林阳朔为例[J].经济地理,2005(3):418-421.

新华旅游.创新与特色——中国乡村旅游的"湖州模式"[N/OL].[2015-09-08].http://travel.news.cn/2015-09/28/c_128274665_2.htm

徐红罡,马少吟.旅游小企业的创业机会识别研究——桂林阳朔西街案例[J].旅游学刊,2012,27(8):18-26.

张竞予.家庭旅馆博客营销特征对顾客品牌态度的影响研究[D].杭州:浙江大学,2008.

赵越,黎霞.乡村民宿经营者经营风险感知研究——基于对重庆市乡村旅游景区的调查[J].西部论坛,2010(1):79-86.

浙江省统计局.浙江省统计年鉴2015[M].北京:中国统计出版社,2015.

浙江省文化和旅游厅.浙江省文化和旅游厅关于省十三届人大三次会议金5

号建议的答复[R/OL].(2020-07-16).http://ct.zj.gov.cn/art/2020/7116/art_1229116410_51039706.html.

周建明,蔡晓霞,宋涛.试论我国乡村旅游标准化发展历程及体系架构[J].旅游学刊,2011(2):58-64.

周林.农家乐旅游经营模式研究[D].南京:南京农业大学,2008.

周玲强,黄祖辉.我国乡村旅游可持续发展问题与对策研究[J].经济地理,2004(4):572-576.

周笑益.农家乐对旅游地社区的社会文化影响研究[D].上海:华东师范大学,2009.

邹统钎.中国乡村旅游发展模式研究——成都农家乐与北京民俗村的比较与对策分析[J].旅游学刊,2005(3),63-68.

附　录

附录1　经营者调查问卷

民宿/农家乐经营者调查问卷

尊敬的民宿/农家乐经营业主：

您好！感谢参与此项学术研究。

本研究旨在了解浙江省北部乡村地区民宿/农家乐企业创业及成长。研究成果将能够加深我们对民宿/农家乐的理解，并为民宿/农家乐行业及乡村旅游业的发展提供参考。

您提供的信息对实现本研究的目的至关重要。本问卷完全匿名，所有关于您的信息都仅限于科研用途并受到严格保密，请放心填写。在填写过程中若有不便，您可以随时终止。

此问卷需花费您10～12分钟的宝贵时间。为表谢意，我们将赠送您精美的纪念品或支付您一定的酬劳。`

万分感谢您的合作！

香港理工大学酒店及旅游业管理学院

浙江大学管理学院

问卷编号 No._____ 　　　　民宿/农家乐名称：_____

第一部分

（1）您从哪一年开始经营这家民宿/农家乐？_____

（2）目前您经营的这家民宿/农家乐的客房数量为_____

（3）目前您经营的这家民宿/农家乐有多少张床位？_____

（4）您的民宿/农家乐的休闲娱乐设施包括（可多选）：

☐棋牌室　☐卡拉 OK 厅　☐茶室　☐酒吧　☐咖啡吧　☐庭院/花园

☐游泳池　☐农事体验园

☐其他_____

（5）到目前为止，您在这家民宿/农家乐上总共投了多少资金（含建筑、装修，不包括地基）？_____

（6）在过去三年里，您的民宿/农家乐每年营业额（毛收入）约为_____

（7）您经营民宿/农家乐的年收入占您家庭年收入的比重是：

☐10％以下$_1$　　☐10％～30％$_2$　　☐31％～50％$_3$

☐51％～70％$_4$　☐71％～90％$_5$　☐90％以上$_6$

（8）您的家人在日常生活中是否会使用民宿/农家乐内的以下设施设备

a. 客房

　　☐不使用$_1$　　☐较少使用$_2$　　☐一般$_3$　　☐较频繁$_4$
　　☐非常频繁$_5$

b. 客用餐厅

　　☐不使用$_1$　　☐较少使用$_2$　　☐一般$_3$　　☐较频繁$_4$
　　☐非常频繁$_5$

c. 客用厨房

　　☐不使用$_1$　　☐较少使用$_2$　　☐一般$_3$　　☐较频繁$_4$
　　☐非常频繁$_5$

d. 院子/花园

　　☐不使用$_1$　　☐较少使用$_2$　　☐一般$_3$　　☐较频繁$_4$
　　☐非常频繁$_5$

e. 休闲娱乐设施（棋牌室等）

　　☐不使用$_1$　　☐较少使用$_2$　　☐一般$_3$　　☐较频繁$_4$

　　□非常频繁5

（9）在<u>经营旺季</u>，您经营的这家民宿/农家乐共有多少名管理、服务人员？＿＿＿＿＿＿

（10）在这些管理、服务人员中：

a. 有多少名是您的家人（包括您自己）？　＿＿＿＿＿＿

b. 有多少名是临时聘用的员工？　＿＿＿＿＿＿

c. 有多少名是长期聘用的员工？　＿＿＿＿＿＿

（11）您在多大程度上同意以下说法：

a. 我经营这家民宿/农家乐主要是为了赚更多的钱：

□很不同意1　　　　□比较不同意2　　　　□一般3　　　　□比较同意4
□很同意5

b. 如果民宿/农家乐效益不好，我会感到很担心：

□很不同意1　　　　□比较不同意2　　　　□一般3　　　　□比较同意4
□很同意5

c. 我经营这家民宿/农家乐主要是为了享受一种生活方式：

□很不同意1　　　　□比较不同意2　　　　□一般3　　　　□比较同意4
□很同意5

第二部分

1. 社会资本

（1）您有多少个亲戚具有成功的创业、经商经历？

□0 个1　　　　□1～3 个2　　　　□4～6 个3　　　　□7～10 个4
□11～15 个5　　□15 个以上6

（2）您有多少个亲戚在经营民宿/农家乐？

□0 个1　　　　□1～3 个2　　　　□4～6 个3　　　　□7～10 个4
□11～15 个5　　□15 个以上6

（3）您有多少个亲戚是在政府部门工作的（包括村干部）？

□0 个1　　　　□1～2 个2　　　　□3～5 个3　　　　□6～8 个4
□9 个及以上5

（4）在您经营民宿/农家乐的过程中，您的亲戚会向您提供经营管理方面的建议吗?

□很少₁ □较少₂ □一般₃ □较多₄ □很多₅

(5)在您经营民宿/农家乐的过程中,您的亲戚会向您提供资金或其他物质支持吗?

□很少₁ □较少₂ □一般₃ □较多₄ □很多₅

(6)在您经营民宿/农家乐的过程中,您的亲戚会给您介绍客源吗?

□很少₁ □较少₂ □一般₃ □较多₄ □很多₅

2.人力资本

(1)您或您的配偶有过几年的经商(做生意,如开店、开工厂等)经历?

□1年以下₁ □1~3年₂ □4~6年₃ □7~9年₄ □10~15年₅

□15~20年₆ □20年以上₇

(2)您或您的配偶有过几年的企业工作经历?

□1年以下₁ □1~3年₂ □4~6年₃ □7~9年₄ □10~15年₅

□15~20年₆ □20年以上₇

(3)近五年,您或您的配偶平均每年旅游、考察(到县域以外)的次数

□0次₁ □1~3次₂ □4~6次₃ □7~10次₄ □10次以上₅

3.政府及行业协会

(1)在您创建和经营这家民宿/农家乐的过程中,政府给您各方面的支持(资金、政策等):

□很小₁ □较小₂ □一般₃ □较大₄ □很大₅

(2)在您创建和经营这家民宿/农家乐的过程中,行业协会给您支持:

□很小₁ □较小₂ □一般₃ □较大₄ □很大₅

个人信息

(1)您的性别: □男₁ □女₂

(2)您的年龄:

□17周岁及以下₁ □18~25周岁₂ □26~35周岁₃

□36~45周岁₄ □46~55周岁₅ □56~65周岁₆

□66周岁及以上₇

(3)您的受教育水平：
□ 小学及以下$_1$　　□ 初中$_2$　　　　□ 高中(中专)$_3$
□ 大学(大专)$_4$　　□ 研究生$_5$
(4)您的婚姻状况：□ 已婚$_1$　　　□ 未婚$_2$　　　□ 其他$_3$
(5)您的户籍所在地是否在民宿/农家乐所在的村：□ 是$_1$　　　□ 否$_2$

附录2　顾客调查问卷

民宿/农家乐住宿体验调查问卷

尊敬的先生/女士：

您好！感谢参与此项学术研究。

本研究旨在了解浙江省北部乡村地区民宿/农家乐的住宿体验。研究成果将能够加深我们对民宿/农家乐的理解,并为民宿/农家乐行业及乡村旅游业的发展提供参考。

您提供的信息对实现本研究的目的至关重要。本问卷完全匿名,所有关于您的个人信息都仅限于科研用途并受到严格保密,请放心填写。在填写过程中若有不便,您可以随时终止。

此问卷需花费您10～12分钟的宝贵时间。为表谢意,我们将赠送您精美的纪念品或支付您一定的酬劳。

万分感谢您的合作！

香港理工大学酒店及旅游业管理学院
浙江大学管理学院

问卷编号 No._____

填写说明:请结合您本次民宿/农家乐的住宿体验,根据提示在相应数字上打"√"。

1.住宿目的

关于"您为什么选择入住民宿/农家乐?",您在多大程度上同意以下陈述:

	很不同意－－－－一般－－－－很同意						
在民宿/农家乐休息、放松身心	1	2	3	4	5	6	7
在民宿/农家乐体验平静的乡村生活	1	2	3	4	5	6	7
在民宿/农家乐体验主人的热情好客	1	2	3	4	5	6	7
在民宿/农家乐得到特殊的体验	1	2	3	4	5	6	7
通过民宿/农家乐结识新朋友	1	2	3	4	5	6	7
通过民宿/农家乐了解当地的文化习俗	1	2	3	4	5	6	7

2.服务质量

关于您入住的这家民宿/农家乐,您在多大程度上同意以下陈述:

	很不同意－－－－一般－－－－很同意						
建筑及内部设施整体干净整洁	1	2	3	4	5	6	7
建筑及内部设施完好无损,能正常使用	1	2	3	4	5	6	7
菜品、食品、饮料干净卫生,质量可靠	1	2	3	4	5	6	7
客房设施设备(如热水器,电视机等)、客用品(如洗漱用品、拖鞋等)配备齐全,能满足我的需求	1	2	3	4	5	6	7
建筑及内部装修精致,档次高	1	2	3	4	5	6	7
客房内各类设备、客用品品质好,使用舒适	1	2	3	4	5	6	7
休闲娱乐设施配备齐全、种类丰富	1	2	3	4	5	6	7
设施、设备、服务与广告宣传一致	1	2	3	4	5	6	7
按时、保质保量提供了所有承诺的服务	1	2	3	4	5	6	7
服务人员很守信用,对我做出的承诺都能做到	1	2	3	4	5	6	7
服务人员总能迅速回应我的要求	1	2	3	4	5	6	7

	很不同意－－－－－一般－－－－很同意						
服务人员总能快速解决我的问题	1	2	3	4	5	6	7
服务人员反应很快,效率很高	1	2	3	4	5	6	7
服务人员有专业的服务技能	1	2	3	4	5	6	7
服务人员有足够的知识回答我的问题	1	2	3	4	5	6	7
服务人员有丰富的服务经验	1	2	3	4	5	6	7
服务人员行为举止礼貌优雅,符合礼仪规范	1	2	3	4	5	6	7
我感到这里的服务很温暖,有人情关怀	1	2	3	4	5	6	7
我感到服务人员总是能理解、关心我	1	2	3	4	5	6	7
我感到服务人员总是很为我考虑	1	2	3	4	5	6	7

3. 体验质量

关于<u>您入住的这家民宿/农家乐</u>,您在多大程度上同意以下陈述:

	很不同意－－－－－一般－－－－很同意						
这家民宿/农家乐里的很多东西都让我感到很好奇	1	2	3	4	5	6	7
这家民宿/农家乐满足了我的兴趣和好奇心	1	2	3	4	5	6	7
这家民宿/农家乐让我了解到了很多新东西	1	2	3	4	5	6	7
这家民宿/农家乐提供了很好玩的活动	1	2	3	4	5	6	7
这家民宿/农家乐提供了很有趣的活动	1	2	3	4	5	6	7
这家民宿/农家乐让我感到欢乐	1	2	3	4	5	6	7
我感觉这家民宿/农家乐的设计很有创意	1	2	3	4	5	6	7
我感觉这家民宿/农家乐的设计很吸引人	1	2	3	4	5	6	7
我感觉这家民宿/农家乐经过了精心设计	1	2	3	4	5	6	7
这家民宿/农家乐的设计塑造出让我愉悦的氛围	1	2	3	4	5	6	7
我与民宿/农家乐的主人及其家人交流互动得很愉快	1	2	3	4	5	6	7
我与民宿/农家乐的主人及其家人像朋友一样交流	1	2	3	4	5	6	7
我与民宿/农家乐的主人及其家人关系很亲密	1	2	3	4	5	6	7

4. 体验真实性

关于<u>您入住的这家民宿/农家乐</u>，您在多大程度上同意以下陈述：

	很不同意－－－－一般－－－－很同意						
这家民宿/农家乐展现了真正的乡村生活	1	2	3	4	5	6	7
这家民宿/农家乐的建筑、菜品、饮料很有乡村特色	1	2	3	4	5	6	7
住在这里让我感觉自己是真实乡村生活的一部分	1	2	3	4	5	6	7
这家民宿/农家乐是一个真实的乡村家庭	1	2	3	4	5	6	7
这家民宿/农家乐展现了乡村家庭的日常生活	1	2	3	4	5	6	7
我感觉自己成了乡村家庭的一部分	1	2	3	4	5	6	7
住在这家民宿/农家乐的体验很普通，没有特别之处	1	2	3	4	5	6	7
我可以在很多民宿/农家乐得到同样的体验	1	2	3	4	5	6	7
住在这家民宿/农家乐的体验是标准化、千篇一律的	1	2	3	4	5	6	7
我从民宿/农家乐的设计看出了主人的独特审美	1	2	3	4	5	6	7
我从民宿/农家乐的设计看出了主人的个性	1	2	3	4	5	6	7
我从民宿/农家乐的设计看出了主人的生活乐趣	1	2	3	4	5	6	7
这家民宿/农家乐激发了我的很多情感	1	2	3	4	5	6	7
这家民宿/农家乐激发了我的很多想象	1	2	3	4	5	6	7
这家民宿/农家乐让我联想起了很多经历	1	2	3	4	5	6	7
我觉得主人热情款待我是希望我多来光顾、消费	1	2	3	4	5	6	7
我觉得主人热情款待我是因为害怕失去我这个顾客	1	2	3	4	5	6	7
我觉得主人热情款待我是因为害怕被投诉	1	2	3	4	5	6	7
我感觉主人只是把招待我看成一份工作在做	1	2	3	4	5	6	7
我感觉自己只是主人的服务对象	1	2	3	4	5	6	7
我感觉自己只是主人接待的众多客人中普通的一个	1	2	3	4	5	6	7

续表

	很不同意－－－－一般－－－－很同意
我与民宿/农家乐主人相处得像一家人	1　2　3　4　5　6　7
我与民宿/农家乐主人相互信任	1　2　3　4　5　6　7
我很感激民宿/农家乐主人的招待	1　2　3　4　5　6　7
住在这里感觉很自由,没有干涉和限制	1　2　3　4　5　6　7
住在这里让我感到心无杂念	1　2　3　4　5　6　7
住在这里让我感觉心境很纯净,平和	1　2　3　4　5　6　7

个人信息

(1)您的性别：　□ 男$_1$　　　□ 女$_2$

(2)您的年龄：

□17 周岁及以下$_1$　□18～25 周岁$_2$　□26～35 周岁$_3$　□36～45 周岁$_4$

□46～55 周岁$_5$　□56～65 周岁$_6$　□66 周岁及以上$_7$

(3)您的学历：

□ 小学及以下$_1$　　□ 初中$_2$　　　□ 高中(中专)$_3$　　　□ 大学(大专)$_4$

□ 研究生$_5$

(4)您的职业：

□ 政府及事业单位$_1$　□ 企业职员$_2$　　□ 企业管理人员$_3$

□ 个体经营者$_4$　　□ 自由职业者$_5$　□ 学生$_6$

□ 离退休人员$_7$　　□ 其他$_8$

(5)您的婚姻状况：□ 已婚$_1$　　□ 未婚$_2$　　□ 其他$_3$

(6)您的月收入：

□ 3000 元以下$_1$　　　□ 3001～5000 元$_2$　　□ 5001～7000 元$_3$

□ 7001～10000 元$_4$　　□ 10001～15000 元$_5$　　□ 15001～20000 元$_6$

□ 20000 元以上$_7$

(7)您有几年的乡村居住、生活经历：

□ 0$_1$　　□ 1～5 年$_2$　　□ 6～10 年$_3$　　　□ 11～15 年$_4$

□ 16～20 年$_5$　　□ 21 年及以上$_6$

(8)近三年来您平均每年赴乡村旅游的次数:

□ 2 次以下₁   □ 3～4 次₂   □ 5～6 次₃   □ 7～8 次₄

□ 9～10 次₅   □ 10 次及以上₆

(9)您本次共在这家民宿/农家乐住了几夜:_____

(10)您来自哪个城市:_____

附录3 顾客访谈提纲

维度	访谈问题
服务质量	您最在乎民宿/农家乐服务的哪些方面? 您为什么在乎这些方面的服务? (Parasuraman, Zeithaml & Berry, 1988; Kivela, Inbakaran & Reece, 1999)
体验质量	这家民宿的哪些体验给您深刻印象?
客观体验真实性	您是否觉得您体验到了主人家真实的生活状态? 如果是的话,体现在哪些方面? 如果不是,那么在哪些方面让您感觉不真实? (Wang, 1999)
建构的体验真实性	您想象中的乡村生活是什么样的? 您是否感觉这家民宿/农家乐让您联想到自己想象中的乡村生活? 如果是,体现在哪些方面? 这家民宿/农家乐是否激发起了您的想象或者情感?请具体说明。 (Wang, 1999; Kolar & Zabkar, 2010)
存在主义的体验真实性	在您的逗留过程中,您是否感觉到您在做真实的自己?体现在哪些方面? 您是否感觉您跟主人家的关系是真实的?为什么? (Wang, 1999)
其他	您在这家民宿/农家乐的居住体验还有哪些方面让您感觉到真实?

后　记

　　长期以来,旅游产业的舞台中心总是为少数的大企业集团所占据,聚光灯下侃侃而谈者言必称"企业是市场主体"。这里的企业,大体是指诸如携程那样的大公司,而为数众多的民宿、农家乐、旅游纪念品商贩等只能勉强算作"家庭作坊""小生意",若非群集一隅,难以吸引关注。然而改革开放以来的旅游产业发展历程表明,这些"小生意"比我们想象的更大、更坚韧。它们如同巨量神经末梢深入大企业到不了或者不愿到的各个角落,感知产业脉动,与国民经济同呼吸共命运。特别是在乡村地区,这类"旅游小企业"是乡村旅游与接待业的基础构成单元,在游客体验塑造、偏远地区扶贫和乡村振兴方面扮演着重要的角色。它们也应被视为重要的市场主体,应纳入"企业"的话语体系。

　　我对这些旅游小企业的关注始于 2011 年。当时我跟随导师周玲强教授编制浙江省长兴县旅游发展总体规划,深入各个乡村考察旅游产业发展情况。有几个村的农家乐的数量和发展速度给我留下了深刻的印象。在市场的带动下,那几个村几乎家家户户都从事旅游接待。同时我也注意到,这些经营实体(旅游小企业)之间存在明显的规模异质性,并且会随着时间的推移而发展变化。而在此前,人们大多将这类企业视为静态的、同质的,而忽略了其横向和纵向的变异。因此,我感觉到有必要深入挖掘这类小企业成长演变的内在机制、影响因素及可能存在的后果。这类企业的成长演化体现在哪些方面?哪些因素会影响其成长?而其成长又会对经营绩效和顾客体验带来何种影响?没有对这些问题的系统回答,就不能说我们对这些旅游小企业有深入的了解。

　　2014 年我赴香港攻读"浙江大学—香港理工大学"联合培养博士双学位。在导师肖洪根博士的支持下,我将旅游小企业的成长演化确定为博士论文的题目,从此开始了近 6 年的研究历程。2016 年 12 月博士论文成稿,本书大部分内容即来自于此。而后,我又就此课题继续开展了三年的博士

315

后研究工作，与合作者一起在 *Annals of Tourism Research* 等期刊上发表了一系列文章。本书汇集了我与合作者 6 年来围绕乡村旅游小企业成长现象开展的一系列研究成果。这些研究主要聚焦浙江省北部 5 个乡村旅游目的地。本书基于 500 条顾客点评、14 个深度访谈、200 份企业样本数据和 873 份游客样本数据，对乡村旅游小企业成长的基本特征、影响因素及结果效应开展了多个专题的研究。我们首次以"动态视角"来观察乡村旅游小企业，将其视为有浓厚"家庭生产模式"特征的经营实体，全面考察其成长演变过程中"质"和"量"两方面的变化规律，构建了这类小企业成长演化的理论模型。此外，我们还首次提出了"全面顾客体验范式"，充分考察了乡村旅游小企业中认知、情感和符号三个层面体验内容，并进一步揭示了其成长演化过程中体验内容的演变规律。

我们这项研究应该是国内外旅游学界较早对旅游小企业成长演化问题开展的系统研究工作，个中艰辛，难以言表。所幸成果得到认可，曾获香港理工大学酒店及旅游业管理学院最佳博士论文奖、全国旅游管理博士后优秀成果奖等奖项。今将其付梓，一为国家乡村振兴大计，二为万千旅游"小生意"从业者正名，三为开旅游小企业成长研究之先河。成书之际，感谢所有为我们的研究提供指导和帮助的人，他们是：香港理工大学的宋海岩教授，浙江大学的吴茂英、林珊珊、周歆红三位老师，长兴县顾渚村的程宇凡小兄弟。我们要特别感谢浙江大学的博士生王开帅同学，他为我们的调研做了大量的工作。感谢浙江大学出版社樊晓燕老师，她为本书的编辑出版付出了大量心血。最后，感谢我的父母、弟弟和家人，感谢我的妻子赵晓优，在本书写作过程中，他们给了我最大的支持。

谨以此书迎接我即将出生的"小叮当"。

叶　顺

2020 年 11 月 18 日于杭州长岛之春